Magdalena Heuwieser
Grüner Kolonialismus in Honduras

Bibliografische Information der Deutschen Bibliothek:

Die Deutsche Bibliothek verzeichnet diese Publikation in der Deutschen Nationalbibliografie; detaillierte bibliografische Daten sind im Internet über http://dnb.ddb.de abrufbar.

© 2015 Promedia Druck- und Verlagsgesellschaft m.b.H., Wien
Alle Rechte vorbehalten
Gestaltung: Paul Winter
Druck: PRINT GROUP Sp. z o.o.
Printed in Poland
ISBN: 978-3-85371-391-4

Fordern Sie die Kataloge unseres Verlages an:

Promedia Verlag
Wickenburggasse 5/12
A-1080 Wien

E-Mail: promedia@mediashop.at
Internet: www.mediashop.at
            www.verlag-promedia.de

Magdalena Heuwieser

GRÜNER KOLONIALISMUS IN HONDURAS

Land Grabbing im Namen des Klimaschutzes und die Verteidigung der Commons

edition kritische forschung

Über die Autorin:

Magdalena Heuwieser, geboren 1988 in Oberndorf bei Salzburg, studierte Internationale Entwicklung in Wien und begleitet seit Jahren soziale und indigene Bewegungen in Honduras. Sie ist engagiert in der Bewegung für Ernährungssouveränität und arbeitet in einem Netzwerk gegen die »Finanzialisierung« der Natur.

Inhalt

1. **Einleitung: Von Krisen, Widersprüchen und Widerständen** 9
   Box 1: Land Grabbing und Green Grabbing *12*
   1.1 Politische Ökologie und Dekoloniale Theorie 17
   Box 2: Land und Territorium in Honduras *24*

2. **Eine kleine Geschichte von Honduras** 29
   2.1 Kolonialisierung (ab 1524) 29
   Box 3: »Indigene« Völker – ein kritisches Verständnis *33*
   2.2 Formale Unabhängigkeit (ab 1821) 36
   2.3 Liberalismus und Globalisierung (ab 1877) 36
   2.4 Periphere »Entwicklung« und Agrarreformen (etwa 1949–1980er-Jahre) 38
   2.5 Neoliberalisierung (ab den 1980er-Jahren) 40
   2.6 Widersprüchliche Entwicklungen und Krisen der 1980er-Jahre 41
   2.7 »Paquetazo« – Strukturanpassungsprogramme 43
   2.8 Die CBM-PPP-CAFTA-Triade und neoliberaler Umweltschutz 44
   2.9 Die Entstehung sozialer und indigener Bewegungen 50
   Box 4: COPINH *54*
   Box 5: Indigene Rechte und der »Free Prior and Informed Consent« FPIC *56*
   2.10 Kräfteverhältnisse rund um den Putsch 2009 58
   2.11 Erwachender Widerstand und Repression 60
   2.12 Politische und wirtschaftliche Lage seit dem Putsch 62

3. **Green Grabbing im globalen Kontext** 67
   3.1 Die multiple Krise 67
   3.2 Green Economy: Des Kaisers grüne Kleider? 70
   3.3 Zwischenfazit: Die Finanzialisierung der Natur 92

4. **Land Grabbing in Honduras – ein Überblick** 95
   4.1 Traditioneller Extraktivismus 96

4.2	Modellstädte: Arbeits- und wirtschaftliche Entwicklungszonen (ZEDEs)	99
4.3	»Hypotheken-Gesetz«	104
4.4	Landnahme durch »grüne« Projekte	106
	Box 6: Erneuerbare Energie in Honduras	*108*
5.	**Drei Fallstudien zu Green Grabbing**	**113**
5.1	Wasserkraftwerk La Aurora I	113
5.2	Wasserkraftwerk Agua Zarca	130
5.3	REDD+	148
6.	**Fazit: Von den Widersprüchen zu dekolonialen Widerständen**	**175**
6.1	Die honduranische Geschichte der Landaneignung	176
6.2	Der koloniale und extraktivistische Charakter des Green Grabbing	178
6.3	Dekolonialer Widerstand	182
6.4	Die Rolle der Wissenschaft	186
7.	**Anhang**	**189**
7.1	Abkürzungsverzeichnis	189
7.2	Interviewverzeichnis	193
7.3	Literatur	196

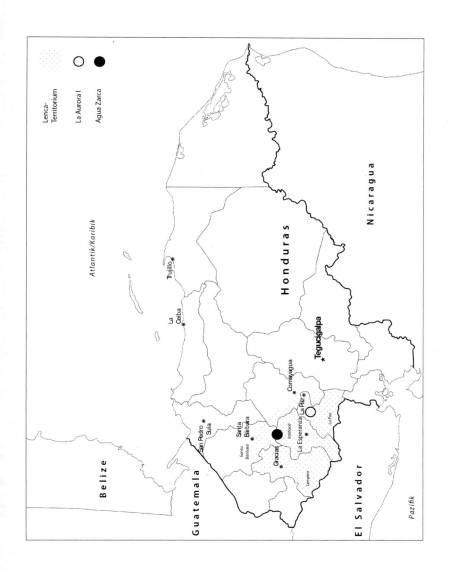

Los Rostros de la Dignidad

Hay miradas que dicen más que muchas palabras. Miradas que se quedan grabadas en nuestras vidas. Miradas que nos duelen, que nos esperanzan, que nos comprometen. Miradas que dicen NI UN PASO ATRÁS.
Hay miradas que desmienten las palabras del Secretario de Recursos Naturales, Rigoberto Cuellar, que aseguró que en Río Blanco no hay población Lenca.
Hay miradas que sostienen la DIGNIDAD, el CORAJE, la MEMORIA de resistencias ancestrales.
Miradas que se hicieron en diálogo con el río, con el bosque, con la tierra. Miradas que dicen que la lucha seguirá, cueste lo que cueste.
Hay miradas que multiplican a Tomás, que lo agigantan. Hay miradas que tienen la fuerza de Lempira, de Etempica, de los caciques Lencas que enseñaron que el territorio no se vende. Que los ríos y las tierras se defienden.
Hay miradas que tienen toda la historia encima.
Hay miradas que nos miran como preguntando, si la solidaridad será proclamada o será vivida. Si es cierto que el racismo ya no salpica nuestros gestos cotidianos.
Hay miradas que tienen fuego y que encienden rebeliones. Antes y después de nosotras y de nosotros mismos.
Son los rostros de la dignidad los que sostienen estas miradas. Y no hay leyes golpistas, ni hay criminalización judicial que pueda con ellas.

Die würdevollen Gesichter

Es gibt Blicke, die mehr aussagen als viele Worte. Blicke, die in unseren Leben eingraviert bleiben. Blicke, die uns weh tun, die uns hoffen lassen, die uns verpflichten. Blicke, die sagen KEINEN SCHRITT ZURÜCK.
Es gibt Blicke, die die Worte des Umweltministers Rigoberto Cuellar widerlegen, welcher versicherte, in Río Blanco gäbe es keine indigene Bevölkerung.
Es gibt Blicke, die die WÜRDE, den MUT, das GEDÄCHTNIS der historischen Widerstände aufrechterhalten.
Blicke, die durch den Dialog mit dem Fluss, mit dem Wald, mit der Erde entstanden sind.
Blicke, die sagen, dass der Kampf weitergehen wird, koste es, was es wolle.
Es gibt Blicke, die Tomás multiplizieren, die ihn wachsen lassen. Es gibt Blicke, die die Kraft von Lempira, von Etempica, von den Lenca-Anführer*innen haben, die lehrten, dass sich das Territorium nicht verkaufen lässt. Dass man die Flüsse und das Land verteidigt.
Es gibt Blicke, auf denen die gesamte Geschichte lastet.
Es gibt Blicke, die uns fragend ansehen – ob die Solidarität nur verkündet oder auch gelebt werden wird. Ob es wahr ist, dass der Rassismus nicht mehr unsere alltäglichen Gesten übersät.
Es gibt Blicke, die Feuer haben und Rebellionen anzünden. Vor und nach uns und von uns selbst.
Es sind die würdevollen Gesichter, die diese Blicke behaupten. Und es gibt weder Putschisten-Gesetze noch juristische Kriminalisierung, die gegen sie ankommen.
Claudia Korol[1], August 2013

---

[1] Argentinische Schriftstellerin, Pädagogin der »Educación Popular« und solidarische Medienmacherin nach ihrem Besuch in Río Blanco (Honduras), wo versucht wird, den Staudamm Agua Zarca gewaltsam durchzusetzen (u. a. durch die Ermordung von Tomás García). Quelle: Korol (2013 a)

1. Einleitung: Von Krisen, Widersprüchen und Widerständen

Honduras gilt als unbekanntes Land. Schon in der Kolonialzeit wurde es das »Land zwischen den Grenzen« genannt und hat bis heute seine periphere Lage in Lateinamerika beibehalten (Dietrich 2008: 293). Honduras, was sich etwa mit Tiefe oder Tiefgang übersetzen lässt, macht seinem Namen alle Ehre. Bekannt ist es, wenn überhaupt, für seinen Status als ehemals typische Bananenrepublik, den zerstörerischen Hurrikan Mitch im Jahr 1998 oder den Militärputsch 2009 – ein Katastrophenland, »Master of Desaster«. Und tatsächlich, in Honduras wird die Zeit anders gerechnet. Es gibt ein Vor und ein Nach dem Hurrikan, ein Vor und ein Nach dem Putsch. Jede Krise hinterließ gravierende Folgen und schuf neue Tatsachen. Jede Krise wurde dazu genutzt, Strukturen umzubauen und Macht zu konzentrieren. Krisen können jedoch auch im emanzipatorischen Sinne das Aufbrechen alter Strukturen ermöglichen und dadurch Widersprüche sichtbar und Widerstände fruchtbar werden lassen – die massive Protestbewegung gegen den Putsch verdeutlichte dies nur zu gut. Dennoch machten nach dem Staatsstreich das Putschregime und die darauffolgenden Regierungen sämtliche progressive Reformen des Vorgängers Manuel Zelaya rückgängig und verschärften den repressiven und neoliberalen Ton sowie den »Ausverkauf« des verschuldeten Landes. »Honduras is open for business« lautet seitdem das Motto, nach welchem das Land endlich aus seiner peripheren Lage gehoben werden soll. Ziel ist, Honduras zur attraktivsten Region für ausländische Investitionen umzubauen[1]: Alles muss raus! Wer bietet mehr für die energieproduzierenden Flüsse, mineralienreichen Berge, biodiversität- und sauerstoff-generierenden Wälder oder für mögliche Standorte neuer Enklaven, genannt »Modellstädte«? Die großflächige private Aneignung von Land und natürlichen Ressourcen, das »Land Grabbing«, nahm nach dem Putsch neue Ausmaße an. Tanya Kerssen stellt diesbezüglich fest: »Grabbing land was (and is) part of a larger class project of ›grabbing power‹« (Kerssen 2013: 122).

Auch die globale »multiple Krise«, die Wirtschafts- und Finanzkrise, die Energiekrise, Hungerkrise sowie Umwelt- und Klimakrise, macht sich in Honduras bemerkbar. Laut Globalem Klima Risiko Index ist Honduras das in den letzten 20 Jahren am stärksten vom Klimawandel beeinträchtigte Land (Germanwatch 2013 a). Inzwischen besteht eigentlich kein

---
1 http://www.hondurasopenforbusiness.com/SITEv2/index_live.php [12. 9. 2013]

Zweifel mehr daran, dass die globale Erwärmung von uns Menschen verursacht wird, genauer, von unserer wenig nachhaltigen, zukunftsweisenden Lebensweise. Zwei Hauptgründe für die globale Erwärmung liegen gemäß UN-Klimaexpert*innenrat[2] IPCC in der Verbrennung fossiler Brennstoffe (wie Erdöl, Kohle und Erdgas) sowie in Waldzerstörung bzw. Abholzung (IPCC 2007: 14). Die Schlussfolgerung läge nahe: Es ist höchste Zeit, fossile Energieträger mit erneuerbaren zu ersetzen und generell den Energie- und Materialverbrauch auf das für ein »gutes Leben für alle« Nötige zu beschränken. Dies würde auch die Extraktion fossiler Brennstoffe und vieler anderer unnötig werdender Ressourcen stark eingrenzen und die Zerstörung von Ökosystemen reduzieren. Ein »Weiter wie bisher« ist aufgrund der dringlichen Lage keine Option.

Insbesondere die Klima-, Energie- und Umweltkrisen lassen die Widersprüche zwischen unserer Produktions- und Lebensweise und den Lebensgrundlagen immer deutlicher aufscheinen. Dadurch, dass fossile Brennstoffe und Biodiversität knapper werden, wird »die Natur« wertvoller – und somit auch eine immer wichtigere Quelle für Profit (Fairhead/Leach 2012: 241). Anstatt also aus Klimawandel und Umweltzerstörung darauf zu schließen, dass sich unser Wirtschaftssystem grundlegend ändern sollte, wird die Knappheit der Natur ökonomisch nutzbar gemacht. Dies dient vor allem der Bearbeitung der gleichzeitig in die Krise geratenen Wirtschaft. Sie soll durch ein »Greening«, durch eine ökologische Modernisierung, angekurbelt werden (vgl. UNEP 2011 a; OECD 2011). Natur soll geschützt werden, indem sie einen Geldwert bekommt, indem sie privatisiert und verkaufbar wird (Leach 2012). So verspricht die Krisenlösungsstrategie der »Green Economy«, Umwelt- und Klimaschutz mit Wirtschaftswachstum und Entwicklung in Einklang zu bringen. Eine Win-Win-Situation!? Zentral sind bei der Green Economy unter anderem der Handel mit Emissionen, das Vorantreiben von wieder profitabel gewordener »grüner« Wasserkraft und marktbasierte Mechanismen zum Wald- und Ökosystemschutz. Auch in Honduras kommt diese Green Economy zum Tragen. 2010 wurde ein Klimawandel-Sekretariat eingerichtet und mit internationaler Unterstützung eine Klimawandelstrategie ausgearbeitet (INT 6).[3] Die zwei bedeutendsten

---

2   Zur gendergerechten Sprache wird hier ein Sternchen verwendet. Es soll daran erinnern, dass es neben dem weiblichen und männlichen Geschlecht noch viele andere Formen gibt, Geschlechtsidentität zu leben und zu empfinden. An verschiedenen Stellen wird auf gendergerechte Sprache verzichtet, entweder, wenn nur vom männlichen Geschlecht die Rede ist oder, wenn in Zitaten nicht gegendert wird.
3   INT steht für Interview – das Interviewverzeichnis befindet sich im Anhang.

Klimaschutzstrategien stellen der CDM (Clean Development Mechanism) des Emissionshandels und das Waldschutzprogramm REDD+ (Reducing Emissions from Deforestation and Degradation) dar.[4] Auch der erneuerbare Energiesektor wird seitdem stark ausgebaut (INT 10).

Dieses Buch geht der Frage nach, wie Green-Economy-Strategien, wie »grüne«, (scheinbar) klimafreundliche Projekte in der honduranischen Realität durchgesetzt werden. Für die Analyse ist das Konzept »Green Grabbing« von zentraler Bedeutung, womit kurz gesagt »grünes« Land Grabbing gemeint ist, also die Land- und Ressourcenaneignung im Namen des Klima- und Umweltschutzes (vgl. Fairhead/Leach *et al.* 2012: 238).

---

4 http://cambioclimaticohn.org/?cat=12&title=Mitigaci%F3n%20al%20Cambio%20Clim%E1tico&lang=es [20. 10. 2014]

Box 1: Land Grabbing und Green Grabbing

Das Konzept *Land Grabbing* versucht, den in den letzten Jahren explosionsartigen Anstieg an meist großflächigen kommerziellen Landaneignungen zu fassen. Deren Ausmaße sind so gravierend, dass im Jahr 2009 der Vorsitzende der UN-Lebensmittel- und Agrarorganisation FAO, Jacques Diouf, vor Neokolonialismus warnte (Blas 2008). Einige Analysen und Studien zu Land Grabbing erklären das Phänomen als Reaktion auf die Nahrungsmittelkrise 2007–2008, sehen es als vorwiegend afrikanisches Problem und grenzen die Definition auf eine »foreignisation« (Zoomers 2010), also Landaneignung durch ausländische Staaten oder Unternehmen, ein. Diese Erklärung ist jedoch zu kurz gefasst. Saturnino Borras und Jennifer Franco (2011, 2012) zeigen auf, dass Land Grabbing in die aktuelle kapitalistische neoliberale Entwicklung und in den Kontext der multiplen Krise (v. a. Hunger-, Klima-, Wirtschafts-, Finanz-, Energiekrise) eingebettet ist. Auf diesen zeitdiagnostischen Rahmen wird im dritten Teil des Buches ausführlicher eingegangen. Das stark gestiegene Interesse an Investitionen in Land ist nicht nur auf vermehrte Nahrungsmittelproduktion zurückzuführen: Zentrale Ursachen sind insbesondere auch die Absicherung von Energieträgern und Treibstoffquellen, die Durchführung gewisser Klimaschutzmaßnahmen sowie die steigende Bedeutung von Ressourcen für nach Anlagefeldern suchendes Kapital (Borras/Franco et al. 2012: 845):

> »[C]ontemporary land grabbing is the capturing of control of relatively vast tracts of land and other natural resources through a variety of mechanisms and forms that involve large-scale capital that often shifts resource use orientation into extractive character, whether for international or domestic purposes, as capital‹s response to the convergence of food, energy and financial crises, climate change mitigation imperatives, and demands for resources from newer hubs of global capital.« (ebd.: 851)

In dieser Definition wird die Verbindung zwischen der Aneignung von Land und Kontrolle deutlich, welche Tanja Kerssen (2013: 122) im Zusammenhang mit Honduras mit »grabbing power« beschreibt. Mit der Aneignung der Landflächen verschiebt sich auch die Kontrolle über die Ressourcen, bzw. die Entscheidungsmacht darüber, wie und wozu sie verwendet werden, zum Beispiel: weg von kleinstrukturierter Landwirtschaft hin zu kapitalintensiver, extraktiver Nutzung; weg von Commons-Systemen, in denen die Subsistenz der lokalen Bevölkerung im Zentrum steht, hin zu Profitstrategien. So verändert sich auch die Kontrolle über diese Bevölkerung. Benötigt das neue Projekt, wofür Land angeeignet wurde, Arbeitskraft, so werden die Einwohner*innen »integriert«. Wenn nur das Land aber keine Arbeitskraft benötigt wird, ist ihre Vertreibung oder Umsiedelung wahrscheinlicher

(Franco 2014: 4). In allen Fällen involviert Land Grabbing eine Veränderung der lokalen Lebens- und Produktionsweise sowie des Verhältnisses mit der natürlichen Umgebung, dem »gesellschaftlichen Naturverhältnis« (Görg 1999; Brand/Wissen 2011 a).
In der Definition von Land Grabbing wird auch dessen extraktiver Charakter erwähnt. *Extraktivismus* beschreibt ein Wirtschaftsmodell, das auf der Ausbeutung und Aneignung natürlicher Ressourcen beruht, die meist aus dem Globalen Süden[1] stammen. Wird Extraktivismus weiter gefasst, gehören dazu also nicht nur traditioneller brauner Bergbau oder Ölförderung, sondern beispielsweise auch großflächiger Holzabbau, grüne Agrartreibstoff-Produktion oder große Infrastrukturprojekte wie Wasserkraftwerke (vgl. Svampa 2011; FoEI 2013: 9; Veltmeyer 2013).
Green Grabbing stellt einen neuen Beitrag zur Land-Grabbing-Debatte dar (Fairhead/Leach *et al.* 2012). Das Konzept ermöglicht ein geschärftes Verständnis jener neuen Dimension von Land Grabbing, welche im Namen des Klima- und Umweltschutzes durchgeführt wird. Beispiele hierfür sind die Produktion von Agrartreibstoffen (wie »Biodiesel«), gewisse Formen von Naturschutzparks, Verfahren zur Bindung von CO_2[2], Zahlungen für Ökosystemdienstleistungen[3] (PES) oder Offsets[4] des Emissionshandels. Bei Green Grabbing wird »die private Aneignung von Land, Wasser, Wald, Fauna und Flora damit [begründet], dass dies zum Wohle all dieser« Dinge und Menschen sei« (Nowak 2013: 247). Das Spezifische des Green Grabbing ist somit, dass Klima- und Umweltschutz die Legitimation, Ursache und das Ziel der kommerziellen Land- und Ressourcenaneignung darstellen (Fairhead/Leach *et al.* 2012: 237). Im Laufe dieses Buches

---

[1] Ich verwende in dieser Arbeit den Begriff »Globaler Süden« oder, angelehnt an die Weltsystem- und Dekoloniale Theorie, »Peripherie« für jene Staaten und Regionen, die sonst häufig »Entwicklungsländer« oder »Dritte Welt« genannt werden. Letztere Begriffe haben aus dekolonialer Sicht eine abwertende Konnotation, da sie suggerieren, die Länder seien *noch* nicht entwickelt und müssten den von entwickelten Industrieländern bzw. der »Ersten Welt« vorgegebenen Modernisierungspfad beschreiten. Die Einteilung Süden und Norden (oder auch Peripherie und Zentrum) ist nicht geographisch gemeint, sondern bezeichnet die geopolitische Verortung in einem ungleichen Weltsystem.

[2] Damit ist laut Fairhead/Leach *et al.* (2013) und Leach/Fearhead *et al.* (2013) insbesondere die (kommerzielle) Produktion von kohlenstoffbindender Schwarzerde, »Terra Preta«, gemeint. Ich würde auch die Methode Carbon Capture and Storage (CCS) dazu zählen, bei der Emissionen von Industrieanlagen unter die Erde gepumpt wird – ein höchst energieintensiver und gefährlicher Vorgang (FoEI 2013: 48).

[3] Bei Ökosystem- oder Umweltdienstleistungen handelt es sich um die »Dienstleistungen«, die von der Natur für die Menschheit (kostenlos) ›bereitgestellt‹ werden, unter anderem die Generierung von Wasser, Luft, fruchtbarer Erde; die Reproduktion von Biodiversität; die Senkenfunktion, also die Aufnahme von CO_2, sowie »Leistungen« wie landschaftliche Schönheit oder Erholung. Bei Payments for Ecosystem Services (PES) wird für diese Leistungen bezahlt, was Besitzer*innen der Natur sowie eine warenförmige Natur notwendig macht. Mehr siehe Kapitel Drei.

[4] Mit Offsets sind Kompensations- oder Ausgleichsmechanismen gemeint. Dazu gehören insbesondere der Clean Development Mechanism (CDM) oder REDD(+).

wird deutlich, dass auch Green Grabs im Kern extraktivistischen und (neo)kolonialen Logiken unterliegen und Natur durch sie »inwertgesetzt«, das heißt zur Ware gemacht wird. Natur wird dabei auch verstärkt finanzialisiert, also als Anlagefeld für den Finanzmarkt verwendet. Im dritten Kapitel wird ausführlicher auf die verschiedenen Aspekte sowie den Kontext von Green Grabbing und der damit eng zusammenhängenden Green Economy eingegangen.

Die Fragestellung des Buches lautet also: Wie setzt sich Green Grabbing in Honduras durch und welche Widersprüche und Konflikte treten dabei auf? Analysiert werden dazu drei Projekte, die auf starken Widerstand stoßen. Bei den ersten beiden handelt es sich um kleine bis mittlere Wasserkraftwerke im südwestlich gelegenen indigenen Lenca-Territorium, welche vorgeben, besonders umweltfreundlich zu sein und Treibhausgasemissionen einzusparen. Der inzwischen fertiggestellte Staudamm »*La Aurora I*« meldete sich dazu beim Clean Development Mechanism (*CDM*) an, um offiziell Emissionsgutschriften generieren und verkaufen zu können. CDM ist ein im Kyoto-Protokoll festgelegter »Offset«-Mechanismus des Emissionshandels. Das erst am Baubeginn stehende Wasserkraftwerk »*Agua Zarca*« plant, 75.000 Tonnen CO_2 im Jahr einzusparen.[5] Beide Kraftwerke wurden bzw. werden auf gewaltsame Art und Weise, teilweise durch die Militarisierung der Region und mithilfe von Todesdrohungen, Unterdrückung und Kriminalisierung des Protests durchgesetzt. La Aurora I, eines mehrerer erneuerbarer Energieprojekte der honduranischen Firma Inversiones Aurora, speist inzwischen »grünen« Strom in das nationale Netz ein, während die lokalen Lenca-Gemeinden weiterhin ohne Elektrizität auskommen müssen und inzwischen mit erschwertem Zugang zum Fluss und Wasserproblemen zu kämpfen haben. Agua Zarca, das von der honduranischen Firma DESA mit internationalem Kapital gebaut wird, musste aufgrund heftiger Proteste – einer seit 1. April 2013 bestehenden Straßensperre von Lenca-Gemeinden sowie internationaler Solidaritätsarbeit, insbesondere nachdem der Staudammgegner Tomás García vom Militär ermordet wurde – ihre Arbeiten vorerst niederlegen.

Das dritte Fallbeispiel ist die nationale *REDD+-Strategie*. Bei REDD+ handelt es sich um einen Mechanismus zur Reduzierung von Treibhausgasen aus Entwaldung und zerstörerischer Waldnutzung. Angeleitet von der Weltbank-Einrichtung FCPF und UN-REDD der Vereinten Nationen, bereitet sich Honduras derzeit darauf vor, dieses marktbasierte Waldschutzprogramm bis 2017 flächendeckend umzusetzen. Durch die dadurch erzielte Verringerung von Abholzung sollen Emissionen reduziert werden, welche wiederum als Zertifikate am Emissionsmarkt angeboten werden können. Ziel ist der Aufbau eines neuen Marktes zum »kosteneffizienten« Waldschutz, zur Bekämpfung des Klimawandels und zur die Schaffung neuer Einkommensmöglichkeiten für Gemeinden, die im und vom Wald

---

[5] http://desa.hn [5. 12. 2013]

leben. Eng mit REDD+ verknüpft ist in Honduras auch die Einführung von anderen Kompensationsmechanismen: Ein System von Zahlungen für und Handel mit Ökosystemdienstleistungen ist geplant (INT 8; Gobierno de Honduras 2013: 95).

Indigene Bewegungen weltweit, darunter die honduranische Lenca-Organisation COPINH (Consejo Cívico de Organizaciones Populares e Indígenas de Honduras), kritisieren, dass derlei »grüne« Projekte eine Bedrohung ihrer indigenen Lebensweisen und Commons darstellen und es sich um eine neue Form oder Weiterführung des Kolonialismus handelt: um einen »grünen« Kolonialismus oder »CO_2lonialismo« (vgl. COPINH 10. 2. 2013; OFRANEH 2010; Bachram 2004). Die für honduranische Verhältnisse große Basisbewegung hat Präsenz in rund 150 Lenca-Gemeinden, vorwiegend in den südwestlichen Departamentos Intibucá, Lempira und La Paz. Durch große Mobilisierungen, eigene Bildungsprogramme, Frauenprojekte, kommunale Radios, juristische Strategien und nationale sowie internationale Vernetzungsarbeit setzt sich COPINH für die indigenen Rechte, die territoriale Souveränität, die Verteidigung ihrer Territorien und eine Dekolonialisierung der Gesellschaft ein.

Dieses Buch analysiert die Art der Durchsetzung der »grünen« Projekte, um zum kritischen Verständnis des Konflikts und zur emanzipatorischen Politisierung beizutragen. Der Fokus liegt dabei nicht nur auf den negativen Auswirkungen, sondern auch auf der Umkämpftheit dieser Projekte und somit auf der aktiven Verteidigung der Territorien und Commons. Damit soll klar werden, dass die indigenen Gemeinden nicht nur Opfer von Landnahmen sind, sondern sie ihre Lebensräume aktiv gestalten. Dies führt dazu, dass die Green Grabs keineswegs, wie geplant, reibungslos durchgesetzt werden können. Die Verteidigung der Territorien kann des Weiteren Lernprozesse anstoßen und emanzipatorisches Transformationspotenzial bergen. In den Blick geraten sollten somit stets Handlungsspielräume, das dekoloniale Potenzial von Konflikten sowie Alternativen zu den dominanten Entwicklungen. Deshalb ist auch die Perspektive dieser Analyse geprägt von zwei transdisziplinären theoretischen Ansätzen, der *Politischen Ökologie* sowie der *Dekolonialen Theorie*, die sich beide durch eine fundierte Kritik an den dominanten Verhältnissen und den engen Bezug zu emanzipatorischer bzw. dekolonialer Praxis auszeichnen.

1.1 Politische Ökologie und Dekoloniale Theorie

Die *Dekoloniale Theorie*[6] entstand Anfang der 1990er-Jahre in Lateinamerika und entwickelte sich rund um das Projekt Modernität/Kolonialität.[7] Sie kann als lateinamerikanischer kritischer Beitrag zu den – hauptsächlich aus den ehemaligen britischen und französischen Kolonien stammenden – postkolonialen Studien beschrieben werden (vgl. Garbe/Quintero 2013; Mignolo 2012: 53). Ausgangspunkt ist die Erkenntnis, dass trotz formalen Endes des Kolonialismus seine Herrschaftsmuster fortbestehen, was der Begriff »Kolonialität« beschreibt. Während sich die meisten kapitalismuskritischen Theorien auf die ökonomische Sphäre konzentrieren, macht die Dekoloniale Theorie die Verflochtenheit mit kulturellen Faktoren stark: Internationale politökonomische Strukturen sind eng mit Diskriminierungen aufgrund von Rassen-Konstruktionen, Geschlecht, Weltanschauung und Lebensweise verbunden und können darum ohne eine Auseinandersetzung mit Kolonialität sowie mit Modernität und Eurozentrismus nicht ausreichend verstanden werden (vgl. Grosfoguel 2010: 317). Die Kolonialität liegt begründet in dem weiterbestehenden globalen Ausbeutungssystem, für das nach wie vor die soziale Klassifikation der »Rasse« die Grundlage ist (Garbe/Quintero 2012: 12). Selbst wenn dies heute weniger offensichtlich ist, so legitimiert doch weiterhin die moderne, eurozentristische Denkweise die Unterordnung der »unterentwickelten« unter die »entwickelte« Welt. Über das Konzept der Entwicklung wird unhinterfragt die westliche Lebensweise als Primat und Ziel für andere Gesellschaften voraus- und durchgesetzt (vgl. Fischer/Hödl *et al.* 2004). Die Kolonialität ist gewissermaßen die andere, dunkle Seite jener Medaille, die sich Moderne nennt und welche meist mit Befreiung und Aufklärung verbunden wird (Quintero/Garbe 2013: 10). Das moderne Weltbild baut auf einer Subjektivität auf, die geprägt ist durch das »europäische Selbstbild des Eroberers und Kolonisierenden« (Garbe 2013: 35) und das Verständnis

---

6   In der Literatur wird teilweise auch »deskolonial« verwendet, was jedoch keine inhaltlichen Differenzen zwischen den beiden Begriffen impliziert. Neben dekolonialer/deskolonialer Theorie kann auch von einer Perspektive, Studien oder einem »turn« gesprochen werden (vgl. Garbe 2013: 25).
7   Span.: Modernidad/Colonialidad; Hauptvertreter*innen (Frauen sind leider kaum präsent) sind dabei unter anderem: Aníbal Quijano, Enrique Dussel, Walter Mignolo, Edgardo Lander, Arturo Escobar, Fernando Coronil, Santiago Castro-Gómez, Ramón Grosfoguel (vgl. Garbe 2013: 23). Weitere Namen, die in Zusammenhang mit der dekolonialen Perspektive stehen und in der Arbeit herangezogen werden, sind Camila Moreno, Adriana Gómez Bonilla, Luis Tapia, Eduardo Gudynas, Enrique Leff, *et al.*

der menschlichen – und insbesondere männlichen – Rationalität. Diese Rationalität impliziert die Abgrenzung des Menschen und des Verstandes von der Natur und begründet damit das Streben nach der Beherrschung ebendieser (ebd. 35; Lander 2000; Federici 2012: 168ff). So kann auch von einer »Kolonialität der Natur« oder einem kolonialen gesellschaftlichen Naturverhältnis gesprochen werden (Alimonda 2011; Gómez Bonilla 2012).

Die *Politische Ökologie* wurde in den 1970er-Jahren hauptsächlich von kritischen Geograph*innen und Kultur-Ökolog*innen geprägt und in Folge durch weitere theoretische Perspektiven wie postkoloniale Theorien, die Peasant Studies, feministische und neo-marxistische Ansätzen bereichert (Blaikie/Brookfield 1987; Bryant/Bailey 1997; Robbins 2004). Nach Paul Robbins (2004) ist die Politische Ökologie gleichzeitig »Hacke«, also eine fundierte Kritik an dominanten Verhältnissen und Naturzugängen, und »Samen« für das Entstehen von Neuem. Als Hacke versucht sie, apolitische Zugänge zu ökologischem Wandel zu entlarven: Ökologische Probleme entstehen nicht einfach getrennt von Gesellschaft und Wirtschaft, noch sind sie nur monokausale Folgen von Marktschwächen, von zu wenig professionellem Umweltmanagement oder Bevölkerungswachstum (vgl. Hardin 1964), wie dies neo-malthusianische, technokratische Ansätze oder auch Strategien wie die Green Economy suggerieren (vgl. Bryant/Bailey 1997: 3, 11; Neumann 2005: 27). Solche Ansätze ignorieren die ungleichen Machtverhältnisse und bestehenden Konflikte. Konflikte gelten dabei vielmehr als störend, ihnen wird aus dem Weg gegangen oder sie werden auf eine gewisse Weise »gelöst«, indem schwächere Akteure missachtet und ausgegrenzt werden (Brand/Görg 2003: 214). Im Gegensatz dazu versteht Politische Ökologie die Widersprüche und Konflikte, wie Kämpfe um die Commons, als Dreh- und Angelpunkte für das Aufbrechen dominanter ungleicher Verhältnisse und somit als Chancen – als Samen. Mit der Politischen Ökologie kann in den Blick genommen werden, wer bei Krisen oder bei Krisenbearbeitungsstrategien Gewinner*innen und Verlierer*innen sind (Robbins 2012: 20). So zeigt insbesondere die *Feministische Politische Ökologie*, dass aufgrund der historisch entstandenen Aufteilung von Arbeit und Anerkennung zwischen Geschlechtern und der ungleichen Verantwortung für Haushalts- und Fürsorgetätigkeiten Frauen oft besonders stark von Umweltschäden betroffen sind. Da sie meist die Verantwortung für den Haushalt, die Subsistenz, die Nahrungsmittel-, Wasser- und Brennholzversorgung der Familie tragen, hat die Einschränkung des Zugangs zu Land, Wasser, Wäldern etc. oder die verstärkte Einbindung in den (meist männerdominierten) Markt geschlechtsspezifisch unterschiedliche Auswirkungen (vgl. Moeckli/Braun 2001: 118; Charkiewicz 2009; Bauhardt 2012; GFC 2008).

Durch die Brille der Politischen Ökologie wird deutlich, dass es keine »isolierten Umweltprobleme« (Köhler/Wissen 2010: 218) gibt, die unabhängig von Gesellschaft und Wirtschaft auftreten. So können die Probleme auch nicht allein mithilfe ökologischer Modernisierung, Technologie oder Effizienzsteigerung, wie sie die Green Economy vorschlägt, gelöst werden. Bei »Umweltproblemen« handelt es sich vielmehr um eine »Krise gesellschaftlicher Naturverhältnisse« (ebd.). Auf das Konzept der »gesellschaftlichen Naturverhältnisse« und weitere, für das Verständnis dieses Buches zentrale theoretische Ansätze, die – wenn auch nicht explizit – sowohl in der Dekolonialen Theorie als auch in der Politischen Ökologie vorzufinden sind, soll nun kurz eingegangen werden.

1.1.1 Gesellschaftliche Naturverhältnisse

Über »Natur« zu sprechen ist komplex. Je nachdem, wer den Begriff in welchem Kontext verwendet, bedeutet er etwas anderes (vgl. Kill 2014 b: 5 f; Fatheuer 2013). Während es in vielen Sprachen ein Wort für »Natur« gar nicht gab oder gibt, hatte die Kolonialisierung und das moderne Weltbild eine immer deutlichere Abgrenzung und Hierarchisierung zwischen »der Natur« und dem Menschen zur Folge (vgl. Lander 2000; Federici 2012: 168 ff; Alimonda 2011; Gómez Bonilla 2012). Auch weiterhin setzt sich eine immer stärker anthropozentrische (d. h. den Menschen in den Mittelpunkt stellende) und ökonomische Sprache über Natur durch, mit zentralen Begriffen wie »Ökosystemdienstleistungen« und »Naturkapital«. Sprache und Diskurse prägen unser Bild über und auch unsere materielle Umgangsweise *mit* Natur. Der Begriff der »gesellschaftlichen Naturverhältnisse« versucht, die scharfe Trennung der beiden Sphären – Gesellschaft versus Natur – aufzulösen und vielmehr die Wechselwirkung bzw. das Verhältnis zueinander in den Blick zu nehmen (Görg 2004 b: 9 ff; Köhler/ Wissen 2010: 219): Der Mensch ist Teil der Natur und handelt immer in der Natur – sich über sie zu stellen und die Natur komplett zu dominieren, ist darum nicht möglich. Dennoch ist das koloniale und kapitalistische[8] gesellschaftliche Naturverhältnis von Versuchen der Naturbeherrschung

---

8 Hierbei sollte angemerkt werden, dass auch sozialistisch organisierte Wirtschaftssysteme bisher auf Naturbeherrschung und Inwertsetzung der Natur beruht haben.

geprägt (Görg 2004 a: 222). Ökologische Probleme, die immer häufiger auftreten, verdeutlichen, dass dies nicht funktioniert. Sie hängen also nicht mit einer »Fehlfunktion« der Natur zusammen, sondern sind vielmehr Krisen des dominanten gesellschaftlichen Naturverhältnisses und einer Lebensweise, welche die ökologischen Grenzen nicht respektiert (vgl. Köhler/Wissen 2010: 219, 222; Brand/Wissen 2011 a: 15).

1.1.2 Die imperiale Lebensweise

Diese Lebensweise ist von fossilistischen (d. h. auf fossilen Brennstoffen beruhenden) Produktions-, Distributions- und Konsummustern geprägt, »die tief in die Alltagspraktiken der Ober- und Mittelklassen im Globalen Norden und zunehmend auch in den Schwellenländern des Globalen Südens eingelassen sind« (Brand/Wissen 2011 b: 80). Ulrich Brand und Markus Wissen führten dafür den Begriff der »imperialen Lebensweise« ein. Diese ist nur möglich durch eine machtförmige Welthandelsordnung, durch den (häufig militärisch abgesicherten) Zugriff auf Ressourcen sowie auf billige Arbeitskraft. Ebenso kann diese imperiale Lebensweise nur fortbestehen, wenn ihre hohen ökologischen Kosten externalisiert, also gewissermaßen in den Globalen Süden exportiert werden können. So muss auch der Zugriff auf die Senken, also auf CO_2-absorbierende Ökosysteme wie Wälder, abgesichert werden (Wissen 2010: 32). Nur so können die aktuelle Klimapolitik und das Phänomen des Green Grabbing verstanden werden: Um die imperiale Lebensweise vorerst aufrechterhalten zu können, muss eine gewisse Art von Umwelt- und Klimaschutzmaßnahmen umgesetzt werden. Der Boom an erneuerbaren Energieprojekten im Globalen Süden, das Waldschutzprogramm REDD+ und Emissionshandel stehen ganz im Zeichen dieses »grünen« Imperialismus oder Kolonialismus.

1.1.3 Inwertsetzung und Finanzialisierung der Natur

Mit Inwertsetzung ist der Prozess des »Zur-Ware-Werdens« von Dingen, sozialen Prozessen oder »Natur« und deren Durchdringung durch das Kapital gemeint. Sie ist zentrales Element des kapitalistischen gesellschaftlichen Naturverhältnisses und dient der Kapitalakkumulation (Görg 2004 b: 1501). Nach Elmar Altvater (1991: 320ff) umschließt dieser Prozess vier Schritte: 1. die Identifikation einer inwertzusetzenden Ressource (z. B. Flusswasser = Energieträger; Wald = CO_2-Speicher), 2. ihre Isolation (z. B. durch einen Staudamm; im Falle von Treibhausgasen eher symbolischer Art), 3. ihre Kommodifizierung (das Zur-Ware-Werden durch die Herstellung von Verbindungen mit Märkten) und 4. ihre Monetarisierung (die Ware wird in Geld vergleich- und tauschbar gemacht). Derzeit und insbesondere in Zusammenhang mit Green Grabbing kann auch von einer Finanzialisierung der Natur gesprochen werden. Dabei kommt zum gerade beschriebenen Prozess noch der Schritt der Einbindung in den Finanzmarkt hinzu, ein Phänomen, das mit der immer wichtiger werdenden Rolle des Finanzkapitals zusammenhängt, auf welche im dritten Buchkapitel genauer eingegangen wird. Beispiele für die Finanzialisierung der Natur sind der Emissionshandel, die Verwandlung von Wasser oder Energie zu einer neuen Finanzanlage oder auch REDD+ mit dessen Waldschutz-/Emissionszertifikaten. »Natur« wird dabei vermehrt zum Spekulationsobjekt, was einen noch größeren Ansturm auf natürliche Güter und Commons sowie die zunehmende Macht von Finanzmarktakteuren wie Banken, Hedgefonds und Konzernen auf die Naturkreisläufe nach sich zieht (Kill 2014 b; Tricarico/Löschmann 2012).

Es ist nicht vorbedingt, ob diese einzelnen Schritte alle getätigt werden, ob dies unbedingt in der angeführten Reihenfolge geschieht und ob dadurch letztendlich andere Naturverhältnisse transformiert werden. Inwertsetzung und Finanzialisierung sind vielmehr konfliktive, stets umkämpfte Prozesse. Sie müssen deshalb auch politisch abgesichert werden (vgl. Görg 2004 b: 1504f): Der Staat hat darin eine zentrale Rolle, er ist unter anderem verantwortlich für die Definition von Eigentumsrechten, den Aufbau von Infrastruktur (auch Finanzinfrastruktur), die Formulierung von (Land-, Umweltschutz- etc.) Gesetzen und die militärische Absicherung. *Der Staat* wird hier nicht als homogener Akteur, sondern als Kräfteverhältnis verstanden, als Feld, in dem um die Verallgemeinerung von Partikularinteressen, um die Durchsetzung gewisser Strategien, kurz um Hegemonie, gerungen wird (vgl. Poulantzas 2002 [1978]). Wenn also in Folge vom »Staat« gesprochen wird, so ist damit die Macht der Kräftekonstellation, welche die Politik des Nationalstaats prägt, gemeint (Wissen 2008: 9).

1.1.4 Akkumulation durch Enteignung

Die Inwertsetzung hängt auch eng mit dem Ansatz der »Akkumulation durch Enteignung« zusammen, auf den bei Green-Grabbing-Analysen oft zurückgegriffen wird. Schließlich bezieht sich der Begriff »Grabbing« auf Aneignung und Enteignung. Karl Marx beschrieb den Prozess, der Grundlage für die Herausbildung des Kapitalismus war, als »ursprüngliche Akkumulation« (Marx 1867: 742). Damit ist die Einhegung (engl.: »enclosure«) des Landes gemeint, um sie in die Kapitalakkumulation einbinden zu können sowie die gleichzeitige Enteignung der ansässigen Bevölkerung, welche dadurch zu landlosem Proletariat wurde. Das schloss die physische Einzäunung und Privatisierung von Land, das davor als Gemeingut genützt wurde, mit ein, um die gewohnheitsmäßige gemeinschaftliche Nutzung zu verhindern. Wichtiges Element der ursprünglichen Akkumulation war auch die koloniale Unterwerfung anderer Kontinente. Ursprüngliche Akkumulation ist jedoch nicht ausschließlich auf den historischen Moment des (höchst konfliktiven) Übergangs von Feudalismus zu Kapitalismus beschränkt. So wurde aufgezeigt, dass es sich vielmehr um »eine Art fortgesetzter, andauernder Enteignungs- und Vertreibungsprozesse« (Nowak 2013: 249), um die fortlaufende Integrierung neuer, bis dato außerhalb des Kapitalismus stehender Sphären zum Zweck der Kapitalakkumulation handelt. Da sich dieser Prozess im Neoliberalismus hauptsächlich durch Gewalt und Enteignung auszeichnet, schlägt David Harvey (2003; 2005) den Begriff der »Akkumulation durch Enteignung« vor. Auch eine verstärkte Ausbeutung von Arbeiter*innen und die Einhegung neuer Ressourcen, indigener Lebensweisen und Naturverhältnisse bzw. die Inwertsetzung von Commons fallen darunter (vgl. Fairhead/Leach *et al.* 2012: 243; Bader/Becker *et al.* 2011: 18). Selbst wenn der Begriff dies suggerieren mag, muss Akkumulation durch Enteignung nicht immer eine komplette Enteignung oder Vertreibung von den Ländereien beinhalten. Auch die Neustrukturierung der Macht-, Arbeits-, Eigentums- sowie Naturverhältnisse können stark entfremdende Folgen nach sich ziehen (Fairhead/Leach *et al.* 2012: 238f).

1.1.5 Commons

Im Deutschen wird der Begriff Commons meist verkürzt mit Gemeingüter oder Allmende übersetzt. Mit Commons sind jedoch nicht nur gemeinschaftlich genutzte Weideflächen, Wälder, Berge, Flüsse oder Seeufer gemeint. Die Commons verstehen sich als politisches System, das rund um das Recht auf Überleben aller organisiert ist und in dem keine Gruppe auf Kosten einer anderen akkumulieren kann. Mit Commons ist einerseits die politische Perspektive, die Brille, gemeint, mit der die Welt betrachtet und ungleiche Kräfteverhältnisse in Frage gestellt werden können. Andererseits sind Commons eine konkrete gelebte Realität, die stets umkämpft ist und die tagtäglich verteidigt wird. Je nachdem, wer den Begriff Commons verwendet – ob es die Weltbank, Nestlé oder indigene Gemeinden sind – hat er sehr unterschiedliche Bedeutungen. Einige berufen sich dabei auf den einflussreichen Essay »Tragedy of the Commons« (1968), in dem Garret Hardin argumentierte, dass frei verfügbare Ressourcen das Problem der Übernutzung nach sich zögen. Land und Ressourcen sollten deshalb klare Eigentumsrechte haben. Da dieses Argument der Privatisierung dient, wird es seither häufig aufgegriffen. Dabei wird übersehen, dass Hardin fälschlicherweise Commons als frei verfügbare Ressourcen ohne jegliche Absprachen ansah. Tatsächlich sind Commons jedoch meist in gemeinschaftliche Entscheidungsstrukturen, Regelwerke, Rechte und Verantwortlichkeiten eingebunden und stehen keineswegs für die ganze Welt offen. Die Tragödie der Commons liegt eher darin begründet, dass häufig Unternehmen und Staaten diese nicht respektieren und mit dem Ziel der Kapitalakkumulation ausbeuten (Fatheuer 2013: 14f). Dies geschieht jedoch nicht konfliktfrei. Schon im frühen Mittelalter gab es in Europa Widerstand gegen die als ursprüngliche Akkumulation bezeichnete Einhegung und Inwertsetzung der Commons (Lohmann 2012: 33; Federici 2012: 25ff). Dies wird in dem Ausschnitt eines englischen Gedichts aus dem 16. Jahrhundert deutlich:

»The law locks up the man or woman
Who steals the goose from off the common
But leaves the greater villain loose
Who steals the common from the goose.«
(zitiert in Lohmann 2012: 36)

»Hier sind wir geboren, hier sterben wir« war ein bekannter Ausspruch bei den Ausschreitungen im 17. Jahrhundert in England anlässlich der Einschränkung der gemeinschaftlichen Nutzung der Wälder, die mit zur englischen Revolution führte (Lohmann 2012: 36). Dieselbe Losung ist bei den Lencas im Zusammenhang mit der sogenannten »Verteidigung ihrer Territorien« häufig zu hören: »Hier leben wir, hier sind wir geboren, hier bleiben wir und hier sterben wir auch« (INT 17).[9] In Lateinamerika steht bei den Kämpfen um Commons die territoriale Komponente im Vordergrund.

---

9   Alle Übersetzungen vom Spanischen ins Deutsche wurden von der Autorin selbst vorgenommen. Die Originalzitate befinden sich in den angegebenen Literatur oder, im Falle der Interviews, in der online verfügbaren Diplomarbeit, die Grundlage des Buches war: Heuwieser (2014 a).

Box 2: Land und Territorium in Honduras

Mit Territorium sind weder ein fixiertes, einheitliches Staatsgebiet noch ein Stück Land gemeint, sondern der Raum, der für die Reproduktion des Lebens, der Kultur und der Spiritualität der Gemeinde notwendig ist (vgl. Lohmann 2012; Baletti 2012: 576). So wird in Honduras zwischen Land (span.: tierra) und Territorium (span.: territorio) unterschieden, was Berta Cáceres von COPINH deutlich macht:

> »[D]er Sinn des Territoriums ist alles, der ganze Raum der Identität, der Spiritualität, der Kultur, des Zusammenlebens mit den anderen Lebewesen. Aber in der Lenca-Kosmovision sind die anderen Lebewesen nicht minderwertig. Alle haben ihren Sinn und sind miteinander verbunden. Das Territorium ist also alles, es ist der Sauerstoff, es ist die Luft, es ist die Radiofrequenz, es sind die Flüsse, die Wasserfälle, das Gemeinschaftsleben, das Wissen über Gesundheit/Medizin, die eigene Art und Weise, wie Konzepte in Verbindung mit endogener Bildung entstehen, die Bedeutung der Sonne, die des Mondes [...]. Land ist etwas, das auch offiziell anerkannt wurde, doch es reduziert dieses Recht auf Territorium, welches wir einheimischen Völker haben. Und Land, na gut, es kann jemandem einen Landtitel für seinen Hof oder für fünf Hektar Land gegeben werden, aber das Territorium ist das ganze Gemeinschaftsleben, ist dieses Verhältnis zwischen dem individuellen und kollektiven Leben der Völker.« (INT 38)

Bei den sich in indigenen Territorien befindlichen Ländereien steht oft das gemeinschaftliche Eigentum vor dem privaten. Zwar bebaut in der Lenca-Region meist jede Familie eine eigene Fläche, diese gehört jedoch häufig der Gemeinde; gemeinsame Arbeitstage und gegenseitige Hilfe sind weit verbreitet. Nur selten besitzen indigene Gemeinden in Honduras auch tatsächlich offizielle gemeinschaftliche Landtitel über ihr Territorium. Häufiger liegen die indigenen Territorien in staatlichen Ländereien oder Wäldern oder in den inzwischen kaum mehr existierenden »Ejidos«, welche in munizipalem oder Dorfbesitz sind. Aufgrund des starken Drucks indigener Bewegungen in den 1990ern wurde damit begonnen, auch spezielle Landtitel (meist genannt »kommunitäre« Titel) zu vergeben, in denen die wichtige Klausel enthalten war, dass die Ländereien kollektiv und unveräußerlich, also nicht privatisierbar, sind. Diese Titelvergabe für indigene Ländereien geschah bisher jedoch nur in geringem Umfang (INT 38, 42; RUTA/Banco Mundial et al. 2002: iv). Die Existenz kollektiver Ländereien wurde insbesondere durch das Besitzgesetz (span.: Ley de Propiedad) von 2004, das die individuelle Titelvergabe vorantrieb und die Zerstückelung kommunitärer Titel erlaubte, wieder stark geschwächt (ODHPINH 2014 a, b). Aufgrund der indigenen Menschenrechte (siehe Box 4) haben indigene Völker jedoch Nutzungsrechte auf ihre angestammten Ländereien, selbst wenn diese in staatlichem, kommunalem oder privaten Besitz sind. Während COPINH aus praktischen Gründen zwar für die offizielle Anerkennung indigener Ländereien einsteht und für deren Erhalt kämpft, gibt Berta Cáceres zu bedenken, »dass dies Teil des Kolonialismus und der neoliberalen Durchsetzung ist, denn in Wirklichkeit sollten sie nicht einmal existieren, weder Ejido-Ländereien noch kommunitäre Ländereien, denn auch dies ist eine Art, das Territorium zu zerstückeln« (INT 38). Häufig stellt die Ausstellung von privaten oder kommunitären Landtiteln eine Gefahr dar, da die offiziellen Eigentümer*innen – in Honduras generell Männer (Casolo 2009; Fundación Arias/ CDM 1995) – bei finanzieller Not, aufgrund von Ausgrenzung oder als Resultat von Manipulation oft gezwungen sind, diese zu verkaufen und dadurch jeglichen Anspruch auf Land verlieren. Seit der neoliberalen Landreform Anfang der 1990er-Jahre haben Bürgermeister*innen die Möglichkeit, die ejidalen Ländereien zu privatisieren, während kommunitäre Ländereien, wenn überhaupt, nur nach Zustimmung der indigenen Gemeindemitglieder durch die indigene Autorität verkauft werden können. Wie auch bei den Staudamm-Fallbeispielen ersichtlich wird, kommt es in der Praxis jedoch des Öfteren vor, dass das Land hinter dem Rücken der davon lebenden bäuerlichen und indigenen Bevölkerung privatisiert wird (INT 38, 42; ODHPINH 2014 b: 4f).

Die Einhegung der Territorien und der Commons, die Akkumulation durch Enteignung, umfasst somit mehr, als auf den ersten Blick erkennbar ist. Sie hängt zusammen mit der Transformation der Naturverhältnisse, der Entscheidungsstrukturen, der Produktionsverhältnisse und der Kultur und sie verwandelt die Gemeingüter in Ressourcen für die nationale oder globale Produktion: »It is a process to which no aspect of life or culture is immune« (Hildyard/Lohmann et al. 1995). Wird all dies berücksichtigt, wird deutlich, dass es bei (»grünem« und anderem) Land Grabbing eher um »Territory Grabbing« geht.

1.2 Dekoloniale Aktionsforschung als Methode[10]

Die für meine empirischen Recherchen in Honduras gewählte Methode hängt eng mit den theoretischen Grundlagen dieses Buches zusammen. Die »*Dekoloniale Aktionsforschung*« ist angelehnt an die in Lateinamerika in den 1980ern entstandene »Partizipative Aktionsforschung« (Fals Borda/Rahman 1991; Fals Borda 2009), die ich um einige Aspekte und Kritikpunkte erweiterte (u. a. von Leyva/Speed 2008 und Edelmann 2009). Die Methode versucht, sich vom eurozentristischen positivistischen Wissenschaftsmodell zu distanzieren, in dem das vermeintlich objektive universelle wissenschaftliche Wissen gegenüber anderen (z. B. indigenen) Wissensformen als überlegen erachtet wird (Sousa Santos 2009: 23ff). Die traditionelle Forschung schafft eine Distanz und Hierarchie zwischen Wissenschaftler*in und »wissbar gemachten Objekten« (Garbe 2012: 137). Sie zeichnet sich zudem oft selbst durch einen »extraktivistischen«, ausbeuterischen Charakter aus: Das Wissen wird aus den Gemeinden extrahiert, »um Bücher zu produzieren, die nur den akademischen und universitären Laufbahnen dienen, ohne etwas oder kaum etwas an die Gemeinden zurückzugeben« (Leyva/Speed 2008: 35). Um diesen traditionellen »intellektuellen Kolonialismus« (Fals Borda 2009: 17) nicht zu reproduzieren, ist es vorerst wichtig, sich der eigenen Position und subjektiven Haltung bewusst zu sein und diese auch offenzulegen: in meinem Fall der Rolle der weißen, privilegierten, aus Europa stammenden Wissenschaftlerin, jedoch auch der Aktivistin, die sowohl in Honduras als auch Europa in dekolonialen emanzipatorischen

---
10   Eine ausführlichere Beschreibung der Aktionsforschung findet sich in Heuwieser (2014 a)

Praktiken dominante Verhältnisse in Frage zu stellen versucht. In der Aktionsforschung geht der*die »Forscher*in« einen »compromiso«, eine Art Verbindlichkeit oder Engagement, ein:

> »die Aktion oder Einstellung des Intellektuellen, der, indem er sich bewusst wird über seine Zugehörigkeit zur Gesellschaft und zur Welt seiner Zeit, die Position des einfachen Beobachters aufgibt und sein Denken oder seine Kunst in den Dienst einer Sache stellt.« (Fals Borda 2009: 243)

Empirische Grundlage für dieses Buch ist eine Aktionsforschung, die sich nicht nur auf den Forschungsaufenthalt bei COPINH in Honduras von Januar bis April 2013 beschränkte, sondern die auf langjähriger solidarischer Begleitung von Widerstandsbewegungen in Honduras aufbaut, welche auch weiterhin fortläuft. Der Forschungsinhalt orientierte sich an den Bedürfnissen von COPINH und wurde gemeinsam besprochen. Die Resultate der Recherchen wurden direkt an COPINH und weitere relevante Bewegungen weitergeleitet, teilweise aufbereitet als kritische Landkarten der Megaprojekte, als Informationshefte oder Radiosendungen und konnten direkt für gemeinsame Aktionen und die Solidaritätsarbeit eingesetzt werden. Dieses Buch stellt somit nur eines mehrerer Forschungsergebnisse dar.

2. Eine kleine Geschichte von Honduras

Land Grabbing und Green Grabbing baut auf historisch entstandenen Formen der kolonialen und neo-kolonialen Landaneignung auf (Fairhead/Leach *et al.* 2012: 248). Um analysieren zu können, wie sich diese aktuell in Honduras durchsetzen, ist ein Einblick in die Geschichte des Landes, insbesondere in Bezug auf Agrarwandel, Naturverhältnisse, politökonomische Rahmenbedingungen und die Konflikte und Kämpfe nötig. Diese historische Abhandlung aus politökologischer und dekolonialer Perspektive hat keinerlei Anspruch auf Vollständigkeit. Obwohl sie erst mit der kolonialen Periode beginnt, muss vor allem klargestellt werden, dass der mittelamerikanische Subkontinent vor Ankunft der europäischen Seefahrer selbstverständlich nicht geschichtslos war. Allein die Zeitrechnung, welche die Eroberung auf das Jahr 1524 datiert oder die Bezeichnungen »Amerika« und »Honduras« sind Konstrukte, die anderen Zeitrechnungen, Benennungen, Sprachen, Kulturen und Geschichten auferlegt wurden und diese immer mehr verdrängten oder sich mitunter vermischten. Der Schwerpunkt dieses Überblicks liegt auf den für die Green Grabs besonders ausschlaggebenden Entwicklungen der Neoliberalisierung in den letzten Jahrzehnten, die sich durch den Militärputsch im Jahr 2009 zuspitzte.

2.1 Kolonialisierung (ab 1524)

»Las botas españolas cayendo por todos los rumbos iban hoyando valles y montañas, venciendo torrentes y crestas, tribus y señoríos, catequizando, esclavizando, aniquilando pueblos, destruyendo ciudades y caseríos, fundando nuevas con nombres españoles, buscando oro con una locura incurable, soñando en ciudades fantásticas como hechizados por la respiración de las selvas tropicales y las maravillas indéditas del nuevo mundo.«
»Die spanischen Stiefel, die in alle Richtungen donnerten, gruben sich in Täler und Berge ein, Gewässer und Grate, Volksstämme und Herrschaften besiegend, katechisierend, versklavend, Dörfer auslöschend, Städte und Weiler vernichtend, neue mit spanischen Namen gründend, unheilbar vernarrt in die Suche nach Gold, von fantastischen Städten träumend, wie behext vom Atem der tropischen Regenwälder und unbekannten Wundern der neuen Welt.« Ramón Amaya Amador (1987: 18)

Der honduranische Schriftsteller Ramón Amaya Amador beschreibt in seinem Roman »Der Herr der Berge« (span.: El señor de la sierra), welche tiefen Umbrüche die spanische »Entdeckung« der Region Zentralamerikas, welche später Honduras genannt wurde, mit sich brachte. Der Roman erzählt die Geschichte des massiven Widerstands in den 1530er-Jahren. Unter der Führung des Häuptlings Lempira widersetzten sich mehrere Lenca-Stämme und verbündete Völker gegen die Eroberer. Der Widerstand scheiterte (vgl. Barahona 2009 b: 84ff). Das »Land zwischen den Grenzen« (Dietrich 2008: 293), diese teils bergige, teils regenwaldbedeckte unwegsame Fläche mit wenig fruchtbaren Böden spielte schon während der Kolonialzeit die periphere Rolle, welche das Land im regionalen Vergleich bis heute kennzeichnet. Im Laufe der Kolonialisierung wurden die in der Region vorhandenen diversen Gesellschaftsformationen, Kosmovisionen, Organisationsformen, Beziehungen, Arbeitsweisen und Naturverhältnisse durch unterschiedliche Methoden und in verschiedenem Ausmaß dem kapitalistischen und kolonialen Einheitsmodell, einer rassialisierten Gesellschaftsordnung mit männlich weißer Dominanz, unterworfen. Die Konstruktion der Rasse ermöglichte eine Einteilung in »zivilisierte« Eroberer und »Wilde«, »Zu-Zivilisierende« (Barahona 2009 b: 19; Newson 2000: 27; Quintero 2012: 105). Wie Pablo Quintero (2012: 107) für die gesamte lateinamerikanische Region beschreibt, vollzog sich die Kolonialisierung über mehrere Prozesse:

Erstens die Auslöschung von mindestens drei Viertel der bisherigen Bevölkerung der Amerikas, wobei in der mesoamerikanischen Region von bis zu 90 % der Bewohner*innen gesprochen wird. Der Hauptgrund waren Krankheiten, doch auch Kriege und Sklaverei sowie andere Arten der Ausbeutung trugen dazu bei (vgl. Newson 2000: 22ff). Zweitens die Enteignung und Vertreibung von den angestammten Ländereien und Unterdrückung der bisher gelebten Identitäten, drittens das formelle Verbot der eigenen Traditionen und Kosmovisionen, viertens die Durchsetzung kolonialer Kultur, Religion und Sprache und 5. die Einführung eines neuen Siedlungssystems und einer neuen Raumordnung. Diese wurde als System von Latifundios (Großgrundbesitz) und Minifundios (kleine Flächen indigener Subsistenzbäuer*innen) organisiert (Teubal 2009: 151; Dietrich 2008: 295). Der sechste von Quintero beschriebene Prozess war die Aneignung der Arbeitskraft der Bevölkerung. Dies geschah zuerst durch ihre Versklavung, die im Falle der Einheimischen schon 1542 verboten wurde (Newson 2000: 24). Die Sklavenhaltung von aus dem afrikanischen Kontinent nach Honduras Verschleppten und deren Nachkommen wurde erst im späten 19. Jahrhundert abgeschafft (Sonderegger 2006). Von 1542 bis 1720 wurde eine neue Form der Ausbeutung erschaffen, die sogenannte »Encomienda«, über welche die spanische Kolonialherrschaft eine Gruppe von Indigenen an ein weißes Individuum vergab, für welches die Gruppe arbeiten oder welchem sie Tribut zahlen musste.

In hierarchisch organisierten indigenen Völkern mit Oberhäuptern (span.: caziques), Priestern und Städtestrukturen, wie zum Beispiel den Lencas, waren Tribut-Systeme nicht gänzlich unbekannt. Für eher egalitär organisierte Völker wie die Miskitus, die vom Sammeln und der Jagd lebten, stellte die Unterordnung unter die neue Herrschaft ein deutlich komplizierteres oder gar unmögliches Unterfangen dar. Während im Osten des Landes die Kolonialisierung und »Zivilisierung« der indigenen Völker fast nur über christliche Missionen durchgesetzt wurde, geschah dies im Zentrum und Westen des Landes insbesondere über die Schaffung von Großgrundbesitz, die Gründung neuer Städte und die Aufnahme von Bergbautätigkeiten (Newson 2000: 27ff).

Die koloniale Unterwerfung oder Einhegung der Amerikas war notwendig, um die Industrialisierung in Europa und die Entstehung eines globalen kapitalistischen Systems überhaupt erst zu ermöglichen – was die »ursprüngliche Akkumulation« umschreibt. Die Dekoloniale Theorie zeigt auf, dass dieses globale Ausbeutungssystem hauptsächlich auf »einer globalen Arbeitsteilung sowie einer Integration aller Produktionsweisen in den kapitalistischen Weltmarkt« (Garbe/Quintero 2012: 12) aufbaut. Um sich die Arbeitskraft der »Indigenen« aneignen zu können, musste durch die Konstruktion der »Rasse« eine rassialisierte Unterordnung der »Indigenen« unter die Eroberer geschaffen werden (Quintero 2012). Die Zivilisierung der Bevölkerung ging Hand in Hand mit der Zivilisierung und Kontrolle der Natur. Andere nicht-anthropozentrische gesellschaftliche Naturverhältnisse wurden als primitiv abgestempelt: »[I]n diesem Sinne wurde jegliches Gesellschafts-Natur-Verhältnis, das nicht zum Ziel hatte, dass Erstere die Zweite beherrscht, als rückständig und unsachgemäß betrachtet« (Gómez Bonilla 2012: 289).

Wichtig ist anzumerken, dass Kolonialismus nicht als fest installiertes Herrschaftssystem zu begreifen ist. Wie das Beispiel von Lempira deutlich macht, wurde gegen die Kolonialisierung auf unterschiedliche Art und Weise Widerstand geleistet – und wird dies auch weiterhin: Berta Cáceres, aktuelle Koordinatorin von COPINH, spricht dabei vom Widerstand gegen den aktuellen »Neo-Kolonialismus«. Für sie ist es zentral

»anzuerkennen, dass der Kolonialismus, der vor 500 Jahren anfing, weiter besteht, dass er nur seinen Namen geändert hat [...]. Dass es sich um dieselbe koloniale Logik handelt, gar auf eine aggressivere Weise. Wir nennen es Neo-Kolonialismus. Dieser ist getränkt mit Rassismus, Diskriminierung, mit der Verachtung des indigenen Kampfes, mit Negierung, Zerstörung und Genozid, mit Politiken, die die indigenen Völker zerstören wollen, aufstandsbekämpfenden Politiken, Politiken der Kriege niedriger Intensität. Dies geschieht zum Beispiel über die Religionen, die sie uns aufdrängen, über die Bildungsprojekte, darüber, uns andere Kulturen aufzuzwängen, über all die rassistische und manipulierende Logik, die von den Medien ausgeht [...]. Ich glaube, all das, was die indigenen Völker nun antreffen, ist, was COPINH zu dieser Position bringt, gegen den Kolonialismus [...] vorzugehen. Im Kampf von COPINH geht es darum, all das zu demontieren, zum Beispiel über den eigenen Bildungsprozess oder den Aufbau eines anderen Kommunikationsangebots. Das ist ein Prozess, durch den wir viel lernen und von dem Todesprojekt ›entlernen‹ um wiederum Neues aufbauen und schaffen zu können.« (INT 37)

Box 3: »Indigene« Völker – ein kritisches Verständnis

»No somos indígenas, nos lo impusieron por una equivocación, con la palabra indígena nos humillaron, nos saquearon, nos robaron, nos marginaron, pero con esa palabra vamos a liberarnos.«
»Wir sind keine Indigenen, dies wurde uns durch eine Verwechslung auferlegt. Mit dem Wort Indigene haben sie uns gedemütigt, geplündert, ausgeraubt und marginalisiert. Aber mit diesem Begriff werden wir uns befreien.« Blanca Chancosa (2010: 81)

Die Bezeichnung »Indigene« oder »indigene Völker« bedingt vor deren Gebrauch eine kritische Auseinandersetzung damit und eine Abgrenzung von den meist damit assoziierten Stereotypen. Diese reichen von früher dominanten, jedoch weiterhin vorzufindenden Bildern, die den unzivilisierten, dummen, faulen »Indio« suggerieren, über häufig rein auf die Kleidung und Tänze reduzierte kulturelle Zuschreibungen bis hin zu romantisierenden Darstellungen über die edlen, zeitlosen, präkapitalistischen, mit altem Wissen ausgestatteten, stets solidarischen, ohne Ausbeutung handelnden und in Harmonie mit der Natur lebenden Indigenen (vgl. Quintero 2012: 115ff). »Indigene« wird insbesondere für die lateinamerikanische Region in Abgrenzung zu anderen Begriffen wie »Indio«, »Indianer«, »Ureinwohner«, »Eingeborener« etc. als vermeintlich politisch korrekter Terminus verwendet. Der Begriff, der lateinischen Ursprung hat (also nicht dem auf Kolumbus' Irrtum beruhenden Begriff »Indianer« entstammt), bedeutet »einheimisch« oder »eingeboren«.[1] Dennoch muss betont werden, dass Indigene erst durch die Kolonialisierung entstanden sind. Die Einheitsidentität der »Indigenen« wurde der Vielfalt an Völkern, gesellschaftlichen Organisationsformen, Kosmovisionen und Geschichten erst in rassialisierter Abgrenzung zu den »zivilisierten« Eroberern übergestülpt (ebd.: 107f). Die Diversität an indigenen Völkern, Gemeinden und Individuen schlägt sich auch in der Vielfalt der Strategien und Inhalte der vor allem ab den 1970er/1980er-Jahren entstehenden indigenen Bewegungen nieder. Diese reichen von Kämpfen für die Anerkennung der indigenen Identität und indigener Rechte über Forderungen nach Zugang zu Wirtschaftssektoren und finanziellen Ressourcen bis hin zur radikalen Unterwanderung des Staates und Autonomiebestrebungen (ebd.: 111). Pablo Quintero zeigt dabei auf: »Das, was manchmal indigene Gemeinden vereint und zusammenbringt, sind nicht ihre scheinbar exotischen zeitlosen Werte, sondern im Gegenteil ihr geteiltes historisches Erbe der Fremdherrschaft und der Ausbeutung« (ebd.: 120). So kann weder von *einer* indigenen Lebensweise oder *dem* indigenen Naturverhältnis ausgegangen werden, noch kann man beides auf die Komponente ›nicht-kapitalistisch‹ reduzieren, wie dies teilweise geschieht. Dies, obwohl beispielsweise COPINH eine stark anti-kapitalistische Rhetorik aufweist. Klar muss jedoch sein: »Niemand

---

[1] http://www.survivalinternational.org/ueberuns/terminologie [5. 12. 2013]

ist, niemand kann außerhalb der klassifizierenden Logiken der Kolonialität der Macht oder der Produktionsverhältnisse des kolonialen/modernen Kapitalismus stehen« (Quintero 2012: 110).

Dass der Begriff »indigene(s Volk)« dennoch hier verwendet wird, liegt daran, dass er wiederum als Selbstbezeichnung gewählt und positiv besetzt wurde, hat er doch auch insbesondere in den letzten zwei Jahrzehnten zum Erkämpfen und zur Einforderung von indigenen Rechten gedient. So wird manchen sich als indigen definierenden Völkern der indigene Status abgesprochen, um ihnen dadurch weniger Rechte zugestehen zu müssen. Dies trifft insbesondere auf die Garífunas zu, bei denen es sich um eine Kultur handelt, die aus den aus Afrika verschleppten Sklav*innen hervorging. Über ihre Organisation OFRANEH, welche die erste indigene Organisation in Honduras darstellte, haben die Garífunas stets für ihre Anerkennung als *indigenes* Garífuna-Volk mit Rechten auf ihr nun schon seit Jahrhunderten angestammtes Territorium gekämpft (Vacanti Brondo 2010; OFRANEH 20. 8. 2014).[2] Auch im Zusammenhang mit dem Staudamm Agua Zarca wird sichtbar, dass den Lencas ihr indigener Status zur Delegitimierung des Protests teilweise aberkannt wurde. Lencas sprechen schon seit Jahrzehnten aufgrund der kolonialen und postkolonialen Unterdrückungs- und Assimilierungspraktiken ihre ursprüngliche Sprache nicht mehr (vgl. Chapman 1985, 2006; INT 13). Berta Cáceres beschreibt, was für COPINH vielmehr die indigene Identität ausmacht, nämlich:

> »sich darüber einfach klar zu sein, dass wir, dass unsere Vorgänger und Vorgängerinnen einheimische Völker sind, dass wir ein Erbe unserer Großväter und Großmütter haben, [...] nicht unbedingt wegen meiner physischen Gesichtszüge, sondern wegen unseres Geists, unseres Bewusstseins. Denn ich trage die indigene Spiritualität in mir und lehne mich gegen die Kolonisation, gegen Domestizierung und gegen jegliche Herrschafts- und Unterdrückungsformen auf. Und ich erkenne die Tiefgründigkeit der Kosmovisionen an, ich nehme die Kosmovision des Lenca-Volkes an. Die Existenz der ältesten Geister, der Zusammengehörigkeit mit der Erde. Auch, dass das Land nicht von uns ist, sondern wir vom Land sind. Es ist also anders herum! Dass wir nur klein und mickrig in den bestehenden Universen sind, dass wir eine verändernde Dynamik haben und uns fortlaufend weiterentwickeln. Die indigenen Völker verändern sich, wir sind weder statisch noch uniform. Und wir tragen zum kämpferischen Bewusstsein bei, zu den gerechten Anliegen auf der ganzen Welt. Zu ökologischen Anliegen, zu den Anliegen der Frauen, zum feministischen Anliegen, selbst, wenn dies manche nicht glauben. Wir haben Theorien, es gibt Philosophien der indigenen Völker. Es gibt vielfältiges Wissen, wie von Astronomie oder Landwirtschaft. Es

---

2   http://ofraneh.wordpress.com/about/ [5. 12. 2013]

gibt Wissen, das bis heute vom westlichen hegemonialen Wissen und der Wissenschaft nicht erklärt werden kann. [...] Ich glaube, das ist es, dem die Stirn zu bieten, dem Fundamentalismus entgegenzutreten und im indigenen Kampf präsent sein, ausgehend von einer Kosmovision aus den Gemeinschaften, aus einem vom Kapitalismus unterschiedlichen Leben heraus, das *doch* möglich ist. [...] Diese Stellung einzunehmen, das ist, was uns als Indigene ausmacht.« (INT 38)

Miriam Miranda, Koordinatorin der Garífuna-Organisation OFRANEH, vermittelt eine ähnliche Beschreibung der indigenen Identität und betont dabei die Zentralität des Territoriums sowie des Kollektiven:

»[D]as Thema der Identität ist für die indigenen Völker zentral hinsichtlich einer tiefen Verbindung mit ihrem Territorium, mit unserem Territorium, denn es hat mit der Kosmovision, damit, wie wir die Welt, wie wir das Leben sehen, zu tun. Darunter fällt auch das Thema des Kollektiven versus Individuellem – eine der Praktiken des westlichen kapitalistischen Systems, dem die Welt verfallen ist und gegen das wir uns als kulturell unterschiedliche Völker permanent einsetzen. [Es wird hart daran gearbeitet, uns zu individualisieren. Damit wir an das Ich, allererstens Ich und zweitens Ich und schlussendlich Ich denken, anstatt das Wir zu sehen.] Das heißt, wie können wir diese kollektive Vision auf die Territorien und die Welt geltend machen? Das hängt mit wichtigen Elementen wie der gegenseitigen Hilfe, der Solidarität, der Wichtigkeit der Gemeingüter über dem Materiellen zusammen. Uns trifft der schwierigste Part, denn es handelt sich nicht nur um den Kampf der Arbeiter für einen Mindestlohn oder für Sicherheit, sondern wir müssen uns um diesen anderen wichtigen Teil des Kampfes kümmern, der mit unserer Identität zu tun hat, um so den Kampf für unser Land zu ermöglichen. Wenn ein Jugendlicher, ein Junge oder ein Mädchen nicht von der Schule an den Wert unserer kollektiven Ländereien kennt, wenn er*sie nicht weiß, dass er*sie Rechte in der Gemeinde hat und sich nicht zwingend um ein Haus zu haben Land kaufen muss, [...] wenn es also keine Bildung, keine Überlieferung der Identität und der Geschichte in diesem Sinne gibt, dann hören wir auf, ein Volk zu sein. Aus diesem Grund gibt es diese tiefe, sehr tiefe Verbindung mit der Identität und mit dem Kampf um das Territorium und um die Gemeingüter.« (INT 14)

2.2 Formale Unabhängigkeit (ab 1821)

Als offizielles Ende der Kolonialzeit gilt das Jahr 1821, in dem Honduras nach einem von Francisco Morazán angeführten Unabhängigkeitskrieg die formale Abspaltung von der spanischen Krone erlangte. Zwischen 1823 und 1838 war Honduras im Zentralamerikanischen Bund eingegliedert, bis dieser in fünf selbstständige Staaten zerfiel (Dietrich 2008: 309). Von modernen Staaten kann zu diesem Zeitpunkt jedoch noch nicht gesprochen werden. So blieben die Eigentums- und Sozialstrukturen der Kolonialzeit und die rassialisierte Gesellschaftsordnung grundsätzlich bestehen (vgl. Tapia 2012: 292). Durch die verstärkte Durchsetzung einer einheitlichen Sprache und Kultur wurde gleichzeitig versucht, eine nationale Identität herzustellen. Diese keineswegs einfache Mission der Assimilierung ging weiterhin mit der Politik des Auslöschens indigener Völker einher. Der Prozess der Unabhängigkeit griff somit »die fundamentalen Fasern der Kolonialität der Macht« nicht an (Quintero 2012: 109). Im 19. Jahrhundert artikulierte sich Widerstand gegen die kreolische Obrigkeit vor allem über Formen des zivilen Ungehorsams, häufige Aufstände, sowie Revolten gegen Steuerpolitiken, in denen die indigenen Völker teilnahmen (Barahona 2009 b: 16, 20). Das 19. Jahrhundert war außerdem von den in Zentralamerika ausgetragenen Streitigkeiten um die Hegemonialmacht zwischen England und den USA sowie von Interessengegensätzen zwischen den »Nationalen« (hauptsächlich bestehend aus Großgrundbesitzern) und »Liberalen« (v. a. exportorientierte Unternehmerschaft) geprägt. In den 55 Jahren nach der Unabhängigkeit gab es insgesamt 85 Regierungsbildungen, bis Marco Aurelio Soto an die Regierung kam und ab 1877 grundlegende liberale Reformen durchführte (Dietrich 2008: 294).

2.3 Liberalismus und Globalisierung (ab 1877)

Marco Aurelio Sotos' liberale Reformen ab 1877 beinhalteten die Trennung von Staat und Kirche, Straßenbauprojekte, eine weltmarktfreundliche Finanzreform und auch eine Agrarreform. Diese hatte zum Ziel, eine konkurrenzfähige Agrarindustrie aufzubauen, indem kapitalträchtigen Unternehmern staatliche oder kommunale Ländereien geschenkt wurden. Der dadurch entstehende Privatbesitz resultierte in einer Verfestigung der Latifundios (Großgrundbesitz), welche sich auf Exportwirtschaft ausrichten sollten und der verstärkten Verdrängung von Kleinbäuer*innen und indigenen Gemeinden (Molina-Chocano 2008: 40ff; Posas 1985: 29f; Barahona 2009 a: 33). Wie Dietrich feststellt, führte der Anschluss an den Weltmarkt »zu einer Plünderung der Ressourcen des Landes durch ausländische, meist nord-amerikanische Konzerne« (Dietrich 2008: 294). Im Hauptinteresse lag dabei ab den 1880ern vor allem der Bergbau und um die Jahrhundertwende immer mehr die Bananen: 1930 machten Bananen gar 87,8 % der gesamten Exporte aus (Meza 1985: 144). Die zunehmende Exportorientierung und liberale Globalisierung hatte damit eine verstärkte Einhegung der natürlichen Umwelt zur Folge (vgl. Castree 2008 a: 140). Rechtlich wurden die ausländischen den inländischen Unternehmen gleichgestellt. Dies war das Fundament, welches Honduras zu einer Enklavenökonomie der USA machte (Meza 1985: 128 ff; Molina-Chocano 2008: 88ff). Die Plantagenunternehmen United Fruit und Standard Fruit waren die größten Landeigentümer und bildeten sozusagen »Staaten im Staate« (Dietrich 2008: 295). Der für Honduras gebräuchliche Spitzname der Bananenrepublik rührt von dem starken Einfluss der Bananenkonzerne und der US-Regierung auf politische Entscheidungen her. Politiker, Militärs und Zollbeamte saßen gleichzeitig im Aufsichtsrat der Bananenkonzerne; Militärputsche und Diktaturen, wie die von Tiburcio Carías Andino (1933–1948), konnten sich ihrer Finanzierung sicher sein (ebd.; Posas 1985: 33).

In dieser Zeit enstanden die Liberale Partei (1891) und die Nationale Partei (1923), die noch bis zu den Wahlen 2013 die lange Zweiparteienlandschaft prägten (vgl. Dietrich 2008: 302). Die Liberalen standen für die auf Export und Modernisierung ausgerichtete Elite, die sich um die Bergbaustadt Tegucigalpa organisierte. Die Nationalen repräsentierten die Viehzüchterfamilien, die ein enges Verhältnis zu Militär und Kirche hatten (ebd.: 293; Barahona 2009 a: 24, 108ff). Letztendlich waren und sind diese Parteien weiterhin »ein Wettbewerbssystem zwischen Fraktionen der herrschenden Oligarchie« (Tapia 2012: 293).

Die Zonen mit kapitalistischer Akkumulation befanden sich fast ausschließlich an der Atlantikküste, wo eine Spezialisierung auf den Bananenexport erfolgte sowie im Süden, wo Baumwolle und andere »Cash Crops« – also für den Verkauf und Export bestimmte Agrarerzeugnisse - produziert wurden (Barahona 2009 a: 120). Dementsprechend spitzten sich in diesen Regionen und v. a. im Norden die Konflikte um den Zugang zu Land zu. Diese führten zur Gründung der ersten Bäuer*innen-Organisationen Ende der 1920er-Jahre, die eng in Verbindung mit der ersten Kommunistischen

Partei standen. Indigene nahmen als Kleinbäuer*innen teilweise an den Organisationen teil, jedoch deutlich weniger zahlreich. Die Identität indigener Völker und deren möglicherweise spezifische Interessen kamen bis in die 1970/1980er-Jahre kaum zum Tragen (Barahona 2009 b: 216). Ab den 1920er-Jahren und vor allem in den 1940ern entstanden feministische Bewegungen, häufig innerhalb der Gewerkschaften organisiert. Frauen wurden dennoch bis 1954 nicht als politische Subjekte anerkannt: Ihnen gestand der Staat weder passives und aktives Wahlrecht noch Recht auf Bildung zu. Die Arbeiter*innen-Bäuer*innen-Allianz wurde durch die massive Repression, ausgehend vom »Bananendiktator« Tiburcio Carías Andino (1932-1948), fast vollständig zerstört. Im Jahr 1952 kontrollierten 4,2 % der Landbesitzer*innen 56,8 % der Agrarfläche des Landes, während 65,1 % der Eigentümer*innen nur 15,7 % des kultivierbaren Landes besaßen (Posas 1985: 35ff; Barahona 2009 a: 94, 103f, 130, 200).

2.4 Periphere »Entwicklung« und Agrarreformen (etwa 1949-1980er-Jahre)

Den Übergang des liberalen Staats zum peripheren populistischen »Entwicklungsstaat« markierten die Entwicklungen nach dem Zweiten Weltkrieg sowie das durch Protestbewegungen bewirkte Ende der Diktatur Carías 1948. Die Transition war ein konfliktreicher Prozess mit Fort- und Rückschritten, Reformen und Gegenreformen. Das wichtigste Ereignis stellte der historische Bananenstreik 1954 dar, an dem sich über 25.000 Plantagenarbeiter*innen für 69 Tage beteiligten. Der Aufstand war teilweise erfolgreich, bewirkte Lohnerhöhungen und die Anerkennung von Gewerkschaften. Ebenfalls im Jahr 1954 wurden Frauen nach verstärkten Protesten Bürger*innenrechte zugestanden (Barahona 2009 a: 165). Aufgrund des Bananenstreiks und der kurz darauf eintretenden Überschwemmung folgte jedoch eine massive Entlassungswelle von ca. 50 % der Arbeiter*innenschaft. Der Prozentsatz der nicht beschäftigten Landlosen in der ländlichen Bevölkerung stieg auf 26 % (Sieder 1995: 109). In Allianz mit verschiedenen progressiven Kräften im Land, wie Gewerkschaften und Intellektuellen, forderten die in den folgenden Jahren entstandenen Bäuer*innen-Organisationen eine Agrarreform, in welcher der Großgrundbesitz zugunsten der Landlosen umverteilt werden sollte (Posas 1985: 38). Die Phase ab dem Bananenstreik 1954 bis in die 1970er-Jahre war jene der historisch massivsten Kämpfe um Zugang zu Land, in der Bäuer*innen erstmals als politische Akteure wahrgenommen wurden (Barahona 2009 a: 214). Dass den Forderungen der Bewegungen in den 1960er und 1970er-Jahren Gehör geschenkt wurde, lag nicht nur an den internen Protesten, sondern auch an den globalen Kräfteverhältnissen während des Kalten Kriegs: Das kommunistische Potenzial wollte man durch progressive Reformen, unter anderem Landreformen, abschwächen. Die peripheren Staaten dieser Zeit sahen Landreformen gleichzeitig als Möglichkeit an, im Sinne der »nachholenden Entwicklung« und des Modernisierungsparadigmas eine Produktivitätssteigerung der Landwirtschaft zu erreichen. Ziel war, die kleinbäuerlichen und indigenen Strukturen, die als »Hindernis für die nationale Entwicklung« (Barahona 2009 b: 217f) erkannt wurden (und weiterhin werden), in Agrarunternehmen zu transformieren, die Produkte für den Weltmarkt, die sogenannten »Cash Crops«, produzieren sollten. Die stark von den USA beeinflusste Lenkung der Agrarpolitiken hatten die »Ausrottung jeder Art von Subsistenzwirtschaft« (Kaller-Dietrich 1998: 26) im Sinn. Die Industrialisierung der Landwirtschaft wurde unter dem Begriff der »Grünen Revolution« vorangetrieben, welche Camila Moreno (2012 a: 56) als »techno-wissenschaftliche Waffe des Kapitalismus« im Kalten Krieg beschreibt. In Honduras waren sich nicht alle über den vorgeschriebenen Entwicklungsweg einig. So fand ein ständiges Kräfteringen zwischen den Interessen des nationalen Großgrundbesitzertums, des ausländischen Kapitals und der Bäuer*innen- und Arbeiter*innenbewegungen statt: Progressive und konservative Kräfte gaben sich die Klinke in die Hand, ein Militärputsch folgte auf den anderen.

Im Jahr 1962 rief die liberale Regierung Ramón Villeda Morales eine halbherzige Agrarreform ins Leben. Diese griff den Großgrundbesitz kaum an, sondern sah eine Umverteilung von nationalen, Gemeinde- und brachliegenden Privatflächen vor (Posas 1985: 46; Meza 1985: 86). Im Sinne der »Importsubstituierenden Industrialisierung« (ISI) wurde die Bildung kleiner Produktionskollektive vorangetrieben, welche eine gewisse Verarbeitung der Produkte realisieren konnten. Das von der lateinamerikanischen Wirtschaftskommission CEPAL entworfene Entwicklungsmodell der »ISI« sah in der Substitution von Importen mithilfe eigenständiger Industrialisierung und Produktion von kapitalintensiven Gütern eine mögliche Verringerung der Abhängigkeit von den kapitalistischen Zentren und die Stärkung der eigenen Nationalökonomien sowie die Schaffung regionaler Märkte vor. Die Industrialisierung, basierend vor allem auf Kleidungs- und Lebensmittelproduktion, war in Honduras insbesondere durch US-amerikanisches Kapital geprägt, was letztendlich den Ursprungsgedanken der ISI ad absurdum führte (Posas 1985: 47, 59; Barahona 2009 a: 193ff).

Die Agrarreform wurde schon bald durch einen Militärputsch beendet, der eine konservative Periode von 1963 bis 1972 einleitete, bis ein Putsch reformistisch gesinnter Militärs zu einer zweiten Agrarreform (1975) führte (Barahona 2009 a: 210ff; Posas 1985: 39ff). Radikaler als die vorherige Reform legte sie Flächenobergrenzen für Grundbesitz fest – ausgenommen der für den Export produzierenden Agrarbetriebe. Kredite und technische Hilfe wurden an den Anbau von Cash Crops gekoppelt. Vorwiegend Ölpalmen sollten nun in den neu geschaffenen Agrarkollektiven angebaut werden. Die durch die Agrarreformen vollzogene Einführung von Geld- und Waren-Beziehungen in die Landwirtschaft bewirkte jedoch, dass die Bäuer*innen immer mehr den Weltmarktkräften ausgesetzt waren (Sieder 1995: 115; Posas 1985: 58f; Araghi 2009: 130).

Diese nachholende Entwicklung hatte massive Auswirkungen auf die gesellschaftlichen Naturverhältnisse. Sie beruhte auf »einer fortwährenden Steigerung des Ressourcenverbrauchs, Entwicklung neuer Risikotechnologien, dazugehörigen Konsummustern (z. B. ständig ansteigender Massenkonsum, Autogesellschaft) und einem Fortschrittsglauben, der eine zunehmende Beherrschung von Natur mit einschloss« (Grünewald 2010: 93). Angestoßen durch die Agrarreformen und die »Grüne Revolution« sowie beispielsweise hohe internationale Förderungen der exportorientierten Fleischproduktion, schnellte ab den 1960ern die Entwaldungsrate in Honduras rapide in die Höhe (vgl. Gobierno de Honduras 2013: 105).

2.5 Neoliberalisierung (ab den 1980er-Jahren)

In den 1970er-Jahren kam mit dem Zusammenbruch des Bretton-Woods-Systems[11], dem Auftreten von Umweltproblemen und Ressourcenknappheit und insbesondere aufgrund der Ölkrise, die Phase der nachholenden Entwicklung und Importsubstituierten Industrialisierung in die Krise.

---

11 Bretton-Woods-System heißt das nach dem Zweiten Weltkrieg gegründete internationale Währungssystem mit den zentralen Organisationen Weltbank und Internationalem Währungsfonds (IWF) sowie festen Wechselkursen mit Goldbindung. Die immer stärkere Inflation in den USA und die Kluft zwischen existierender Dollarmenge und den Goldreserven führten zum Zusammenbruch des Systems 1973 und der Flexibilisierung der Wechselkurse (vgl. Windfuhr 2002).

Die sich durchsetzenden neoliberalen Think Tanks meinten, die Ursache sämtlicher Fehlentwicklungen im protektionistischen Wohlfahrts- bzw. Entwicklungsstaat zu erkennen und sahen die einzige Lösung im »schlanken Minimalstaat« und freien (Welt-)Markt. Das durch die Krise freigesetzte Kapital suchte nach neuen Anlage- und Profitmöglichkeiten. Dazu mussten soziale, kulturelle, politische und wirtschaftliche Bereiche, die noch nicht vollständig dem kapitalistischen Marktimperativ unterstanden, zu am Markt handelbaren Waren transformiert werden (vgl. Bértola 2007: 83). Bei vielen Analysen des Neoliberalismus wird jedoch vergessen, dass auch die »Natur neoliberalisiert« wurde bzw. wird (Castree 2008 a, b).

Ab den 1980er-Jahren trieben Weltbank und IWF ein neoliberales Regelwerk namens Washington Consensus voran. Es stellte wirtschaftspolitische Prinzipien dar, die verschuldeten Ländern in der Peripherie empfohlen wurden – bzw. durch die Verknüpfung an Kreditvergabe in Form der Strukturanpassungsprogramme (SAPs) durchgesetzt wurden. Diese beinhalteten Handelsliberalisierungen, die Privatisierung der öffentlichen Sphäre, eine drastische Reduktion des Wohlfahrtsstaats, die Deregulierung des Arbeitsmarktes und die Inwertsetzung von Land und natürlichen Ressourcen, insbesondere über marktbasierte Agrarreformen (Araghi 2009: 132; Castree 2008 a: 142). Die globale Durchsetzung der neoliberalen kapitalistischen Phase verlief keineswegs reibungslos oder flächendeckend und ist weiterhin kein abgeschlossener Prozess. Deshalb ist es verkürzt und irreleitend, von *dem* Neoliberalismus zu sprechen – selbst wenn das abstrakte Idealkonzept existiert. In der Realität handelt es sich vielmehr um regionale, zeitliche und wesensmäßig unterschiedliche Neoliberalismen (Peck/Tickel 2002: 383), bzw. um einen Prozess der Neoliberalisierung(en) (vgl. Castree 2008 a: 142). Im folgenden Abriss soll diese Umkämpftheit der Neoliberalisierung der honduranischen Wirtschaft, Gesellschaft und Naturverhältnisse deutlich werden.

2.6 Widersprüchliche Entwicklungen und Krisen der 1980er-Jahre

Zu Beginn des Jahrzehnts markierten das Ende der Militärdiktaturen und eine neue Verfassung den Übergang zur formellen Demokratie in Honduras. Die Menschenrechte wurden in die Verfassung aufgenommen und es gab erstmals zumindest offiziell die Wahl zwischen mehreren

Parteien. Die pseudodemokratische Regierung hatte jedoch realpolitisch wenig Macht im Vergleich zur faktischen Parallelregierung, bestehend aus einer Allianz zwischen dem Unternehmerverband APROH (der 1983 aus den Wirtschaftsverbänden COHEP, ANDI und FENAGH zusammengesetzt wurde), US-amerikanischen Fraktionen und Sektoren des Militärs. Honduras war in dieser Zeit Aufstandsbekämpfungszentrum für den in Zentralamerika ausgefochtenen Kalten Krieg zwischen den revolutionären Bewegungen in El Salvador, Nicaragua und Guatemala und den US-amerikanischen Streitkräften. Repressive Strategien, politische Morde und viele Fälle des »Verschwindenlassens« verhinderten in Honduras selbst das Erstarken größerer revolutionärer Bewegungen (Barahona 2009 a: 241ff; Kerssen 2013: 7; Dietrich 2008: 305; Boyer/Cardona Peñalva 2013: 64).

Die politische Krise der 1980er-Jahre war begleitet von einer ökonomischen: Das Steigen des Ölpreises nach der globalen Ölkrise, die erhöhten Zinsen auf den Finanzmärkten und sinkende Weltmarktpreise für die Agrarexportgüter, Naturkatastrophen sowie die Abhängigkeit von Importen hatten eine starke Verschuldung und den Zusammenbruch der honduranischen Ökonomie zur Folge. 1982 gaben die USA der Zivilregierung mehrere ökonomische Richtlinien vor. Diese beinhalteten eine Öffnung der nationalen Wirtschaft, Exportförderung, eine Verringerung öffentlicher Ausgaben und Privatisierungen zur Förderung privater Unternehmen sowie monetäre Veränderungen, welche der Internationale Währungsfonds IWF diktierte. Aufgrund der instabilen politischen Lage konnte jedoch erst Mitte der 1980er- und insbesondere Anfang der 1990er-Jahre ein umfassenderes neoliberales Wirtschaftsmodell in Honduras vorangetrieben werden (Barahona 2009 a: 23, 261; Dietrich 2008: 298).

Die erste bedeutende ökonomische Veränderung war die Einführung der »Maquiladora«- oder »Maquila«-Industrie ab 1985. Maquilas werden für die am wenigsten Mehrwert generierenden Arbeitsschritte innerhalb der globalen Güterketten verwendet, wie für das Zusammennähen von Kleidungsteilen. Die von ausländischen Firmen betriebenen Weltmarktfabriken, die meist in Freihandelszonen steuerfrei bleiben, bringen den Standortländern als einzigen Vorteil die Beschäftigung von unqualifizierten – und meist sehr schlecht bezahlten – Arbeitskräften. Arbeiteten in Honduras im Jahr 1990 etwa 9.000 Beschäftigte in den Maquilas, waren es im Jahr 2000 schon über 106.000. Dies bedeutete einen fundamentalen

Wandel in der Arbeitsstruktur weg von der Nachfrage nach hauptsächlich maskuliner agrarindustrieller Arbeitskraft hin zu einer femininen Manufaktur-Arbeitskraft (Barahona 2009 a: 286; Fischer/Parnreiter 2007: 114). Aufgrund des Maquila-Booms stieg der Energieverbrauch ab 1987 um durchschnittlich 14 % jährlich an und führte 1994 zu einer Energiekrise, was neue Stromerzeugungsprojekte und Energiepolitiken nötig machte und zur Rechtfertigung der allmählichen Privatisierung der Energieerzeugung diente (SERNA o. A.: 7ff).

2.7 »Paquetazo« – Strukturanpassungsprogramme

Mit der Regierung von Rafael Leonardo Callejas (1990–1994) begann die Durchsetzung der Strukturanpassungsprogramme (SAPs) in Honduras. Die Maßnahmen, von den sozialen Bewegungen »Paquetazo« (Riesenpaket) getauft, sollten die Zahlungsfähigkeit an den IWF wiederherstellen. Dies geschah durch die Abschaffung der Zölle für Importe, die Entwertung der nationalen Währung zur Exportförderung sowie die Eliminierung der Subventionen und Preisgarantien. Im Jahr 1992 wurde das Agrar-Modernisierungsgesetz verabschiedet, das die Agrarreform ablöste bzw. rückgängig machte. Obgleich es formell die Rechte von Kleinbäuer*innen, speziell auch Frauen, auf Zugang zu Land stärkte, hatte das Gesetz insgesamt gravierende Auswirkungen (Casolo 2009: 401). Selbst das vorher vom Verkauf ausgeschlossene Reformland und die für indigene Völker so wichtigen Gemeindeländereien (Ejidos) wurden nun am neu gegründeten Landmarkt als Ware gehandelt. Dies hing zusammen mit einer von der Weltbank auf globaler Ebene propagierten Strategie unter dem Namen der »Marktgeleiteten Agrarreform« (engl.: Market-Led Agrarian Reform MLAR) (Lahiff/Borras et al. 2007: 1418; Bird 2013 b: 15). Sie beinhaltete meist die neue Vergabe von Landtiteln für bäuerliche Kooperativen, indigene Gemeinden oder Familien. So wurden in diesem Fall der Landprivatisierung die privaten Besitzrechte der ärmeren Bevölkerung gesichert, welche zuvor häufig nur Nutzungsrechte auf das nationale oder Ejido-Land hatten. Dies öffnete wiederum die Möglichkeit der Veräußerung des Landes durch den nun erlaubten anschließenden Verkauf – und letztendlich doch die Umverteilung von unten nach oben (vgl. Fairhead/ Leach et al. 2012: 243; Vacanti Brondo 2013: 10).

2.8 Die CBM-PPP-CAFTA-Triade und neoliberaler Umweltschutz

Drei regionale Integrationsverträge, die insgesamt eine Art neoliberale Triade bilden, waren für die Neoliberalisierung der Natur in Zentralamerika und Honduras von großer Bedeutung: der Mesoamerikanische Biologische Korridor (CBM, 1997), der Plan Puebla Panamá (PPP, 2001), welcher seit 2008 den Titel »Mesoamerika-Projekt« trägt sowie der Freihandelsvertrag (DR-CAFTA, 2006). Die Triade hat mit der Weltbank, der Interamerikanischen Entwicklungsbank BIC, der Zentralamerikanischen Bank für Wirtschaftsintegration CABEI und bilateralen Entwicklungsagenturen wie USAID und GIZ auch überlappende Sponsoren (Finley-Brook 2007: 103). Auch sollte für sie ein gemeinsamer sicherer Rahmen garantiert werden; so wurden insbesondere mit den USA verknüpfte Sicherheits- und Militarisierungsprojekte vorangetrieben, wie die Zentralamerikanischen Streitkräfte (CFAC), der Plan Colombia, die Mérida-Initiative und die Central American Regional Security Initiative (CARSI). Drogenhandel und allgemeine Kriminalität werden dabei als Gründe für die Sicherheitsmaßnahmen genannt. Allerdings wird deutlich, dass diese häufig dazu dienen, den Widerstand gegen die neoliberalen Projekte einzudämmen (INT 8; Finley-Brook 2007: 103ff; Kerssen 2013: 37ff; Meyer 2013: 28). Dies spielt, wie wir im Folgenden sehen werden, in Honduras in verschiedener Hinsicht eine wichtige Rolle, sei es in Zusammenhang mit dem Putsch oder mit der Militarisierung von Staudamm- und Plantagen-Gebieten.

Die Wurzeln des Mesoamerikanischen Biologischen Korridors CBM finden sich bereits Anfang der 1980er-Jahre, die tatsächliche Implementierung begann jedoch erst nach Beendigung der politischen und kriegerischen Konflikte. Mit dem CBM wurde Mesoamerika von einer vom Krieg zerrütteten und verarmten Region zu einem nachhaltigen grenzüberschreitenden Entwicklungsexemplar stilisiert (Finley-Brook 2007: 101, 106). Die Ziele von CBM sind der Schutz und die Inwertsetzung der biologischen Vielfalt sowie die Armutsbekämpfung (Brand/Görg 2003: 169f). Honduras nahm 1997 am Mesoamerikanischen Biologischen Korridor CBM in Form des karibischen Korridors CBCH teil, der ab 2006 unter dem Namen PROCORREDOR als Kooperationsprojekt zwischen dem honduranischen Umweltsekretariat SERNA und der Europäischen Kommission geführt wurde. PROCORREDOR arbeitet zu den Themen »Naturschutzgebiete, Senken, Kataster, Raumordnung und institutionelle Förderung«.[12]

Der Plan Puebla Panamá PPP, der von Mexiko bis Panama reicht, wurde 2001 als traditionelles Entwicklungs- und Kooperationsprojekt gegründet und berücksichtigte nur am Rande ökologische und soziale Aspekte (vgl. Brand/Görg 2003: 170). Es baute auf drei bestehenden Regionalprojeken zu Straßen, Energie (SIEPAC) und Biodiversität (CBM) auf. 2008 wurde der PPP zum Mesoamerika-Projekt erweitert und umfasst inzwischen die zehn Länder von Mexiko bis Kolumbien (inklusive der Dominikanischen Republik). Primär handelt es sich um den Ausbau von Infrastruktur, die Ermöglichung von Investitionen und den erleichterten Zugang für die US-amerikanischen, europäischen und asiatischen Märkte. Die natürlichen Ressourcen, Energiequellen, billigen Arbeitskräfte und Transport- und Kommunikationswege wollte man mit dem Norden und Süden des amerikanischen Kontinents sowie durch neue Routen zwischen Pazifik und Atlantik mit den interkontinentalen Märkten verbinden (Capote 2012: 8).

Bei DR-CAFTA handelt es sich um das 2006 zwischen Dominikanischer Republik, Zentralamerika und den USA in Kraft getretene Freihandelsabkommen, das sämtliche Bereiche von Landwirtschaft über Dienstleistungen bis hin zu Urheberrechten abdeckt (Dietrich 2008: 312). Es bindet somit die häufig als »Hinterhof« der USA betitelte Region unmittelbar an diesen großen Nachbarn an, wie es dessen Vorgänger NAFTA mit Mexiko getan hatte. Bei NAFTA wurde deutlich, dass Freihandel zwischen Industriestaaten und peripheren Staaten nicht gleichberechtigt gestaltet werden kann und somit hauptsächlich Vorteile für die stärkeren Partner schafft. So begegneten die anti-neoliberalen Bewegungen CAFTA und PPP von Anfang an mit großem Widerstand. Sie erkannten rasch, worum es sich hinter den sozialen Entwicklungsdiskursen im Grunde handelte: die Region durch CAFTA in eine große exportverarbeitende Zone umzuwandeln und mit PPP und dessen forciertem Straßenbau, interozeanischen Verbindungen, Pipelines und Energiesystemen die Infrastruktur für die ausgebaute Maquila- und Agrarindustrie bereitzustellen. Das grüne Korridorprojekt CBM wurde teilweise konkret für die Legitimierung der beiden umstrittenen Wirtschaftsverträge benutzt. Dies, obwohl sie sich nicht selten in die Quere kamen, z. B. wenn große Straßen und Infrastrukturprojekte durch den

---

12 https://procorredor.org [15 .8. 2013]

geschützten Biologischen Korridor gebrochen wurden. Doch auch CBM ist in sich hochgradig widersprüchlich: Während der Korridor als Lösung für Armut präsentiert wurde, zielen die meisten Programme auf die Regierungs-, Privatwirtschafts- und Beratungsagentur-Ebene. Sie basieren auf großräumiger technischer Planung, welche lokale Entscheidungsprozesse verunmöglicht und die Mehrheit der betroffenen Bevölkerung ausschließt. Außerdem lief die Umsetzung der Naturschutz-Korridore nur schleppend oder gar nicht voran – im Gegensatz zu den Infrastruktur-Korridoren und dem Ressourcen-Handel (Finley-Brook 2007: 103, 105). So erklärte beispielsweise Elsia Paz, Unternehmerin und ehemals langjährige Präsidentin des honduranischen Unternehmerverbands der Energieproduzenten AHPER, in einem Interview, in Honduras gäbe es eigentlich keine Naturschutzgebiete:

> »Sie existieren, aber nur auf der Landkarte. In der Praxis, wie bei [dem Nationalpark] Pico Bonito, ist es eine Fassade. Denn es gibt kein aktives Programm, keine Waldaufseher, keinen Management-Plan. Ich habe einen Staudamm dort beantragt und es gab niemanden, der mir Nein oder Ja gesagt hätte.« (INT 27)

Ausgerechnet den Pico Bonito-Nationalpark finanzierte die Weltbank über ein »Nachhaltiges Waldprojekt« schon vor mehreren Jahren mit dem Ziel des Verkaufs von Emissionszertifikaten (World Bank 2006). Andere Naturschutzparks wurden allerdings aufgrund von Kapitalinteressen restriktiver behandelt, so zum Beispiel das Meeresschutzgebiet bei den Cayos Cochinos. Dort hatte man den Fischfang zum Teil verboten, obwohl für die dort ansässigen Garífuna-Gemeinden Subsistenz-Fischfang lebensnotwendig ist. Stattdessen riet man den Garífunas, zur Verbesserung der Lebensbedingungen in den Öko-Tourismus einzusteigen (vgl. Brondo/ Brown 2011).

CBM funktioniert ganz im Sinne des marktorientierten Umweltschutzes und der sogenannten »Umwelt-Governance«, also komplexen Regulierungsformen, in denen neben dem Staat auch andere Akteure wie NGOs, internationale Geber, privatwirtschaftliche oder wissenschaftliche Akteure auftreten (Kerssen 2013 :77; Grünewald 2010: 94ff). Viele staatliche Ressourcen-Management-Verantwortlichkeiten wurden somit privatisiert oder auf NGOs und lokale Gemeinden übertragen. Aufgrund der durch die SAPs beschränkten öffentlichen Gelder musste nach privater Finanzierung von Schutzprogrammen gesucht werden, was unter anderem Tourismus, Bioprospektion[13] und Zahlungen für Ökosystemleistungen (PES) vorantrieb (vgl. Toly 2004; OFRANEH 28. 2. 2012). Indigene und ländliche Gemeinden erhielten Einweisungen in »effizientes« Ressourcen-Management. Dies wurde teilweise an finanzielle Anreize für den geleisteten Naturschutz gekoppelt, was jedoch auch oft heißt, dass die Gemeinden die ihnen auferlegte »Entwicklung« selbst zahlen müssen, beispielsweise über Gewinne aus dem Öko-Tourismus (CBM Honduras 1999; Brondo/Brown 2011).

Für den neoliberalen Umweltschutz sind klare Besitzverhältnisse und Landtitel vonnöten. So ging die CBM-Durchsetzung Hand in Hand mit Weltbankprogrammen für eine verstärkte Landadministration. Schon zuvor hatte es von 1982 bis 1991 ein USAID-finanziertes Landtitel-Programm gegeben, das 37.174 individuelle Titel für Kleinbäuer*innen ermöglicht haben soll, kritischen Quellen zufolge jedoch wenig Verbesserungen für die neuen offiziellen Landbesitzer*innen brachte und stattdessen lokale Landkonflikte schürte (Kerssen 2013: 29). In Zusammenhang mit CBM wurde im Jahr 2004 das 200 Millionen US-Dollar schwere Weltbank-Programm PATH eingeführt[14] – mit dem Ziel »to increase land security, facilitate land market transactions, develop national and municipal territorial plans, and develop management plans for protected areas, forests, and indigenous peoples' lands« (Leffert 2007). COPINH und OFRANEH kritisierten PATH jedoch stark, da sie darin vor allem eine Privatisierungsmaßnahme erkannten, die dem Vordringen von wirtschaftlichen Interessen – bspw. für Bergbau oder Bioprospektion – dienlich sind. International verbürgtes indigenes Recht wurde dabei mit Füßen getreten, da die neu geschaffenen Titel für indigene Ländereien keine Sicherheitsklauseln enthielten und den anschließenden Verkauf ermöglichen (Bird 2013 b; Leffert 2007; OFRANEH 1. 9. 2014). Laut Mary Finley-Brook war CBM »merely another foreign-sponsored initiative in the name of indigenous peoples and the environment that created little benefit for either« (Finley-Brook 2007: 118f).

---

13 »Als Bioprospektion wird allgemein das Sammeln, Archivieren und schließlich Aufarbeiten des biologischen Materials bezeichnet« (Wullweber 2006), meist ausgehend von Pharma-Konzernen und mit dem Zweck der Patentierung. Es wird insbesondere von indigenen Bewegungen als Biopiraterie kritisiert: »›Biopiraterie‹ bezeichnet aus Sicht vieler indigener Völker die Patentierung oder allgemeiner die Privatisierung von genetischen Ressourcen und traditionellem Wissen, die vorher öffentlich waren und allen Menschen zur Verfügung standen« (ebd.).

14 www.path.hn [15. 8. 2013]

2.8.1 Negative Auswirkungen der Neoliberalisierung von Honduras

Das neoliberale Projekt ab den 1980/1990ern verdrängte den ökonomischen Nationalismus der vorangegangenen Periode. Anstelle des Eintretens der von den internationalen Institutionen propagierten Vorteile der Marktliberalisierung verschlechterten sich in den meisten Ländern des Globalen Südens die Verhältnisse aufgrund fehlender Wettbewerbsfähigkeit. Honduras ist zusammen mit Ecuador das am stärksten von den Importen infolge der Handelsliberalisierung beeinträchtige Land (FAO 2006: 16). DR-CAFTA verstärkte diese Entwicklung (Dietrich 2008: 309). Vom Haupt-Getreideproduzenten Zentralamerikas wurde Honduras zum Importeur von mindestens der Hälfte seines Bedarfs an Hauptnahrungsmitteln, insbesondere Reis, Mais und Bohnen (Dan Church Aid 2011: 27). Ausschlaggebend dafür war auch der Hurrikan Mitch 1998, auf dessen Zerstörung großer Anbauflächen statt Wiederaufbauhilfen Nahrungsmittelimporte folgten, die die Abhängigkeit weiter vergrößerten (vgl. Paasch/Garbers *et al.* 2007). Während in den 1980/1990ern (neoliberale) Naturschutzregelungen entstanden, führten die nach Mitch und insbesondere im neuen Jahrtausend verabschiedeten Gesetze hinsichtlich erneuerbarer Energie, Wasser und Bergbau den Umweltschutz wiederum ad absurdum (INT 1).

Die honduranischen Auslandsschulden multiplizierten sich während der Periode um ein Vielfaches. Die Arbeitslosigkeit stieg an, Löhne stagnierten oder sanken, die Inflation stieg und viele kleinere und mittlere Landwirtschaften und Unternehmen wurden in den Ruin getrieben. Von einer Verringerung der Armut kann nicht gesprochen werden; vor allem im ländlichen Raum und unter Indigenen und Frauen stieg sie stark an (Barahona 2009 a: 285ff). Laut CEPAL-Statistiken befanden sich 1997 67 % der städtischen Haushalte und 80 % der ländlichen Haushalte in einer Armutssituation. Im Vergleich dazu lag in Lateinamerika die Zahl armer Haushalte insgesamt bei 35 % (CEPAL 2000: 65f). Trotz der durchgeführten Landreform verbesserte sich außerdem der Zugang zu Land keineswegs; so wird geschätzt, dass im Jahr 1993 nur 3,7 % der Produzent*innen 53 % der Anbauflächen besaßen (Dan Church Aid 2011: 25). Die Migration von Honduras in die USA erhöhte sich ab den 1980ern stark, mit fast der gleichen Zahl an Migrantinnen wie Migranten und auch immer mehr Minderjährigen. Im Jahr 2001 machten erstmals die Rücküberweisungen den größten Teil der Devisen aus, noch vor der Maquila-Industrie. Inzwischen leben über 9 % der honduranischen Bevölkerung in den USA, wobei das bis zur mexikanisch-guatemaltekischen Grenze ausgeweitete strikte Migrationsregime jährlich Zehntausende Honduraner*innen in Internierungslagern hält und zurück nach Honduras deportiert (Barahona 2009 a: 288f; Meyer 2013: 2, 34; Pérez 2014; Zeiske 2014).

Die Neoliberalisierung in Honduras kannte jedoch auch Gewinner. Sie führte zu einer Verfestigung der global orientierten agrar-industriellen Bourgeoisie (Kerssen 2013: 5). Was Luis Tapia am Beispiel von Bolivien ausführt, gilt auch für Honduras: Der monopolistische Grundbesitz ist gleichzeitig Medium ökonomischer wie sozialer Macht. Von einer Trennung von Wirtschaft und Politik kann nicht gesprochen werden, da »die Klasse der Großgrundbesitzer in den letzten Jahrhunderten Teil aller herrschenden ökonomisch-politischen Blöcke war und sie ad personam Bestandteil der Legislative, Exekutive und Judikative war« (Tapia 2012: 291). Tapia nennt dies »patrimoniale Ordnung« oder »kolonialen Präsidentialismus«:

> »Dieses instrumentelle Staatsverhältnis zeichnet sich einerseits durch das Auswahlverfahren der Regierenden mittels Parteiensystem und Wahlen aus, wodurch sie ihre Legitimation durch die Stimmen derjenigen, die als StaatsbürgerInnen anerkannt werden, suchen. Andererseits haben sie in ihrer Regierungsarbeit – aufgrund der Klassenzusammensetzung der Regierenden und ihren Verbindungen mit transnationalen Kräften und anderen Staaten der Welt – die rechtlichen Bedingungen dafür geschaffen, die natürlichen Ressourcen des Landes auszuliefern und das Land in seiner Gesamtheit den Entscheidungen anderer Machtzentren der Welt unterzuordnen. In diesem Sinne erscheint der Staat zwar als ein durch Wahlen legitimierter Rechtsstaat, in den entscheidenden Fragen funktioniert er jedoch als politischer Apparat zur Schaffung der rechtlichen Grundlagen zur Unterordnung des Landes unter andere Staaten im regionalen und globalen Kontext. Der Staat stellt somit neokoloniale Bedingungen her.« (Tapia 2012: 298f)

Die Vorherrschaft des herrschenden ökonomisch-politischen Blocks kann durch Wahlen jedoch ins Wanken geraten (ebd.: 291). Die Regierung Manuel Zelayas ab 2007 stellte eine bedeutende Gefahr für diese dar, was letztendlich mit dem Putsch zum »grabbing of state power« (Kerssen 2013: 5) führte. Darauf wird nach einem kurzen Abspann zur sozialen und indigenen Bewegungslandschaft im Neoliberalismus genauer eingegangen.

2.9 Die Entstehung sozialer und indigener Bewegungen

Als Resultat der neoliberalen Politiken erfolgte zwar eine Schwächung der Gewerkschaften und Bäuer*innenorganisationen, es kann jedoch zugleich von einer Dynamisierung neuer sozialer Bewegungen gesprochen werden. Einerseits entstanden nationale Menschenrechtsorganisationen, wie die Angehörigen-Organisation der während der 1980er-Jahre Verschwundenen und Inhaftierten COFADEH, die mit ihrer Gründerin Berta Oliva auch nach dem Putsch eine wichtige Rolle spielte. Andererseits regte sich Widerstand gegen den »Paquetazo«, die Freihandelsabkommen, die Prekarisierung der Arbeitsplätze und die verstärkte Landaneignung und Naturzerstörung. Neben ersten Umweltorganisationen und neuen Frauenbewegungen stellte insbesondere die Gründung vieler indigener Organisationen eine wichtige Entwicklung dar (Barahona 2009 b: 21, 230ff; Sosa 2010: 62, 109; Padilla/Contreras Veloso 2006). Die neuen anti-neoliberalen Bewegungen agierten hauptsächlich getrennt voneinander, wenn auch mit der Gründung des »Bloque Popular« (2000) und der »Coordinadora Nacional« (2003) Fundamente für eine Vernetzung der verschiedenen Sektoren gelegt wurden (Flores o. A.). Ohne diese Vorläufer wäre die Organisierung einer derart mächtigen Widerstandsbewegung nach dem Putsch 2009 nicht möglich gewesen. Dennoch hatte Wolfgang Dietrich (zumindest bis 2009) Recht damit, wenn er von einer im Vergleich zu den umliegenden Ländern relativ bescheidenen »Gegenkultur der Marginalisierten« (Dietrich 2008: 306) spricht: »Der Mythos der Entwicklung und westlicher Modernität wird in Honduras weitgehend akzeptiert« – kaum jedoch von einigen der ab den 1970/80er und 1990er-Jahren entstehenden indigenen Bewegungen.

In Honduras gibt es neun anerkannte indigene Völker: Garífuna, Lenca, Maya-Chortí, Miskitus, Nahua, Pech, Tahwakas, Tolupanes und die sogenannten schwarzen Inselbewohner*innen. Genaue und aktuelle Angaben über die sich als indigen identifizierenden Personen gibt es nicht, die geschätzte Anzahl schwankt je nach Quelle zwischen 7 bis 20 % (Anderson 2007: 389; Gobierno de Honduras 2013: 120; CONPAH 2011).

Laut anthropologischen Studien zu indigenen Völkern in Honduras (Barahona/Rivas 1998 a; Barahona 2009 b: 230ff) hing das »indigene Auftauchen«, die seit langem erstmalige Artikulation indigener Völker als eigenständige Subjekte, nicht nur mit dem verstärkten Druck auf indigene Territorien zusammen. Zentral waren ebenso die schleichenden oder auch gewaltsamen Versuche der Integration in die dominante Nationalkultur, die Zersetzung der »alten« sozialen Akteure, insbesondere der Gewerkschaften (welche Indigene nie explizit miteinbezogen hatten) sowie die internationalen Entwicklungen und wachsende globale und nationale Solidarisierung mit den lauter werdenden Interessen indigener Völker. Dies ermöglichte endlich ein entstehendes Selbstwertgefühl und eine positive Anerkennung der eigenen indigenen Identität. Die ersten indigenen Bewegungen in Honduras waren die Garífuna-Organisation OFRANEH und die Miskitu-Organisation MASTA, die 1976/1977 entstanden. Die meisten Bewegungen gründeten sich jedoch in den 1980er- und 1990er-Jahren (Barahona 2009 b: 221).

Heute existiert eine große Anzahl von indigenen Organisationen[15] mit teilweise höchst unterschiedlichen Positionen und Strategien und daraus resultierender gegenseitiger Anerkennung, Zusammenarbeit oder auch bedeutenden Meinungsverschiedenheiten (vgl. INT 24, 28, 37). Zwischen 1992 und 1994 gründete sich die Nationale Koordination der Autochthonen Völker CONPAH, um als Plattform aller indigener Organisationen zu dienen (Barahona 2009 b: 221; INT 39). Diesen Anspruch konnte der Dachverband jedoch höchstens zu Beginn erfüllen. Mehrere Organisationen, unter anderem die bereits erwähnten COPINH und OFRANEH, zwei der größten und bekanntesten Bewegungen, zogen sich aufgrund von Konflikten nach wenigen Jahren daraus zurück. Dennoch wird CONPAH von der Regierung häufig als Sprachrohr der indigenen Völker in Honduras dargestellt. Eine weitere seit 2010 existierende Vernetzungsplattform, bei der COPINH und OFRANEH maßgeblich beteiligt sind, ist das indigene Menschenrechtsobservatorium ODHPINH. Die Anthropologen Marvin Barahona und Ramón Rivas (1998 a: 98) stellen in dem ersten existierenden Sammelband über indigene Völker in Honduras fest, dass CONPAH eher »zur Bürokratisierung der Föderationen und der Abspaltung der indigenen Leiter von ihren Herkunftsgemeinden« bzw. zu einer »NGOisierung« führte und wenig mit spezifisch indigenen Strukturen wie denen der indigenen Räte zu tun habe. Während CONPAH und die teilnehmenden Föderationen ihre Förderungen hauptsächlich über internationale Entwick-

---

15   Die bekanntesten indigenen Organisationen in Honduras sind (außer der in Folge angeführten Lenca-Organisationen): Organización Fraternal Negra Hondureña (OFRANEH), Coordinadora Nacional Ancestral de Derechos Indígenas Maya (CONADIMCH), Federación de Tribus Xicaques de Yoro (FETRIXY), Consejo Nacional Indígena Maya Chorti (CONIMCH), Federación de Tribus Pech (FETRIP), Federación Indígena Nahua de Honduras (FINAH), Federación Indígena Tawahka de Honduras (FITH), Miskitu AslaTakanka (MASTA), Organización de Mujeres Miskitas (MIMAT), Native Bay Islanders People and Laborer Association (NABIPLA), et al.

lungsprojekte, wie z. B. von BID, Weltbank etc., erhalten (INT 24, 28, 38), sind es bei COPINH und OFRANEH oft eher ungebundene Geldmittel solidarischer internationaler Organisationen oder durch Druck auf die Regierung erhaltene Geldmittel, z. B. für Schulbau und Bildungsprojekte. CONPAH agiert eher durch die politische Beteiligung an Projekten und staatlichen Politiken, um diese in Richtungen zu treiben, in denen indigene Völker berücksichtigt werden. COPINH und OFRANEH versuchen stattdessen meist, von außen gegen Politiken und Projekte zu protestieren oder eigene umzusetzen.

COPINH ist nicht die einzige Lenca-Organisation. Das bei Weitem größte indigene Volk der Lencas besitzt auch die höchste Anzahl an Organistionen[16] (Anderson 2007: 389; INT 24, 28, 37). Dies liegt an den sehr unterschiedlichen Zielsetzungen und Strategien, aber auch, wie Pedro Landa, Koordinator der Nationalen Koalition der Umweltverbände CNRA, feststellt, an gezielten »Fragmentierungs- und Spaltungs-Politiken, die in bestimmten Fällen der Staat selbst vorangetrieben hat. Dies wird nun ausgenutzt, um zu sagen: ›Es gibt viele Gesprächspartner*innen, mit wem muss ich sprechen?‹« (INT 11). So kommt es häufig vor, dass seitens der Regierung einzig mit der Organisation verhandelt wird, welche die betreffenden Maßnahmen sicherlich annimmt. Gegenstimmen werden mit der Begründung, man habe ja die indigenen Völker eingebunden, ignoriert. Dies kommt bei allen drei Fallbeispielen in diesem Buch deutlich zum Vorschein. Die Strategie der finanziellen Unterstützung von kooperationswilligen Parallelorganisationen oder gar Gründung eigener regierungsnaher Organisationen erwähnen auch Barahona und Rivas (1998 b: 124). Das nach dem Putsch im Jahr 2011 ins Leben gerufene »Staatssekretariat in den Bereichen Indigene und Afrohonduraner« SEDINAFROH hat in der Vermittlung von Interessen und Durchsetzung von Rechten indigener Völker kaum Fortschritte erzielt. Seine Gründung war aufgrund der fehlenden Absprache mit den indigenen Organisationen teilweise abgelehnt worden (INT 24; CONPAH 2011: 4). SEDINAFROH wird von vielen

---

16 Laut der Vize-Direktorin des staatlichen indigenen Sekretariats SEDINAFROH, Gloria Lopez, welche sich selbst als Lenca definiert, heißen diese in Reihenfolge ihrer Entstehung (INT 24): ONILH (Nationale Indigene Lenca-Organisation von Honduras), COPINH (Ziviler Rat der Volks- und indigenen Organisationen von Honduras), FHONDIL (Honduranische Föderation der Lenca-Indigenen), MILH (Indigene Lenca-Bewegung von Honduras), CGL (Rat der Lenca-Regierung), AVAI (Beistand der Vara Alta), COMILH (Nationaler Rat der Indigenen Lenca-Frauen von Honduras). Eventuell kann die eher auf Umweltthemen spezialisierte neue Gruppe MILPA (Indigene Lenca Bewegung von La Paz) dazugezählt werden (INT 34, 35). 2013 spaltete sich von COPINH eine Gruppe ab und gründete CINPH (Coordinadora Indígena del Poder Popular de Honduras).

Seiten kritisiert wegen dessen Passivität oder gar aktiven Beteiligung an der Durchsetzung von Politiken und Projekten, gegen welche sich indigene Bewegungen wehren (INT 1, 4, 5, 28; CONPAH 2011: 4). Die Arbeit von SEDINAFROH trage vielmehr dazu bei, dass die staatlichen Politiken bezüglich indigener Völker vor allem auf kulturelle Aspekte wie zweisprachige Bildungsprojekte beschränkt bleiben: »Sie sehen nur die Ethnie, die Kultur [...]. [Die indigenen Völker] haben kulturelles Erbe, aber auch Recht auf ihr Territorium. Und dieses Territorium wird nicht respektiert.« (INT 1). Gemeinsam mit SEDINAFROH entstand auch eine Anklagebehörde für indigene Anliegen – die meisten Klagen hinsichtlich der Verletzung indigener Rechte werden jedoch nicht oder unzureichend behandelt (vgl. INT 8).

Box 4: COPINH

Die zahlreichen Mitglieder von COPINH finden sich in etwa 150 Gemeinden in den Departamentos Intibucá, Lempira und La Paz sowie in ein paar wenigen in Santa Bárbara und Siguatepeque. Trotz der rund sieben anderen Lenca-Organisationen ist COPINH eine der größten und einflussreichsten unter den Lenca- sowie anderen indigenen Organisationen im Land. Dies liegt an verschiedenen Faktoren, unter anderem an ihrer Basisarbeit (mit lokalen indigenen Räten und Ältesten-Räten), der kritischen Kommunikations- und Vernetzungsarbeit durch die eigenen indigenen Radiosender, an der Radikalität der Forderungen und Aktionen (Besetzungen, Demonstrationen, Straßenblockaden etc.), dem erzielten Respekt durch bisher schon erreichte Erfolge und der guten Vernetzung mit anderen sozialen, indigenen und Umweltbewegungen auf nationaler sowie internationaler Ebene. Diese breite Anerkennung und Solidarität mit COPINH und OFRANEH, welche eng zusammenarbeiten, beruht hauptsächlich auf der radikalen anti-kapitalistischen, dekolonialen, anti-patriarchalen und anti-rassistischen Positionierung. Viel Wert wird auf die Basisarbeit hinsichtlich des Themas Gewalt gegen Frauen gelegt. COPINH führte öffentliche Frauengerichte durch, wählte einen Frauenrat, plant ein Frauenhaus und viele der gewählten Mitglieder in der aus zwanzig Personen bestehenden Koordination sind weiblich. Berta Cáceres ist derzeit die inzwischen zweite weibliche Hauptkoordinatorin von COPINH und meinte im Interview:

> »Der komplexeste, der allerhärteste Kampf ist der der Frauen. Ich sage immer, dass es vergleichsweise einfach ist, sich gegen die Transnationalen Konzerne zu positionieren und sie zu bekämpfen. Viel schwieriger ist es, für eine antipatriarchale Gesellschaft einzutreten und diese aufzubauen.« (INT 38)

Wie zwei der Gründer*innen von COPINH erzählen, stand die Entstehung von COPINH im Jahr 1993 im Kontext der neoliberalen Reformen, des beendeten bewaffneten Konflikts in Zentralamerika sowie der kontinentalen Kampagne der 500 Jahre des indigenen Widerstands seit der Kolonialisierung. Der Name COPINH (Ziviler Rat der Volks- und indigenen Organisationen von Honduras) verweist auf die ursprüngliche Gründungsidee, nämlich, die in der Lenca-Region schon aktiven Organisationen (bäuerlicher oder entwicklungspolitischer Art) zusammenzuführen. Erst 1995 wurde COPINH zu einer Basisorganisation aus Lenca-Gemeinden umgebaut und wuchs mit der Zeit stetig. Die Ziele waren von Anfang an, die indigene Lenca-Kultur, die indigenen Rechte und die Gemeingüter zu verteidigen sowie die Lebensverhältnisse, insbesondere die der Lenca-Frauen, zu verbessern. Auch der Kampf gegen die Militarisierung war zentral, war doch die Lenca-Region mit ihrer Nähe zu El Salvador während der 1980er-Jahre direkt von massiver Gewalt und Repression im Zuge Aufstandsbekämpfung betroffen. Inspiriert durch den Zapatisten-Aufstand am 1. Januar 1994 in Chiapas, Mexiko, besetzte COPINH – unbewaffnet – im selben Jahr mehrere regionale staatliche Büros. Sie forderten unter anderem den Stopp mehrerer Abholzungsprojekte, welche ihre Wälder zerstörten. Im selben Jahr organisierte COPINH einen Fußmarsch mehrerer tausend Indigener, die sogenannte »Indigene Pilger*innenreise« (span.: peregrinación indígena) in die Hauptstadt, an dem auch weitere indigene Organisationen teilnahmen. Der Marsch stellte einen bedeutenden Wendepunkt im Kampf für die territorialen Rechte und die Selbstbestimmung indigener Völker dar: »Er war historisch. Er erschütterte tatsächlich das Land. Und die größte Errungenschaft war meiner Ansicht nach, dass die indigenen und schwarzen Völker plötzlich auftauchten und deren Existenz in diesem Land anerkannt wurde« (INT 38). Der Fußmarsch, auf den weitere »Pilger*innenreisen« und vielfache Mobilisierungen folgten, zeigte Resultate. Wenn auch bei Weitem nicht alle Forderungen erfüllt wurden, bewirkten sie doch bedeutende Veränderungen, wie die Ratifizierung der Konvention 169 der Internationalen Arbeitsorganisation ILO zu den Rechten indigener Völker im Jahr 1994 (in Kraft: 1995), die Schaffung erster indigener Munizipien mit speziellen Rechten, den Stopp mehrerer Abholzungsprojekte, den Bau von Straßen, Gesundheitszentren, Schulen, die Bereitstellung von Schul- und Ausbildungsplätzen für Indigene sowie bilingualer Unterrichtsprogramme, die Anerkennung kommunitärer Landtitel, und weitere Punkte (INT 15, 21, 38; Barahona/Rivas 1998 b: 102ff).

Box 5: Indigene Rechte und der »Free Prior and Informed Consent« FPIC

Die Konvention 169 für indigene Völker der Internationalen Arbeitsorganisation ILO ist das einzige internationale Abkommen, das die (bisher nur zwanzig) Vertragsstaaten an die Respektierung, den Schutz und die Gewährleistung dieser Rechte gesetzlich bindet.[1] Deswegen wird sie von den indigenen Bewegungen in Honduras als wichtigstes rechtliches Mittel herangezogen. Auch die UN-Deklaration über die Rechte indigener Völker UNDRIP[2] von 2007 gilt als Meilenstein in der Anerkennung kollektiver (und nicht nur individueller) Menschenrechte auf globaler Ebene. Diese ist jedoch wie weitere institutionelle Regelwerke und Unternehmens-Richtlinien zu indigenen Rechten nicht verbindlich.

Im Zusammenhang mit Land Grabbing erhält insbesondere eines der in der Konvention 169, der UNDRIP und anderen Richtlinien enthaltenen Rechte eine besondere Bedeutung: Das Konsultationsrecht mit dem Namen *Free Prior and Informed Consent (FPIC)*. Es soll garantieren, dass Projekte oder Maßnahmen, die indigene Völker direkt betreffen, nur dann durchgeführt werden können, wenn vorab die Betroffenen über die Sachlage informiert wurden. Zudem muss über eine freiwillige Befragung die Zustimmung der Bevölkerung eingeholt werden, welche in Kohärenz mit indigenen Entscheidungsmechanismen erfolgt. Die honduranische Realität sieht trotz ratifizierter ILO-Konvention und somit gesetzlicher Verbindlichkeit leider anders aus: Fast immer wird eine Befragung gänzlich verwehrt oder erst nach Projektstart durchgeführt. Häufig behaupten die staatlichen und privaten Verantwortlichen, den FPIC eingehalten zu haben, während die Betroffenen nichts davon wissen oder sich in der Konsultation gegen das Projekt ausgesprochen hatten (siehe Fallbeispiele in diesem Buch). Je nach Interesse der Akteure wird das Recht unterschiedlich interpretiert und ausgelegt. So greifen indigene Völker auf den FPIC zurück, um auch das Recht auf ein »Nein« zum Projekt effektiv durchsetzen, also z. B. Land Grabbing stoppen zu können. FPIC wird damit zu einem Mittel der politischen Aktion, der Ablehnung externer Entwicklungsvorstellungen und letztendlich Ausdruck des demokratischen Verlangens nach Zugang zum »Recht, Rechte zu haben« (Franco 2014: 18). Demgegenüber interpretieren konservative Kräfte vermehrt das »C« im FPIC als unverbindliche »Consultation« (Befragung) statt Konsens (Franco 2014: 12). Selbst wenn sich also die Mehrheit der Bevölkerung gegen ein Projekt ausspricht, kann es dennoch durchgeführt werden. So wird der FPIC immer mehr zu einem der freiwilligen Standards der sogenannten »Good Governance« und »Corporate Social Responsibility« (CSR). Kritischen Studien zufolge dient CSR hauptsächlich dem Image der Projektbetreiber und der schnelleren Durchsetzung der Projekte,

---

1 http://www.ilo.org/indigenous/Conventions/no169/lang--en/index.htm
2 http://www.un.org/esa/socdev/unpfii/documents/Declaration(German).pdf

anstatt tatsächlich Menschenrechtsverletzungen und ökologische Probleme zu verringern (ebd.: 8; Sogge 2013). Unter der in die Mode gekommenen CSR-Agenda wandelte sich das Bild von Land- und Ressourcen-Geschäften als Bedrohung für marginalisierte Gemeinden und Ökosysteme immer mehr hin zum Entwicklungspotenzial für die Betroffenen, wenn die Projekte nur »verantwortungsbewusst« umgesetzt werden (Franco 2014: 9). Wie OFRANEH (1. 9. 2014) feststellt, »wird die verwässerte Anwendung des Rechts auf die vorherige, freie und informierte Befragung-Konsensierung (FPIC) zu einer der größten Bedrohungen für die indigenen Völker«. Kritisiert wurden hinsichtlich des FPIC in Honduras z. B. die Bestrebungen der deutschen Entwicklungsagentur GIZ, die einen Workshop mit folgendem Titel durchführte: »Umsetzung des FPIC in der Deutschen Zusammenarbeit: Hindernis für Entwicklung oder Mittel zur Vorbeugung von Konflikten?« OFRANEH meinte dazu:

> »Der FPIC ist für die indigenen Völker ein Mittel zum Schutz unserer Territorien vor den vielfachen Interventionen, die Resultat ebendieser ›Entwicklungs‹-Vision sind, und die in vielen Fällen durch die Entwicklungszusammenarbeit und Internationale Finanzinstitutionen durchgesetzt werden.« (OFRANEH 1. 9. 2014)

Die aufschlussreiche Studie zum FPIC von Jennifer Franco macht deutlich, dass das Konsultationsrecht keine Allheilmethode darstellt und die resultierenden Vor- oder Nachteile letztendlich davon abhängen, welche Akteure sich im bestehenden Kräfteverhältnis durchsetzen können. FPIC steht im historischen Kontext jahrhunderelanger Marginalisierung und Diskriminierung ländlicher Gemeinden und der Akkumulation von Land und Reichtum in den Händen Weniger. In einer solch vulnerablen Position bedeutet selbst ein Konsens zu einem Projekt somit nicht unbedingt Zustimmung, sondern eher das Fehlen von Alternativen, die tatsächlich den Bedürfnissen der Bevölkerung gerecht werden könnten. Positive oder negative Auswirkungen von FPIC hängen also an der generellen Durchsetzungsfähigkeit emanzipatorischer Bestrebungen. Mehrere indigene Organisationen arbeiten in Honduras daran, eigene und staatlich anerkannte Richtlinien auszuarbeiten, um die konkrete Vorgehensweise für FPIC festzulegen (INT 11; ODHPINH 2013; FCPF 2014: 2). Die Miskitu-Organisation MASTA hat bereits ein sogenanntes »Biokulturelles Protokoll« dafür erstellt (MASTA 2012). COPINH weist jedoch darauf hin, dass die derzeitigen Bestrebungen von CONPAH zur Festlegung von Richtlinien vielmehr zur Verwässerung des ohnehin in Honduras bindenden FPIC führen könnte (COPINH 29. 9. 2014).

2.10 Kräfteverhältnisse rund um den Putsch 2009

Anzeichen für einen Bruch mit dem relativ stabilen neoliberalen Kräftegleichgewicht konnten trotz des Aufkommens neuer sozialer und indigener Bewegungen erst im Verlauf der Amtszeit des Präsidenten Manuel »Mel« Zelaya (2007–2009) beobachtet werden. Er gehörte einem linkeren Flügel der Liberalen Partei an und schlug in der zweiten Hälfte seiner Amtszeit einen unerwartet progressiven Kurs ein – trotz der gleichzeitigen Fortführung neoliberaler und repressiver Elemente. Parlamentarisch und innerhalb der eigenen Partei immer mehr isoliert, suchte er die Unterstützung der Zivilgesellschaft und führte soziale Reformen durch, die die herrschenden Klassenfraktionen gegen ihn aufbrachten (Hilse 2009; Mejía/Fernández et al. 2010: 22). So trat er aus wirtschaftlichen Gründen dem linken lateinamerikanischen Staatenbündnis ALBA bei, weshalb in den Medien Angst vor dem vermeintlich kommunistischen Chavez-Freund geschürt werden konnte (vgl. Escoto 2010). Die herrschenden Klassen befürchteten den Verlust ihrer Privilegien und den wachsenden Einfluss der Zivilgesellschaft durch Maßnahmen der Zelaya-Regierung, wie z. B. die Verdopplung des Mindestlohns, ein Landumverteilungsgesetz, den Stopp einiger Privatisierungen, das Verbot von Tagebergbau sowie das Projekt einer partizipativen Verfassungsgebenden Versammlung zur Ausarbeitung einer neuen Verfassung (Oettler/Peetz 2010; Moore 2012: 2). Der honduranische Industriellen-Verband ANDI zeigte sich empört über Zelayas Mindestlohnerhöhung. In einem Positionspapier kündigte ANDI an, dass aufgrund dieser Politik die Unternehmenssektoren »verpflichtet« wären, sich zu verteidigen, und dadurch den »Tiger zum Erwachen zu bringen« (Paley 2010, *Übers. d. Verf.*).

Der Tiger erwachte. Am 28. Juni 2009 wurde Zelaya durch einen politisch-militärischen Staatsstreich aus dem Amt geputscht. An diesem Tag sollte eine Bevölkerungsumfrage stattfinden, ob bei der nächsten Wahl in einer weiteren Urne über die Einberufung einer Verfassungsgebenden Versammlung abgestimmt werden solle. Frühmorgens entführte das Militär seinen eigenen noch schlafanzugtragenden Oberbefehlshaber und setzte ihn in Costa Rica aus – Gerüchten zufolge mit Flugzwischenstopp in der US-Militärbasis Soto Cano (bekannt unter Palmerola). Mithilfe einer gefälschten Unterschrift Zelayas unter dessen vermeintlicher Amtskündigung wurden am selben Tag sämtliche

Staatsämter neu besetzt (Euraque 2010: 24). Der damalige Kongresspräsident Roberto Micheletti vom konservativen Flügel der Liberalen Partei wurde bis zu den Wahlen im November 2009 de facto zum Präsidenten ernannt. Während der Oberste Gerichtshof die Legalität der Amtsübergabe bestätigte, war Kardinal Rodriguez mit der moralischen Legitimierung betraut. Die größten Tageszeitungen, TV- und Radiosender beklatschten die Rettung vor einer kommunistischen Bedrohung und die Wiederherstellung der Verfassungsmäßigkeit. Es handelte sich somit nicht um einen typischen Militärputsch: Selbst wenn das Militär ausführendes Organ war, stand hinter dem Putsch eine Allianz zwischen der Mehrheit der wirtschaftlichen Elite, der Nationalen als auch Teilen der Liberalen Partei, dem Großteil des Einkammer-Parlaments (Kongress), des Obersten Gerichtshofes und der Medienbesitzer*innen (vgl. Salomón 2009; COHEP 2009). Vielfach wird über die zumindest indirekte Unterstützung durch konservative Kräfte aus den USA spekuliert, welche wirtschaftliche und geostrategische Interessen an Honduras haben. Ebenso sahen ausländische Konzerne wie die Pharmaindustrien, Ölkonzerne, der Maquila-Sektor, Bergbauunternehmen und Fluggesellschaften ihre Wirtschaftsinteressen durch Zelayas Reformen bedroht (vgl. Mejía/Fernández *et al.* 2010: 22ff; Salomón 2009).

Tanya Kerssen irrt nicht mit der Schlussfolgerung, dass »the 2009 coup actually replaced a *reformist, pro-investment administration* with an extremist one« (Kerssen 2013: 39, *Hervorhebung der Verf.*). Zelaya hatte beispielsweise die Verhandlungen zum Freihandelsabkommen mit der EU (genannt Assoziierungsabkommen) mitinitiiert, verabschiedete 2007 das für Zentralamerika erste Agrartreibstoff-Gesetz und war einem traditionellen Extraktivismus-Modell durchaus nicht abgeneigt. Trotzdem war der Aufschrei in der honduranischen Zivilgesellschaft nach dem Putsch groß. Dass der erste Präsident der Geschichte, der sich der Zivilgesellschaft annäherte, aus dem Amt geputscht wurde und damit die Hoffnung auf eine neue Verfassung und einen allgemeinen Neubeginn zerstört war, rief eine überraschend starke Protestbewegung hervor. Während der Staatsstreich die Hegemonie des Machtblocks wiederherzustellen versuchte, steht diese seitdem dennoch auf einem wesentlich fragileren Fundament als zuvor.

2.11 Erwachender Widerstand und Repression

Ein Großteil der fragmentierten zivilgesellschaftlichen Gruppierungen organisierte sich direkt nach dem Staatsstreich in der Nationalen Widerstandsfront FNRP: Gewerkschaften, insbesondere die der Lehrenden, indigene und bäuerliche Gemeinschaften, Studierende, Umweltgruppen, feministische, homo- und transsexuelle Bewegungen (LGBTIQ), Künstler*innen, Teile der liberalen Partei und kleinerer Parteien, Hausfrauen, Maquila-Arbeiter*innen, Anwält*innen, Menschenrechtsorganisationen und viele zuvor nicht organisierte Einzelpersonen schlossen sich darin zusammen (vgl. FNRP 2011 a). Bemerkenswert ist, dass viele herausragende Persönlichkeiten im Widerstand Frauen, besonders auch indigene Frauen waren und sind, insbesondere Berta Oliva (Leiterin der Menschenrechtsorganisation COFADEH), Berta Cáceres (COPINH) oder Miriam Miranda (OFRANEH). »Der Putsch war wie ein Aufwachen für die Zivilbevölkerung und der Protest wie eine Schule in den Straßen«, beschrieb Edgar Soriano, Historiker und Delegierter der FNRP.[17] Antreibende Kraft war vor allem die Einsicht, dass der formaldemokratische Staat und seine Institutionen Projekt einer abgehobenen Elite sind und weite Bevölkerungsteile ausschließen. So gerieten immer mehr Informationen über die enge Verwobenheit der wirtschaftlichen und politischen Klasse an die Öffentlichkeit. Die honduranische Wissenschaftlerin Leticia Salomón zeigte auf, dass hinter dem Putsch rund zehn Familien standen, die »90 % des in Honduras produzierten Reichtums kontrollieren« (Méndez 2009; Salomón 2009).

Den Protesten wurde mit brutaler Repression begegnet. Die alternative Wahrheitskommission registrierte allein für das halbe Jahr zwischen dem Putsch im Juni und Dezember 2009 1157 Menschenrechtsverletzungen sowie vom Putsch bis August 2011 insgesamt 1966 Fälle, die von staatlichen Kräften begangen wurden – darunter auch Morde, »Verschwindenlassen«, Folter, Vergewaltigungen und illegale Verhaftungen (Comisión de Verdad 2012: 227ff). Hinzu tritt eine systematische Straflosigkeit: Laut nationalem Menschenrechtskommissar werden 80 % der gemeldeten Delikte nicht untersucht, 60 % der Gefängnisinsassen sind nie verurteilt worden (Meyer 2013: 20). 2012 starben 360 Häftlinge in einem Gefängnis, in dem, obwohl ein Brand ausgebrochen war, die Türen verschlossen blieben. Ein Vorfall, der

---
17 Interview durchgeführt im Rahmen der Honduras-Delegation 2010 in Tegucigalpa.

nicht zum ersten Mal passierte (Torres Funes/Torres Funes 2013). Die seit dem Putsch angestiegenen systematischen Menschenrechtsverletzungen und die Tatsache, dass Honduras inzwischen laut UN-Büro für Drogen- und Verbrechensbekämpfung (UNODC) das Land mit der weltweit höchsten Mordrate[18] ist, schaffen ein allgemeines Klima der Angst und Unsicherheit, welches wiederum verstärkte Sicherheitspolitiken legitimiert (Boyer/Cardona Peñalva 2013: 64ff). Das honduranische jesuitische Forschungs-Team ERIC-SJ schreibt dazu:

> »Die Angst lähmt, und eine ängstliche Gesellschaft ist eine demobilisierte Gesellschaft. Doch die Angst ist auch angestiftet. Die Angst-Politik wird von Seiten der Macht als Mittel zur Ablenkung vor strukturellen Problemen genützt. Während die Menschen zum Beispiel die Ungerechtigkeit und soziale Exklusion, die Straflosigkeit und Korruption, die fehlenden Agrarpolitiken und tiefgreifenden Steuerpolitiken anprangern sollten, verleitet die Angstpolitik dazu, dass die Menschen sich ablenken lassen und ein Ende der Gewalt verlangen – ein Argument, welches letztendlich dazu gebraucht wird, um der Polizei und dem Heer noch mehr Legitimität zu verleihen.« (ERIC-SJ 2013)

Verdeckt wird hinter der Bekämpfung der stark angestiegenen »allgemeinen« Kriminalität auch die Systematik der politisch motivierten Repression. Von dieser Praxis sind besonders kritische Journalist*innen und Anwält*innen, Menschenrechtsverteidiger*innen und Indigene betroffen sind. Seit dem Putsch wurden außerdem mindestens 160 Personen der LGBTIQ-Community umgebracht. Die Zahl der seither allein in der Palmölplantagen-Region Bajo Aguán ermordeten Bauern und Bäuerinnen liegt bei über 110 (Meyer 2013: 18; PROAH 2013; El Libertador 2014 b; El Heraldo 2014). Vielfach werden die kriminellen Akte von Polizei und Militär ausgeführt. Laut Umfragen haben über 78 % der Bevölkerung kein oder nur wenig Vertrauen in die Polizei, bezüglich des Militärs sind es 68 %. Die Antwort von Regierung und internationalen Gebern wie USA, Weltbank und EU, von welchen der honduranische Sicherheitsapparat größtenteils finanziert wird, lautet: mehr Polizei und mehr Militär. Das Dekret, das nach dem Putsch einen Ausnahmezustand verhängte und welches dem Militär weitreichende Polizeiaufgaben übertrug, wurde inzwischen vier Mal verlängert und ist weiterhin gültig. Eine bedenkliche Militarisierung ziviler Bereiche ist zu vermerken. In den letzten zehn Jahren verdreifachten sich die

---

18 http://www.unodc.org/unodc/en/data-and-analysis/homicide.html, http://travel.state.gov/travel/cis_pa_tw/cis/cis_1135.html [5. 12. 2013]

Militärausgaben, dies insbesondere seit dem Putsch. Auch die USA nutzte die politische Konjunktur nach dem Staatsstreich und gründete mehrere neue Militärbasen auf honduranischem Territorium (INT 8; Holt-Giménez 2013; Meyer 2013: 19ff; La Prensa 2013 b; Trucchi 2014; Kerssen 2013: 41; Defensores en Línea 2013).

Viele zivilgesellschaftliche Organisationen in Honduras kritisieren außerdem mehrere nach dem Putsch entstandene Gesetze, die die Kriminalisierung von Menschenrechtsarbeit und Protesten erleichtern. Darunter fallen unter anderem das 2010 verabschiedete »Gesetz gegen die Finanzierung des Terrorismus« (Voselsoberano 2010), das neue NGO-Gesetz sowie das Abhörgesetz von 2011 (Voselsoberano 2011). Letzteres führte zur Gründung einer »Nationaldirektion zur Ermittlung und Verteidigung«, die zur telefonischen Überwachung »verdächtiger« Personen dient, im Jahr 2013 schon 200 Angestellte aufwies und bis 2015 auf 1000 Angestellte aufgestockt werden sollte (MADJ et al. 2013: 6f). Weitere Maßnahmen legalisierten die verstärkte Militarisierung und Überwachung der Gesellschaft, etwa das Geheimdienstgesetz (Mejía 2013; El Heraldo 2013 a), die neue Spezialsicherheitstruppe »Tigres« (Proceso Digital 2013 a) oder die Gründung der militärisch-polizeilichen Einheit genannt »Operation Freiheit« (Korol 2013 a; La Prensa 2013 a).

2.12 Politische und wirtschaftliche Lage seit dem Putsch

Wenn auch durch den massiven Protest der Zivilbevölkerung gegen den Putsch die Widerstandsbewegung als neuer starker politischer Akteur entstand, so hatte der Putsch vorwiegend negative Auswirkungen auf die wirtschaftlichen, politischen und sozialen Strukturen im Land. Viele ausländische Entwicklungs- und Militärhilfegelder wurden nach dem Putsch eingefroren, während gleichzeitig die Militarisierung und Repression hohe Kosten verursachte (Paley 2010). Auch waren die Auswirkungen der globalen Finanz- und Wirtschaftskrise deutlich spürbar, beispielsweise sanken im Jahr 2009 die Rücküberweisungen der in den USA lebenden Honduraner*innen rapide (Meyer 2013: 35). Aufgrund der engen Verbindung von Honduras mit der US-Wirtschaft sanken ebenso die Investitionen und Exporte, was eine starke Rezession zur Folge hatte (USAID o. A.: 1).

Trotz massivem Wahlboykott und deutlichen Unregelmäßigkeiten bei den Wahlen im November 2009 wurde die neue Regierung unter dem

Großgrundbesitzer Porfirio »Pepe« Lobo von der Nationalen Partei schnell wieder international anerkannt, besonders nach einer Art Versöhnungsabkommen genannt »Cartagena« (Mai 2011) mit dem bis dahin exilierten »Mel« Zelaya und der Proklamation einer »Regierung der Nationalen Versöhnung«. Honduras wurde wieder in die Organisation Amerikanischer Staaten OAS aufgenommen, US-Militär- und Entwicklungshilfegelder flossen erneut und im November 2010 erhielt die Regierung 322.5 Millionen US-Dollar zur Herstellung der wirtschaftlichen Stabilität und zum Vorantreiben des Wirtschaftswachstums (Kerssen 2013: 10). Dennoch konnte sich die honduranische Wirtschaft von der Krise nicht wirklich erholen. Die ausländischen Investitionen ins Land sanken 2009 um 44 % im Vergleich zum Vorjahr (CentralAmericaData 2010). Laut Finanzsekretariat soll die honduranische Auslandsverschuldung von 2,847 Millionen US-Dollar im Jahr 2010 auf 5,102 Millionen Ende 2013 gestiegen sein (Monzón 2014), die interne Verschuldung liege gar bei 13 Milliarden (Proceso Digital 2014 c). Das riesige Finanzloch wird versucht, mit neoliberalen Rezepten, insbesondere einer zugespitzten Privatisierung des öffentlichen Bereichs, zu stopfen. Dies mag kurzfristiges Einkommen bedeuten, zieht jedoch langfristige Umverteilung von unten nach oben und eine immer geringere staatliche Handlungsfähigkeit mit sich.

Mit diesem »Ausverkauf des Landes«, wie die aktuelle Dimension der Privatisierung von den sozialen Bewegungen genannt wird, wächst der Druck auf Land und Gemeingüter – und somit auf ländliche und indigene Gemeinden. Gesetze und öffentliche Ausschreibungen ermöglichten die weitreichende Privatisierung von Flüssen für Staudammkonzessionen. Das Landumverteilungsprojekt wurde jäh gestoppt, wodurch sich die Agrarkonflikte, v. a. in der Palmölzone Bajo Aguán, verschärften (Kerssen 2013: 42). Der nationale Investitionsförderungsplan (2010–2014) und entsprechende Gesetze sollten Honduras unter dem Motto »Honduras is open for business« zum investitionsfreundlichsten Land Lateinamerikas machen (Kerssen 2013: 60). Die Strategie beinhaltete Steuervorteile und andere Anreize für die folgenden Bereiche: Agrargeschäfte, Energie, Wald, Infrastruktur, Textil, Transformation und globale Dienstleistungen (d. h. Maquilas) sowie Tourismus.[19] Relevant waren auch ein neues Gesetz zur Einführung der Stundenarbeit sowie die Gründung der »Coalianza«, einer Institution zur Umwandlung von staatlichen in private Unternehmen oder in *Public Private Partnerships* (Trucchi 22. 8. 2013). Diese relativ neue

---

19 http://www.hondurasopenforbusiness.com [8. 7. 13]

Form der öffentlich-privaten Unternehmen zeichnet sich letztendlich durch die Privatisierung der Gewinne und die Vergesellschaftung der Verluste aus und transformiert politisch aushandelbare Subventionen in etwas gesetzlich Verbindliches. Es wird kritisiert als massiver Motor zur Extraktion von Reichtum von der Gesellschaft hin zur Privatwirtschaft (vgl. Rügemer 2008).

Inzwischen will sich Honduras in der Region unter anderem zum zweitgrößten Anbieter logistischer Services (insbesondere des Transports zwischen Atlantik und Pazifik), zum Land mit der höchsten erneuerbaren Energieproduktion und zum führenden Nahrungsmittelerzeuger entwickeln. Letzteres erscheint aufgrund der von Bäuer*innenorganisationen angeprangerten prekären Ernährungssicherheit im eigenen Land, die unter anderem Resultat der neoliberalen Agrarreform und des Klimawandels ist, besonders abwegig (El Libertador 2014 a; Fajardo 2014; Conexihon 2014; Oxfam 2014).

Wie im vierten Teil des Buches ausführlicher beschrieben wird, begeisterte sich die Regierung ab 2010 für die ultra-neoliberalen Pläne zur Errichtung von Modellstädten bzw. Arbeits- und wirtschaftlicher Entwicklungszonen (ZEDEs), deren Durchsetzung man durch (verfassungswidrige) Verfassungsänderungen ermöglichte (INT 2, 3). Im Januar 2013 verhalf ein neues Bergbaugesetz zum Comeback des Tagebaus mit Zyanid-Einsatz (INT 6, 8). Das »Gesetz zur Förderung der Entwicklung und öffentlichen Umschuldung« – kurz »Hypotheken-Gesetz« – ermöglicht, natürliche Ressourcen direkt am Finanzmarkt als Aktien anbieten zu können (INT 42; Trucchi 22. 8. 2013). Im August 2013 wurde durch einen interinstitutionellen Kooperationsvertrag das Management, die Kommerzialisierung und die daraus abgeschöpften Gewinne von gewissen Wäldern dem Militär übergeben (Torres 2013; Equipo de Investigación Conexihon 2013). Auch der fast jahrzehntelang angedachte Erdölabbau vor der Moskitia-Küste wurde in Angriff genommen (Vásquez 2013; OFRANEH 29. 11. 2012, 7. 12. 2012, 3. 4. 2013). All diese seit dem Putsch durchgeführten Maßnahmen ermöglichten einen neuen Boom an Land Grabbing und Green Grabbing.

Doch die zugespitzten neoliberalen Politiken trafen keineswegs nur bei der Widerstandsbewegung auf Kritik, auch innerhalb der herrschenden Klassenfraktion taten sich Spaltungen auf. So kamen die Lobo-Regierung und der Präsidentschaftsfavorit und Kongresspräsident Juan Orlando Hernández (mit dem Spitznamen »Juan Robando« – »stehlender Hans«)

der Nationalen Partei immer mehr in Verruf. Zwar gewann Juan Orlando die umstrittenen Wahlen 2013, doch das über einhundert Jahre währende faktische Zweiparteiensystem ist erstmals gebrochen. Dies ist insbesondere der neuen progressiven Partei LIBRE zu verdanken, die mit Zelaya an der Spitze aus der Widerstandsbewegung FNRP entstanden war. Die FNRP hatte sich im Jahr 2010 in zwei Lager gespalten: Während ein Großteil den institutionellen Weg durch die Gründung einer Partei, die Regierungsübernahme und die Einberufung einer Verfassungsgebenden Versammlung befürwortete, setzten andere auf basisdemokratischen Widerstand von unten. Versammelt im Bündnis für die Neugründung »Convergencia Refundacional«, von dem COPINH Mitbegründer ist, agierten sie vor allem über den Boykott des illegitimen Regimes und trieben eine gemeinsame Aushandlung einer neuen Verfassung durch Basisprozesse voran. Sie kritisierten zunehmend, dass die Partei vielmehr die FNRP-Strukturen dominierte und sich immer mehr vom Bewegungsspektrum wegbewegt.

Obwohl LIBRE in den Monaten vor den Wahlen am 24. November 2013 in Umfragen teilweise vor den zwei traditionellen Parteien lag (vgl. CESPAD 2013), verlor sie laut offiziellem Wahlergebnis um 8 % gegenüber der Nationalen Partei. Lobo-Nachfolger wurde mit 37 % Juan Orlando Hernández. Aufgrund deutlicher Anzeichen von Wahlbetrug, welche auch von internationalen Wahlbeobachtungsdelegationen teilweise bestätigt wurden, fochten LIBRE und die ebenfalls nach dem Putsch gegründete Antikorruptionspartei PAC das Ergebnis an (vgl. Schmidt 2013). Die Monate vor den Wahlen waren von politisch motivierter Gewalt geprägt gewesen. Mindestens 36 Morde an und 24 bewaffnete Attacken auf Parteimitglieder fanden zwischen Mai und Oktober 2013 statt, die meisten davon betrafen LIBRE-Kandidat*innen (Spring 2013: 2). Doch selbst, wenn mit Juan Orlando der berüchtigtste neoliberale Vertreter Anfang Januar 2014 an die Macht kam, hat sich nun das politische Kräfteverhältnis im Kongress und auf der lokalen Ebene stark geändert. Mit LIBRE und PAC hat die Opposition in Zukunft deutlich mehr Gewicht.

3. Green Grabbing im globalen Kontext

Der geschichtliche Überblick zu Honduras dürfte deutlich gemacht haben, dass die Aneignung von Land und Ressourcen keineswegs etwas Neues darstellt. Sie war stets zentrales Element der Kolonialisierung und Globalisierung. Doch warum verzeichnet die Landaneignung in den letzten Jahren eine deutliche Zunahme? Was ist das Besondere an der aktuellen Form, dem Land Grabbing und vor allem dem Green Grabbing? Die Antwort liegt in einer gründlichen Analyse unserer Zeit: einer Zeit der vielfachen Krisen, des Klimawandels und des beschleunigten Finanzmarktkapitalismus; einer Zeit der unterschiedlichen Kriseninterpretationen, die auch zu verschiedenen Lösungsansätzen führen. Die Lösungsstrategie der Green Economy wird in diesem Kapitel kritisch hinterfragt. Dabei wird aufgezeigt, dass sie die Wurzeln der Probleme keineswegs antastet, die Krisen statt zu beheben vielmehr räumlich und zeitlich auslagert und dass dies den verstärkten Zugriff auf Ländereien und Ressourcen zur Folge hat.

3.1 Die multiple Krise

Es ist kein Zufall, dass Klimakrise, ökologische Krise, Energiekrise, Wirtschaftskrise, Finanzkrise und Nahrungsmittelkrise derzeit zusammenfallen (Demirović/Dück *et al.* 2011). Dass es Zusammenhänge, Wechselwirkungen und gar ähnliche Ursachen gibt, erkennen auch relevante internationale Organisationen an: Den gemeinsamen Grund der Krisen, insbesondere des Klimawandels und der ökologischen Krise, sieht beispielsweise das UNO-Umweltprogramm UNEP, Promoteur der Green Economy, in der Kapitalvergabe an bisher »falsche« Sektoren, etwa die »braune« Wirtschaft. Durch die Lenkung des Kapitals in »grüne« Sektoren soll gleichzeitig die Wirtschaft angekurbelt werden (UNEP 2011, OECD 2011).

Eine Krise wird von dominanten Akteuren oft erst dann als solche erkannt und bearbeitet, wenn sie die Kapitalinteressen einschränkt oder Gewinne verspricht. So kann beispielsweise die Katastrophen-Darstellung des Klimawandels zu Ohnmachtsgefühlen führen, handlungsunfähig machen und schnelle, aber oberflächliche, die Ursachen der Krise nicht berührende »Lösungen« legitimieren (vgl. Klein 2005, 2007; Mark 2013; Fairhead/Leach *et al.* 2012: 245). Mit der Green Economy wird vorgegaukelt, man könne die Krise relativ konfliktfrei von »oben« lösen. Doch um die multiple Krise überwinden zu können, braucht es auch gesellschaftliche Auseinandersetzungen und Konflikte, denn ihre Ursache, die auf fossilen Brennstoffen beruhende imperiale Lebensweise, ist fest in den gesellschaftlichen Alltag eingeschrieben (Brand/Wissen 2013: 140). Deshalb ist auch das Ringen um Kriseninterpretationen wichtig, um die aktuelle multiple Krise »sichtbar und zum Gegenstand der gesellschaftlichen Diskussion und Entscheidung zu machen« (Demirović/Dück et al. 2011: 8).

Kritische Analysen der multiplen Krise ziehen die dominante Darstellung und Erklärung der Vielfachkrise sowie die daraus abgeleiteten Krisenüberwindungsstrategien in Zweifel und zeigen Fragen auf, die dabei ignoriert werden: Für wen handelt es sich um eine Krise? Sind alle gleichermaßen von ihr betroffen? Bei der Klimakrise und den sich häufenden Naturkatastrophen, wie dem 1998 in Zentralamerika aufgetretenen Hurrikan Mitch mit über 11.000 Toten[20] (Klein 2005) oder dem verheerenden Taifun Haiyan auf den Philippinen 2013 wird deutlich: Die Auswirkungen des Klimawandels sind sozialräumlich höchst ungleich verteilt und führen zu vermehrtem Elend in ohnehin schon armen Regionen des Globalen Südens (Bader/Becker et al. 2011: 17). Laut Germanwatch (2013 b) sind die zehn in den letzten zwanzig Jahren vom Klimawandel »am stärksten betroffenen Länder allesamt Entwicklungsländer – an der Spitze Honduras«. Die Klima- und Energiekrise, die gestiegenen Öl- und Strompreise sowie die aufgrunddessen vorangetriebene Agrartreibstoffproduktion hatten einen Boom des Land Grabbings zur Folge und trieben die Nahrungsmittelpreise in die Höhe. Dies wurde verstärkt durch die nach der weltweiten Finanzmarktkrise vermehrt auftretende Nahrungsmittelspekulation und verstärktes Land Grabbing (vgl. Nowak 2013: 247; Demirović/Dück et al. 2011). Während unzählige Menschen in der Peripherie in Hungersnot gerieten, erzielten andere Milliardengewinne. Es gibt somit stets Verlierer*innen und Gewinner*innen in den Krisen. Auch die Verantwortung für die verursachten Krisen ist ungleich verteilt. So sind etwa die Länder des Globalen Nordens, insbesondere die USA und die Staaten Europas, in denen zusammen etwa 15 % der Weltbevölkerung leben, für drei Viertel der seit 1850 in der Atmosphäre akkumulierten CO_2-Emissionen verantwortlich (FoEI 2013: 13).

---

20 http://www.hurricanescience.org/history/storms/1990s/mitch/ [14. 11. 2013]

Doch wie kam es zur Finanz- und Wirtschaftskrise und warum hatte sie insbesondere auch Nahrungsmittelspekulation und Land Grabbing zur Folge? Die Ursachen reichen mindestens in die 1970er-Jahre zurück. Der Zusammenbruch des Bretton-Woods-Systems und der festen Wechselkurse sowie die neoliberalen Umstrukturierungen führten zu einer immer weiteren Deregulierung der Finanzmärkte. Spekulationen,beispielsweise mit Währungen und Ressourcen, standen immer weniger Schranken im Weg (Tricarico/Löschmann 2012). Investitionen in die Realwirtschaft wurden mit der Zeit oftmals weniger rentabel als Geschäfte an den Finanzmärkten, was zu neuen Akkumulationsstrategien und intensiverer Ausbeutung führte:»Man muss vergessen, produktiv zu sein: Man muss ›nehmen und nicht produzieren‹; sich das Gehalt der Arbeitnehmer zu Eigen machen; Ländereien und Mineralien einhamstern« (Lohmann 2012: 16). Selbst wenn es auf den ersten Blick so scheinen mag, sind Finanzmarktrenditen nicht rein virtuell. Sie schöpfen einen Teil des Profits aus der Realwirtschaft ab und verstärken dadurch den Verwertungsdruck, der das Einfrieren von Löhnen, den Abbau von Arbeitsplätzen, wachsende Ungleichheit und fortschreitende Naturzerstörung zur Folge hat (Zeller 2010 106; WRM 2012).

Eine Vielzahl vorher in der Realwirtschaft tätiger Unternehmen, wie Banken oder Energiekonzerne, erwirtschaftet heute den Großteil ihrer Einnahmen über den Finanzmarkt, während zusätzlich neue Akteure wie Indexfonds oder Hedgefonds entstanden (Tricarico/Löschmann 2012). Während 1990 nur 15 % der Unternehmensgewinne aus dem Finanzsektor stammten, waren es 2010 bereits 64 % (Lohmann 2012: 17). Diese Machtsteigerung des Finanzmarkts wird als »Finanzialisierung« bezeichnet. Sie schließt eine Tendenz zur Überakkumulation mit ein: Überakkumulation bedeutet, dass für einen Überschuss an Kapital zu wenige Anlagemöglichkeiten mit hohen Renditeaussichten zur Verfügung stehen. Hierdurch kommt es zu einer Krise der Überakkumulation, wie beim Crash der Finanzmärkte 2007/2008 und der dadurch ausgelösten globalen Wirtschaftskrise (Tricarico/Löschmann 2012). Um Überakkumulationskrisen (kurzfristig) zu überwinden, sucht das Kapital nach neuen Anlagemöglichkeiten in Sphären, die noch nicht oder noch nicht vollständig inwertgesetzt sind und somit eingehegt werden können. Diese finden sich in bis dahin öffentlich organisierten Gesundheits- und Bildungssystemen oder Energieunternehmen, aber auch in Land, Wasser, Nahrungsmitteln und anderen Elementen der »Natur« – was letztendlich zur Nahrungskrise und dem starken Anstieg an Land Grabbing führte (WRM 2012; Borras/

Franco et al. 2012: 846; Tricarico/Löschmann 2014). Insbesondere die Inwertsetzung und Finanzialisierung der Natur findet dabei oft mit dem Argument von Umwelt- und Klimaschutz statt – eben dies wird mit Green Grabbing versucht, zu fassen.

Vor diesem Hintergrund stellt sich nun die Frage, ob die Green Economy eine Lösung für die multiple Krise darstellen kann oder sie nicht teilweise sogar dazu beiträgt, dass sich manche Krisentendenzen verschärfen.

3.2 Green Economy: Des Kaisers grüne Kleider?

Im Kontext der Rio+20-Konferenz 2012 betrat eine neue Leitidee endgültig die politische Arena. Die Green Economy, welche das gemessen am eigenen Anspruch gescheiterte Konzept der »nachhaltigen Entwicklung« ablöst, wurde von einer prominenten Allianz aus OECD, UNEP und Weltbank vorangetrieben und von vielen weiteren Akteuren, seien es grüne Parteien, Konzerne, Banken, Hedgefonds und manchen Umweltschutzorganisationen, maßgeblich unterstützt. Als »Ansatz zur Überwindung der multiplen Krise« (Brand/Wissen 2013: 135) setzt die Green Economy nicht auf ein Abwarten auf große politische Entscheidungen, welche derzeit in der Sackgasse stecken, sondern auf eine Transformation der Wirtschaft. Tatsächlich: Unser Wirtschaftssystem, das auf Konkurrenz und Wachstum beruht, und damit nicht ohne Überproduktion, Überkonsumption und Überakkumulation auskommt, ist eine zentrale Ursache der Umweltzerstörung und des Klimawandels und sollte darum im Zentrum der Krisenlösung stehen. Doch das ist mit einer Transformation der Wirtschaft nicht gemeint. Die Green Economy verspricht, die in die Krise geratene Wirtschaft und das Finanzsystem durch ein »Greening«, durch eine ökologische Modernisierung, anzukurbeln (UNEP 2011 a, b; OECD 2011). Investitionen sollen statt in »braune« vermehrt in »grüne« Bereiche wie erneuerbare Energie, Technologien zur Ermöglichung von »Ressourceneffizienz« und in Naturkapital fließen. Damit dies passiert, werden nicht etwa strenge Beschränkungen für Umweltzerstörung und Treibhausgasemissionen auferlegt, sondern Anreize geschaffen, um Natur- und Umweltschutz für Unternehmen profitabel zu machen. Anstelle der eher leeren Umweltkassen und Naturschutzregulierungen soll also ein »grüner« Markt treten. Doch ein

Markt braucht Waren. Für ihn werden derzeit die Bereiche der Natur, die bisher noch nicht für die Ökonomie sichtbar waren, marktkonform oder gar finanzmarktkonform gemacht. Während viele »Produkte« der Natur (wie Öl oder Holz) schon länger als Waren gehandelt werden, wird nun versucht, die sogenannten »Dienstleistungen« der Natur inwertzusetzen. Dazu gehören beispielsweise die CO_2-Speicherungsfunktion (»Senkenleistung«), die Bestäubungsfunktion von Bienen, die Energieproduktionsleistung eines Flusses oder auch die Erholungsfunktion eines Waldes. Wichtiger Vorreiter für die Inwertsetzung und Finanzialisierung der Natur war der Emissionshandel. Inzwischen gibt es viele weitere Initiativen, welche die Bemessung und Monetarisierung von Natur und die Schaffung neuer Naturmärkte vorbereiten und umsetzen. Dazu zählen REDD+, Zahlungssysteme für Ökosystemdienstleistungen (PES: Payments for Ecosystem Services), Biodiversitäts-Offsets oder auch »Naturkapital«-Berechnungen, auf die später noch genauer eingegangen wird. Ein Zitat aus einem Bericht der Unternehmenslobby Forest Trends und Ecosystem Marketplace (2008: 4) macht die Logik dahinter deutlich:

> »Given their enormous impact on our daily lives, it's astounding that we don't pay more attention, or dollars, to ecosystem services. Ecosystems provide trillions of dollars in clean water, flood protection, fertile lands, clean air, pollination, disease control - to mention just a few. [...] So how do we secure this enormously valuable infrastructure and its services? The same way we would electricity, potable water, or natural gas. We pay for it.«

Die Prämisse der Green Economy lautet: Natur muss verkauft werden, um sie zu retten (Leach 2012). Letztendlich bedeutet dies eine umfassende Ökonomisierung der Welt, in der immer mehr Bereiche unter die Akkumulationslogik subsumiert und Commons eingehegt werden. Dies führt schließlich zum derzeitigen Green Grabbing. Wir können also schlussfolgern, dass das Neue an den »grünen« Landnahmen darin besteht, dass sie »von energie-, klima- und entwicklungspolitischen Maßnahmen ausgelöst und legitimiert werden« (Backhouse 2013: 279) und im Kontext der Green Economy stehen.

Im Folgenden wird ein kritischer Überblick über die verschiedenen Dimensionen der Green Economy gegeben, angefangen von »grüner« Energie über Emissionshandel bis hin zu Märkten für Biodiversität und Ökosystemdienstleistungen.

3.2.1 »Grüne« Energie

Die Herstellung und Nutzung von Energie ist die Basis menschlicher Aktivitäten. Insbesondere fossile Energie stellte die Grundlage und zentrale Triebkraft für die kapitalistische Produktionsweise und ihre Expansion dar (Brand 2013: 4). Dass man nun nach Alternativen zu fossiler Energie sucht, liegt insbesondere am prognostizierten »Peak Oil« – dem Ende der Verfügbarkeit von verhältnismäßig einfach zugänglichem Erdöl bzw. fossilen Energieressourcen – sowie dem Wissen um die durch fossile Energie produzierten Klimaschäden: Laut IPCC stammt die überwiegende Mehrheit (56,6 %) der menschlich verursachten Treibhausgase vom Verbrauch fossiler Brennstoffe (IPCC 2007: 14). Der globale Energieverbrauch wächst weiterhin stark, so schätzt die Internationale Energie-Agentur (IEA), dass er bis 2035 um über ein Drittel steigen wird (IEA 2012: 1). Dies, obwohl vier Fünftel der bis 2035 im Kyoto-Protokoll festgelegten CO_2-Emissionsgrenze »durch existierende Kraftwerke, Gebäude, Fabriken usw. bereits festgeschrieben sind« (ebd.: 4). Wird der steigende Energietrend beibehalten, so kommt es anstelle des ohnehin kritischen 2°C-Ziels laut IEA zu einer »langfristigen mittleren globalen Erwärmung um 3,6°C« (ebd.: 1). Die IEA sagt ebenso voraus, dass aufgrund steigender Energieproduktion auch der Wasserbedarf in die Höhe schnellen wird – und zwar doppelt so schnell wie der Energiebedarf (ebd.: 9).

Eine Energiekrise kann auch darin erkannt werden, dass Viele vom Energiesystem ausgeschlossen bleiben. So haben nach wie vor etwa 1,3 Milliarden Menschen keinen Zugang zu Elektrizität (ebd.: 9). Auch in Ländern des Globalen Nordens sind immer mehr Personen von »Energiearmut« betroffen (FoEI 2013: 14). Ungleich verteilt ist nicht nur der Zugang zu Energie, sondern auch die Betroffenheit durch die negativen Auswirkungen des Energiesystems wie Umweltverschmutzung, Abfallproduktion (z. B. nukleare Abfälle), schlechte Arbeitsbedingungen oder Vertreibungen. Diese Ausschlüsse und Ungleichheiten hängen wiederum mit der räumlichen Verortung, Klasse, Gender oder ethnischer Zugehörigkeit zusammen (vgl. Brand 2013: 4). Es wird also deutlich, dass Energie als gesellschaftliches Verhältnis verstanden werden muss: Energie ist nicht neutral, sondern in Machtverhältnisse eingebettet. »Das dominante Ressourcen- und Energiesystem ist Teil einer neo-kolonialen Weltordnung, in der die internationale Arbeitsteilung bestimmte Regionen und Länder zu Ressourcenlieferanten für den internen und den Weltmarkt macht« (Brand 2012: 6).

Dominante Krisendeutungen und Lösungsvorschläge wie die Green Econmy berücksichtigen dieses ungleiche soziale Verhältnis kaum. Mit der propagierten »Energiewende« ist meist ein steigender Anteil erneuerbarer Energie gemeint, selten jedoch ein gesellschaftlicher Wandel hin zu weniger Energieverbrauch, demokratischer Mitbestimmung oder gerechterer Verteilung. Wie auch in Honduras sichtbar wird, muss Energiewende nicht den sinkenden Verbrauch fossiler Brennstoffe bedeuten. Weltweit wird an vielen Orten Kohleabbau verstärkt vorangetrieben oder die Erdgas-Infrastruktur ausgebaut. Das weltweite Wachstum von erneuerbarer Energie liegt bisher noch hinter dem von Kohle, für welche sechsmal so viele Subventionen ausgegeben werden (IEA 2012: 1, 7). Technologische Effizienzsteigerung sowie höchst umstrittene Methoden wie die Schiefergas-Extraktion (Fracking) stehen weit oben auf der Agenda (IEA 2012: 2, 7). Dadurch wird versucht, den »Peak Energy«, den Beginn des Niedergangs fossiler Brennstoffe, maximal hinauszuzögern. Die Klimakrise, die ökologische und auch die soziale und Demokratiekrise werden jedoch verschärft. Um die steigenden Emissionen wiederum zu kompensieren, wird auf den Emissionshandel oder CCS, eine zu Recht hochumstrittene Methode der CO_2-Abscheidung und -Speicherung unter der Erde, gesetzt (ebd.: 4; CEO 2013).

Es wird vorausgesagt, dass sich die »grünen« Energien bis 2035 der Kohle in ihrem Status als wichtigste Stromerzeugungsquelle annähern werden (IEA 2012: 8). Angesichts der dringlichen Lage sind das keine besonders ehrgeizigen Ziele. Hinzu kommt, dass zu den »sauberen« Energiealternativen auch industriell produzierte Agrartreibstoffe und Biomasse, große Wasserkraftwerke und teilweise selbst Atomenergie gezählt werden, welche bewiesenermaßen negative klimatische, ökologische und soziale Auswirkungen haben. Selbst Solar-, Wind- oder Gezeiten-Energietechnologien verbrauchen große Mengen nicht-erneuerbarer Rohstoffe, darunter Aluminium, Mangan, Nickel und Blei, welche in hochgradig umweltschädlichen Minen unter zumeist schlechten und ungesunden Arbeitsbedingungen in Ländern des Globalen Südens abgebaut werden. Durch die damit zusammenhängende undemokratische und gewaltsame Aneignung von Land und natürlichen Ressourcen stellen sogenannte erneuerbare Energieprojekte häufig selbst Land Grabs (vgl. FoEI 2013). Ausschlaggebend für die Frage, ob Energie gerecht produziert wird, ist deswegen nicht in erster Linie die Art der Technologie, sondern in welchem politischen und Machtkontext die jeweilige Technologie eingesetzt wird. Bei der Analyse der zwei Wasserkraftwerke in Honduras wird dies besonders deutlich.

Wasserkraft

Entgegen der Annahme, Wasserkraft sei per se »grün«, ist inzwischen bekannt, dass Staudämme die größte Quelle von anthropogenem Methanausstoß darstellen: 23 % aller menschlich verursachter Methanemissionen und 4–5 % der menschlich verursachten Erderwärmung fallen auf sie zurück, hauptsächlich durch das verrottende Pflanzenmaterial in den Stauseen. Dämme unterbrechen den Wasser- und Sedimentfluss, was unter anderem zu Biodiversitätsverlust, zur Verhinderung der Fischmigration, zu unvorhergesehenen Überschwemmungen und geringerer Wasserqualität führen kann (FoEI 2013: 28; WCD 2000). Die von der Weltbank in den 1990ern mitgegründete Weltkommission über Dämme WCD schätzte in einer maßgeblichen Studie, dass zwischen vierzig und achtzig Millionen Menschen aufgrund großer Staudämme umgesiedelt worden sind (WCD 2000: 16). Ab den 1980ern war der Bau von Wasserkraftprojekten wegen ihrer negativen ökologischen und sozialen Auswirkungen immer mehr in Verruf geraten und in den 1990ern fast zum Erliegen gekommen. Im Zuge der Strategien gegen Klimawandel kam Wasserkraft jedoch zurück auf der Agenda: Die von der WCD erarbeiteten sozial-ökologischen Richtlinien wurden beiseite geschoben und selbst Mega-Dämme wieder vorangetrieben.[21] Im Vorfeld des Rio+20-Gipfels zu Green Economy wurden Staudämme wieder als *die* Lösung angepriesen; schließlich ermöglichen sie neben kostengünstiger Energieproduktion auch die Kontrolle über Wasser, Flüsse und Territorien sowie die landwirtschaftliche Bewässerung, insbesondere des forcierten industriellen Monokulturanbaus für beispielsweise Agrartreibstoffe (BMU/BMZ et al. 2012: 22; UNW-DPAC 2012: 10; Re:Common 2014).

Kleine Wasserkraftwerke, wozu laut Klimarahmenkonvention UNFCCC Projekte mit weniger als 15 Megawatt Leistung zählen, werden wiederum als besonders umweltfreundlich eingestuft (CDM Executive Board 2012: 23; WCD 2000: xxxii). Neben den ökologischen Vorteilen werden stets die Entwicklungsversprechungen für die lokale Bevölkerung hervorgehoben; so beispielsweise Elsia Paz, langjährige Präsidentin des honduranischen Unternehmerverbands erneuerbarer Energiefirmen AHPER: »[R]enewable energy projects are located mostly in remote and rural areas, eradicating poverty by the creation of new jobs, environmental projects and social programs for the communities located in the area of influence« (Paz o. A.). Im Interview widersprach Elsia Paz ihrer Aussage

---
21   http://riverwatch.eu/uber-staudamme [3. 11. 2014]

zu den Arbeitsplätzen jedoch selbst, als sie beschrieb, dass die neuen Staudämme sehr effizient seien. So reiche beim vor wenigen Jahren errichteten Wasserkraftwerk La Esperanza im Lenca-Territorium beispielsweise eine einzige Arbeitskraft aus (INT 27). La Esperanza ist das weltweit erste Clean Development Mechanism Projekt, das Emissionsgutschriften erhielt (Lovins/Cohen 2011: 243; Finnfund 2006). COPINH berichtete jedoch von negativen ökologischen und sozialen Auswirkungen dieses Staudamms.
[22] Bei einem persönlichen Besuch des Kraftwerks war sichtbar, dass der Zutritt zum Stausee versperrt und Wasserentnahme oder Baden aufgrund schlechter Wasserqualität verboten waren.

Selbst wenn kleine Staudämme tatsächlich meist ökologischer und klimafreundlicher sind, sagt dies nichts darüber aus, *wie* diese Projekte umgesetzt werden: ob der Fluss privatisiert und der Zugang für die lokale Bevölkerung eingeschränkt wird, ob Menschen umgesiedelt oder deren landwirtschaftliche Flächen zerstört werden, ob Gewinne geteilt, längerfristige und angemessen bezahlte Arbeitsplätze zur Verfügung gestellt und Entschädigungen gezahlt werden, ob die Projekte mit der Bevölkerung abgesprochen und im Einverständnis umgesetzt oder mit Hilfe gewaltsamer Strategien aufgezwungen werden. Dass letztendlich auch kleine Wasserkraftwerke große negative Auswirkungen auf lokale Bevölkerungen haben können, zeigen nicht nur in Honduras zahlreiche Beispiele (vgl. FoEI 2013; Carbon Market Watch 2013; Re:Common 2014). Der Fluss bzw. das Wasser wird durch einen Staudamm oft von einem Common, einem gemeinschaftlich genutzten und in die politischen, sozialen und kulturellen lokalen Gegebenheiten eingebundenen und lebensnotwendigen Gemeingut, zu einer produktiven Ressource und Ware. Während der Fluss vorher verschiedene Funktionen erfüllte, sei es als Trinkwasserquelle, für die Bewässerung der Felder und das Tränken der Tiere, zum Wäschewaschen, Baden, als sozialer Treffpunkt oder spirituell als Heimatort von Naturgeistern oder Vorfahren, wird er nun eingehegt, inwertgesetzt und damit auf seine Ökosystemdienstleistung »Energieproduktion« beschränkt (vgl. INT 1; COPINH 17. 4. 2013; MADJ *et al.* 2013: 12).

Der Bau kleiner Wasserkraftwerke beinhaltet nicht unbedingt eine dezentrale Stromproduktion und -versorgung, welche weitgehend umweltfreundlich und demokratisch gestaltet werden könnte

---

22 Informationen aus einer Basisversammlung von COPINH in Colomoncagua am 16. 3. 2013

(vgl. FoEI 2013: 52). Wie beim Fallbeispiel Aurora I deutlich wird, kommt es vor, dass direkt neben dem Staudamm liegende Dörfer ohne Stromanschluss bleiben. Der Strom wird stattdessen in die zentralen Netze eingespeist und über weite Strecken transportiert, häufig mit dem Ziel der Versorgung von energieintensiven Industrien, Maquilas, Luxushotels, Shopping-Centern, Bergbauprojekten oder zum Export (INT 27; Svampa 2011; Miller 2012; Capote 2012). Berechnungen zufolge gehen bei zentralisierten Energieerzeugungssystemen durch den Transport über weite Strecken teilweise zwei Drittel des Energieinputs verloren (vgl. FoEI 2013).

Abschließend kann zusammengefasst werden: Die aktuellen Energiestrategien entkommen der kolonialen Logik nicht, sondern verschärfen diese sogar. Der Energieverbrauch einer globalen Verbraucher*innenklasse wird weder reduziert, noch werden der Kampf gegen Energiearmut aufgenommen und dezentrale gemeinschaftlich verwaltete erneuerbare Energiestrukturen ermöglicht. Stattdessen wird die Produktion »sauberer« sowie »schmutziger« Energie auf Kosten ärmerer Länder und Bevölkerungsschichten sogar weiter ausgebaut. Anstatt eine historische Klima- und Energieverantwortung anzuerkennen, befinden sich die Länder des Globalen Nordens in einem verstärkten Wettrennen um den Zugriff auf billige Ressourcen und Arbeitskraft aus dem Globalen Süden sowie um die Beherrschung der dort entstehenden Märkte für »grüne« Energie. Damit werden Möglichkeiten geboten, um die Wirtschaftskrise in Europa und in den USA zu überwinden und Wachstum anzukurbeln. Trotz des immer weiter verbreiteten Wissens um Ungleichheiten und Unnachhaltigkeit im Energiesystem kommen bisher keine tatsächlichen Alternativen in größerem Maßstab zum Tragen. Dies hängt einerseits zusammen mit der immer mächtigeren Position großer Energiekonzerne, andererseits mit der allgemeinen Selbstverständlichkeit, mit der billige Ressourcen und Arbeitskraft im Süden angeeignet werden – also mit dem Verhaftetsein in einer imperialen Lebensweise. Im Grunde liegt die unzureichende Bearbeitung der Energiekrise maßgeblich daran, dass das kapitalistische Wirtschaftsmodell, das auf konstanter Akkumulation beruht, auf fossile Energie angewiesen ist. Die Frage der Energie ist somit nicht ohne die Frage nach dem Wirtschaftsmodell diskutierbar, wenn es um zielführende Lösungsansätze gehen soll.

3.2.2 Der Handel mit Emissionen

Dass die Frage nach dem Wirtschaftsmodell eine zentrale ist, wird vor allem hinsichtlich des Klimawandels deutlich. Nicht umsonst lautet eine Forderung sozialer Bewegungen weltweit: »System Change, not Climate Change!« Der Emissionshandel, welcher mit dem Kyoto-Protokoll zum zentralen Mechanismus für die Bekämpfung des Klimawandels wurde, hat diesen bisher nicht bremsen können, im Gegenteil. Stattdessen speiste er das finanzdominierte Wirtschaftssystem mit neuen Finanzmärkten und Anlagemöglichkeiten.

Im Jahr 1992 wurde auf der UNO-Konferenz über Umwelt und Entwicklung, bekannt als Rio-Konferenz, mit der dort verabschiedeten Klimarahmenkonvention UNFCCC das Ziel festgelegt, die weltweiten Treibhausgasemissionen stabil zu halten. Das Kyoto-Protokoll sollte diese Regelung rechtlich verbindlich machen. Es wurde 1997 unterzeichnet, trat 2005 in Kraft und sah in der ersten Verpflichtungsperiode von 2008 bis 2012 eine Treibhausgasreduktion in Industrieländern um 5,2 % gegenüber 1990 vor – laut IPCC ein viel zu wenig ambitioniertes Ziel (Bachram 2004: 2). Zur Emissionsverringerung wurde nach hitzigen Diskussionen und auf Druck der USA – die das Kyoto-Protokoll letzten Endes nie ratifizierten – ein marktbasierter Mechanismus festgeschrieben: Der Emissionshandel bzw. der Handel mit CO_2 und CO_2-Äquivalenten (z. B. Methan). Das Resultat ist enttäuschend. Statt der vereinbarten Senkung der Emissionen in dieser Periode, kam es sogar zu einem Anstieg (Moreno 2012 b: 73; Zeller 2010: 125; BUND/Sandbag 2013). Dies hängt zum einen damit zusammen, dass der Mechanismus große Mängel aufweist. Zum anderen wurde das Ziel der Emissionsreduktion über Kyoto völlig entkoppelt von dem gleichzeitig vorangetriebenen Wirtschaftswachstum, der fortschreitenden Industrialisierung, der Globalisierung des Handels, der Ausbreitung von Automobilität und industrieller Landwirtschaft (vgl. Bello 2009: 43; Brand/Wissen 2013: 140). Dies wird darin deutlich, dass in den wenigen Vertragsstaaten, die eine Emissionsreduktion erreichten, diese nicht einer aktiven Klimapolitik und dem Emissionshandel geschuldet war, sondern ihre Ursachen in Wirtschaftseinbrüchen und Deindustrialisierungen hatten – mit Ausnahme Deutschlands, das immerhin auch in der Förderung einer Energiewende (vgl. Brand/Lötzer et al. 2013: 1f). Ende 2012 lief die erste Vertragsperiode des Kyoto-Protokolls ohne Einigung auf verpflichtende Reduktionsziele in der daran anschließenden Periode aus. Frühestens für

2020 wird das Inkrafttreten eines neuen bindenden Abkommens erwartet (Moreno 2012 b: 74). Gewisse Unternehmen, Staaten und Regionen legten jedoch eigene Reduktionsziele fest und erhielten regionale Emissionsmärkte am Leben. Der 2005 gegründete und weltweit größte Emissionsmarkt ist das europäische Emissions Trading Scheme (EU-ETS), welches beispielsweise weiter besteht. Die EU hat den Emissionshandel mit EU-ETS zum wichtigsten Instrument ihrer Klimapolitik gemacht (Zeller 2010: 117).

Der Emissionshandel zwischen Staaten und Unternehmen basiert einerseits auf dem Cap-and-Trade System, andererseits auf den Offsets (Kompensationsmechanismen):

Cap-and-Trade

Mit »Cap« ist die verpflichtende Obergrenze der Treibhausgas-Emissionen pro Land und pro Industrieanlage gemeint. »Trade« steht für die Handelskomponente, die die billigere Erreichung der Obergrenze ermöglichen soll. Das bedeutet, dass ein Unternehmen nur dann seine Emissionen reduziert, z. B. durch den Einbau von Filtern, wenn dies billiger ist, als ein Emissionsrecht eines anderen Unternehmens zu kaufen, welches überschüssige Verschmutzungsrechte besitzt. Käufer*innen sind deshalb in der Regel jene Industrien, »die am meisten von fossilen Energien abhängen und bei denen ein struktureller Umbau am dringendsten nötig wäre« (Lohmann 2009: 727). Dadurch gibt der Emissionshandel zwar »Anreize, emissionsärmere Technologien zu entwickeln, insgesamt wird er den entscheidenden technologischen und v. a. gesellschaftlichen Umbau jedoch verzögern« (ebd.). Dazu kommt, dass die Verschmutzungszertifikate kostenlos und in großen Mengen an die Unternehmen der Vertragsländer vergeben wurden. Denn die Industrielobby war bisher stark genug in ihrer Behauptung, die Reduktionsverpflichtungen würden ihre globale Wettbewerbsfähigkeit bedrohen und sie zu einer Verlagerung ihrer Produktionsstätten in Länder zwingen, die keine Emissionsreduktionen verlangen. Mit dem so herbeigeführten Überschuss an Zertifikaten konnten die Unternehmen durch deren Verkauf und Spekulation am Finanzmarkt zusätzliche Profite in Millionenhöhe realisieren. Das Überangebot an Zertifikaten hatte jedoch auch einen starken Preisverfall pro Tonne CO_2 zur Folge: Statt der geplanten dreißig Euro kosteten die Gutschriften 2013 nur noch fünf Euro, die im nächsten Abschnitt beschriebenen Offsets waren sogar noch billiger (BUND/Sandbag 2013; Szabo 2014). Von den starken Preisschwankungen profitierten am stärksten »Finanzanleger und Spekulanten, die sich am Handel aus Profitmotiven heraus beteiligen und nicht deswegen, weil sie bestimmte Emissionsreduktionsziele erreichen wollen« (Brand/Lötzer 2013: 2). So stammten die höchsten Gewinne der Emissionsmärkte aus einem teilweise viermal so großen Sekundärmarkt, also aus dem Verkauf und Weiterverkauf von »wörtlich, purer Luft« (Ribeiro 2011: 25; Zeller 2010: 124).

Dass das Funktionieren von Klimaschutz nicht von schwankenden Marktbewegungen und der Macht der Konzerne und Finanzmarktakteure abhängen sollte, veranschaulicht Patrick Birley, Exekutiv-Chef des »European Climate Exchange«, mit folgender Feststellung: Emissionshandel »reduziert keine einzige Tonne Kohlenstoff in der Atmosphäre. Er hat gar nichts damit zu tun Kostenreduzierung ist der Punkt« (in Lohmann 2012: 26).

Offsets: Der Clean Development Mechanism CDM

Die Nachteile von Cap-and-Trade werden durch die Komponente der flexiblen Ausgleichsmechanismen (Offsets) noch verstärkt. Sie stellen eine zusätzliche Quelle von Emissionsgutschriften dar, die durch Projekte in anderen Ländern generiert werden. Industrieländer und Unternehmen können in emissionsreduzierende Maßnahmen investieren und dafür Gutschriften erhalten. Ein Teil der Offset-Projekte ist im Globalen Norden angesiedelt unter dem Namen »Joint Implementation« (JI), die meisten jedoch in Ländern des Globalen Südens, wo sie sich *Clean Development Mechanism* (CDM) nennen. Offiziell heißt es, durch sie sollen auch Länder des Globalen Südens vom Klimaschutz profitieren und der Peripherie werde bei der »grünen« Entwicklung geholfen. Die billigeren Offsets haben im EU-ETS eine sehr zentrale Stellung erlangt (Lohmann 2009: 730f), schließlich können sich so die Unternehmen »von der Verpflichtung zur Minderung ihres Treibhausgasausstoßes [am eigentlichen Ort der Produktion] freikaufen« (Brand/Lötzer et al. 2013: 2).

Damit tatsächlich Reduktionen stattfinden, müssen die CDM-Projekte *zusätzlich* sein: Eine sogenannte Zusätzlichkeitsklausel soll garantieren, dass die Projekte ohne das versprochene Einkommen durch die Emissionsgutschriften nicht entstanden wären. In der Realität kann dies jedoch selten bewiesen werden. Denn Offsets beruhen, wie alle am Finanzmarkt gehandelten Derivate, auf unsicheren Zukunftsprognosen – auf der »Quantifizierung von Unbekannte[m]« (Lohmann 2009: 732):

»Offsets berechnen sich immer als Emissionsreduktionen gegenüber einer imaginären Basislinie (baseline), gemäß der alles so weiterginge wie bisher. Diese wird nicht als prinzipiell unbestimmbar und abhängig von politischen Entscheidungen, sondern als ökonomisch und technisch vorhersag- und messbar aufgefasst. [...] Darüber hinaus setzt das Verfahren der Offset-Zertifizierung perverse Anreize, extrem emissionsintensive Baseline-Szenarios nicht nur auf dem Papier zu postulieren, sondern auch Realität werden zu lassen, damit die vorgeschlagenen Projekte (scheinbar) möglichst viel Emissionen einsparen.« (Lohmann 2009: 732 f)

Dan Welch fasst zusammen: »Offsets are an imaginary commodity created by deducting what you hope happens from what you guess would have happened« (zitiert in Reyes/Gilbertson 2009). In der Praxis heißt die Devise damit: Je schmutziger die Zukunft gemalt wird, desto profitabler. Des Weiteren ist die postulierte objektive Messbarkeit nicht gegeben. Da meist die Zertifizierungs-Kriterien und Zertifizierung von neu gegründeten privaten Offset-Beratungsfirmen und Offset-Käufer*innen, Banken oder Finanzfonds erstellt werden und eine hohe Projektzahl niedrigere Preise ermöglicht, erfolgt die Genehmigung der Offset-Projekte »üblicherweise großzügig« (Lohmann 2009: 732). Dies führt dazu, dass es sich bei einem Großteil nicht um zusätzliche Projekte, sondern um zusätzliche Einkommensquellen für ohnehin geplante – teilweise höchst umstrittene – Projekte handelt, was letztendlich zu einem Mehr an Emissionen führt (CDM-Watch *et al.* 2012). Im Fall von La Aurora I wird dies ersichtlich werden.

Weltweit existierten im Oktober 2014 7563 registrierte CDM-Projekte und weitere 1122 Projekte, die sich im Validationsprozess befanden.[23] Die Mehrheit davon bilden Projekte für Windenergie (30 %), Wasserkraft (26 %), Biomasse-Energie (9 %) und Methanvermeidung (8 %)[24]. Auch die höchst umstrittene Methode »Carbon Capture and Storage« (CCS) wird als mögliche CDM-Technologie diskutiert. In Honduras gibt es 36 CDM-Projekte, darunter zwanzig Wasserkraftwerke.[25] Internationalen

---

23 http://www.cdmpipeline.org/ [16. 10. 2014]
24 http://www.cdmpipeline.org/cdm-projects-type.htm [16. 10. 2014]
25 www.cdmpipeline.org/publications/CDMStatesAndProvinces.xlsx [16. 10. 2014]

Bekanntheitsgrad erlangte ein CDM-Biogas-Projekt auf den von blutigen Agrarkonflikten geprägten Palmölplantagen des honduranischen Millionärs Miguel Facussé, woraufhin die deutsche Entwicklungsbank DEG und EDF-Trading, Subunternehmen der französischen Energiegesellschaft EDF, ihre Finanzierung zurückzogen (FIAN/APRODEV *et al.* 2011: 13f). Das CDM-Projekt existiert dennoch weiterhin.[26]

Abgesehen von der fehlenden Zusätzlichkeit und den oft sehr fraglichen sozialen und ökologischen Auswirkungen der Projekte mussten selbst die stärksten Befürworter*innen eingestehen, dass der CDM-Markt versagt hat. Die Preise für die Gutschriften sanken aufgrund des Übergebots bzw. der fehlenden Nachfrage dramatisch: Lag der Preis bei CDM-Zertifikaten vor wenigen Jahren noch bei teilweise dreißig Euro pro Tonne CO_2, bewegte er sich Ende 2012 nur noch im Cent-Bereich (Carbon Finance 2013: 22). Um das Angebot von CDM-Gutschriften zu verringern, hat die EU, die seit Auslaufen von Kyoto mit ihrem EU-Emissionsmarkt (EU-ETS) fast einzige Käuferin von CDM-Gutschriften blieb, ihre Investitionen inzwischen auf CDM-Projekte beschränkt, welche aus »Least Development Countries« (LDCs) stammen.[27] Honduras zählt wie alle anderen Länder Lateinamerikas mit Ausnahme Haitis nicht zur Kategorie der »LDCs« und hat damit keine Möglichkeit mehr, für neue CDM-Projekte über EU-ETS Investoren zu finden (Honty 2013; Carbon Finance 2013: 10, 20ff). Trotz der künstlichen Angebotsverknappung zur Rettung dieses nicht funktionierenden Markts besteht weiterhin ein Übergebot an CDM-Zertifikaten bzw. zu wenig Nachfrage (ebd.). Wenn auch das Versagen der marktförmigen Instrumente offenkundig ist, werden sie unbeirrt weiter verfolgt und ausgebaut.

Die neue Ware CO_2

Damit Handel mit Emissionen betrieben werden kann, mussten die Treibhausgase erst in eine Ware verwandelt werden. Die bis dahin als Gemeingut existierende Atmosphäre wurde sozusagen inwertgesetzt und privatisiert (Lohmann 2009: 729). Für den Emissionshandel einigte man sich der Einfachheit halber darauf, die Ware rund um CO_2-Moleküle zu konstruieren. So kann – zumindest scheinbar – eine CO_2-Menge mit

---

26 http://cdm.unfccc.int/Projects/DB/TUEV-SUED1260202521.42/view [16. 10. 2014]
27 http://unctad.org/en/pages/aldc/Least%20Developed%20Countries/UN-list-of-Least-Developed-Countries.aspx [20. 9. 2014]

einer anderen CO_2-Menge oder einer Methanmenge gleichgesetzt und gehandelt werden. CO_2, welches aus einer mit fossilen Brennstoffen befeuerten McDonald's-Fabrik in den USA ausgestoßen wird, wird plötzlich äquivalent mit dem CO_2, das eine indigene Frau in Honduras zum Kochen der lebensnotwendigen Mais-Tortillas verbraucht und mit dem CO_2, das im indonesischen Regenwald gespeichert wird. Auch die Senkenfunktion, also die »Ökosystemdienstleistung« der Speicherfähigkeit von CO_2, wird inwertgesetzt (ebd.: 726). Ein CO_2-schluckender Wald kann mit einem anderen nun verglichen und möglicherweise ausgetauscht werden, was besonders für REDD+ von Relevanz ist.

Diese globale Berechnung und der technokratische chemische Diskurs klammern die wichtige Frage danach aus, wie die Emissionen zustande kommen, ob sie z. B. lebensnotwendig sind oder ob sie einer imperialen Lebensweise entspringen. Sie lenken ab von den historischen, sozialen und wirtschaftlichen Ursachen und Verursachern des Klimawandels, ignorieren die sozial-räumlichen Gegebenheiten sowie den gravierenden Unterschied zwischen dem fossilen oder biotischen Ursprung der Treibhausgase (FERN 2014; WRM 2012; Lohmann 2012: 25ff). Auch verschleiern sie, wie die Emissionen reduziert werden (Lohmann 2009: 727): Ob es sich z. B. um den Umbau auf öffentliche Verkehrsmittel und energiearme Landwirtschaft handelt oder eher fossile Infrastrukturen erhalten bleiben, ob Plantagen angebaut werden, die kleinbäuerliche nachhaltige Strukturen zerstören oder Staudämme unter Verletzung von Menschenrechten für die Emissionsreduktionen verantwortlich sind, wird unsichtbar. Verborgen bleibt hinter den Berechnungen auch, *wer* bewertet und definiert, was *wertvoll* ist und was nicht (Lohmann 2009: 729). Viele Studien haben bewiesen, dass die scheinbar objektiven wissenschaftlichen Fundamente dieser Berechnungen in keinster Weise »wahr« oder eindeutig zu bestimmen sind (vgl. FERN 2014). Doch erst durch diese Kalkulationen kann die »Reparatur« der schon getätigten Klimaschäden an einem anderen Ort stattfinden, als dem Ort des Schadens – so die Logik des Emissionshandels und der Offsets. Dadurch könne größtmögliche Effizienz beim Klimaschutz erreicht werden, heißt es. CO_2-Mengen werden dort reduziert, wo sie am günstigsten sind oder Wald dort geschützt, wo dies am wenigsten kostet. Meist also in Ländern des Globalen Südens.

REDD+

Bei REDD oder REDD+[28] handelt es sich um ein Programm zur »Reduzierung von Treibhausgasen aus Entwaldung und zerstörerischer Waldnutzung«. Im Jahr 2007 hatte das IPCC (2007: 36) berechnet, dass Waldabholzung für über 17 % der weltweiten Treibhausgasemissionen verantwortlich sei. Besonders tropische Wälder gelten als wichtige Senken bzw. Kohlenstoffspeicher (Tienhaara 2012: 551). Es hieß, in Lateinamerika würden Landnutzungsänderungen (meist Abholzung für industrielle, oft exportorientierte Landwirtschaft) gar drei Viertel der dort entstehenden Treibhausgasemissionen ausmachen (vgl. Gudynas 2009: 38). Wenige Jahre später wurde jedoch klar, dass der Anteil mit rund 10% viel geringer ist und neuere Studien zeigen, dass die Entwaldungsrate in vielen Ländern Lateinamerikas sogar stark zurückgegangen ist (Lang 2012; Hecht 2014). In den Klimaverhandlungen wurde jedenfalls immer mehr zum Ziel, auch Waldschutzprojekte in den Emissionshandel mit aufzunehmen, insbesondere, da das Speichern von CO_2 in Wäldern deutlich billiger ist, als Emissionen bei energieintensiven Industrien zu verringern (Tienhaara 2012: 551; Seiwald/Zeller 2011: 422f). REDD+ gilt als innovativer, wirtschaftlich rentabler Finanzierungsmechanismus für Waldschutz. Diejenigen, die den Wald schützen oder davon absehen, ihn abzuholzen, würden endlich dafür finanziell entschädigt, so das Argument. Indigenen Völkern und im Wald lebenden Gemeinschaften würde so geholfen (UNFCCC 2011: 24). Die hierfür nötigen Gelder sollen hauptsächlich über den Emissionshandel generiert werden, indem die Waldbesitzer*innen oder Staaten gemäß Berechnungen, wie viel CO_2 durch vermiedene Waldabholzung gebunden wird, Emissionsgutschriften anbieten können. Diese können andere Staaten, Unternehmen, Banken oder Einzelpersonen kaufen und damit ihre Treibhausgasausstöße »ausgleichen« bzw. »offsetten«.

Bevor es soweit ist, dass der von Einzelpersonen, Gemeinden oder Staaten getätigter Waldschutz in Ländern des Globalen Südens wirklich bezahlt wird, müssen wichtige Fragen geklärt werden: Wem genau gehört der relevante Wald? Wie viel CO_2-Aufnahmekapazität besitzt die Fläche

---

28 Das Plus hinter REDD steht dafür, dass neben Abholzung und Walddegradierung auch der Schutz, nachhaltiges Management und die Anreicherung der Wald-Kohlenstoffspeicher einbezogen werden (UN-REDD 2013: 4). Kritiker*innen zeigen auf, dass dies »Schlupflöcher für kommerziellen Holzeinschlag und Wiederaufforstung mit Plantagen« ermöglichen könnte (Fatheuer 2013: 291).

bzw. wie viel CO_2 wird dadurch gebunden, dass der entsprechende Wald nicht zerstört wird? Die Umsetzung von REDD+ ist somit langwierig, kostspielig und oft höchst umstritten, denn Besitzrechte müssen definiert, Wälder kartiert, Basislinien zum Beweis der Zusätzlichkeit eines Projekts errechnet und neue Institutionen geschaffen werden. Doch wer stellt diese Kalkulationen an, was wird mit einbezogen, was exkludiert? Bei REDD+ wird besonders deutlich, dass quantitative Berechnungen über die CO_2-Speicherfunktion oder »Senkenleistung« objektiv nicht möglich sind und die Messbarkeit auf vielerlei Komplikationen stößt. Ein Grundproblem ist, dass die Speicherung und CO_2-Freisetzung bei Wäldern zeitlich verschoben sind. Um eine Tonne CO_2, die eine Kohlefabrik in die Luft bläst, mit REDD+ ausgleichen zu können, müsste also garantiert werden, dass die Offset-Waldfläche so lange stehen bleibt, bis eine Tonne CO_2 aus der Atmosphäre darin gespeichert wurde. Das bedeutet eine schier unmögliche Rechnung, eine nicht umsetzbar lange Verpflichtungsperiode, riesigen bürokratischen und finanziellen Aufwand sowie das Problem, nie zu wissen, was ohne REDD+ mit dem Wald geschehen und ob er nicht ohnehin geschützt worden wäre. Denn die Berechnungen finden nicht in einem interessensfreien Raum statt. Je höher die Summe der CO_2-Aufnahme und anderer Ökosystemdienstleistungen – meist von Privatfirmen – geschätzt wird, desto wertvoller gilt der Wald. Je dunkler die Zukunft für diese Fläche aussieht, je wahrscheinlicher sie von Abholzung bedroht ist, desto mehr kann als Kompensation für die ausbleibende Zerstörung verlangt werden. Nicht unbedingt indigene Völker wären also die Gewinner*innen, deren Territorien meist ohnehin schon geschützt wurden und die häufig keine offiziellen Landrechte besitzen, sondern womöglich ausgerechnet Agrarkonzerne, die für die unterlassene Abholzung weiterer Wälder Zahlungen erhalten (Kill 2014 a: 12; Solón 2012; Friends of the Earth France 2013; INT 11; Lovera 2009: 52; Lang 2013).

Die großen Fördergeber von REDD+ sind die Weltbank, über ihre »Forest Carbon Partnership Facility« (FCPF) und das »Forest Investment Program« (FIP) sowie das Umweltprogramm UNEP mit UN-REDD. Diese Programme finanzieren und beraten Länder des Globalen Südens in der Vorbereitung nationaler REDD+-Strategien und bei der Durchführung von Pilotprojekten (Corson/MacDonald 2012: 274). FIP finanziert acht Länder[29], bei FCPF sind 47 Länder angemeldet (darunter Honduras)[30] und

---

29   https://www.climateinvestmentfunds.org/cif/Forest_Investment_Program [16. 10. 2014]
30   http://www.forestcarbonpartnership.org/redd-countries-1 [16. 10. 2014]

UN-REDD unterstützt 56 Länder (darunter ebenfalls Honduras).[31] Wie der ehemalige Leiter von FCPF Benoit Bosquet verkündete, besteht das Ziel von REDD(+) darin »to jump-start a forest carbon market that tips the economic balance in favor of conserving forests« (World Bank 2007). Um die Nachfrage für solch einen Markt zu schaffen, müsste REDD+ in ein bindendes Emissionsabkommen eingegliedert werden. Beim Kyoto-Protokoll zählte REDD+ jedoch noch nicht zu den Offsets (CDM) und das europäische EU-ETS erlaubt weiterhin keinerlei Waldaktivitäten (Fatheuer 2013: 290). Der Handel mit REDD(+)-Zertifikaten findet darum bisher vorwiegend über den freiwilligen Markt statt. 2011 machten dort die Waldkohlenstoff-Transaktionen immerhin 237 Millionen US-Dollar aus (UN-REDD 2013: 5). Käufer*innen sind vorwiegend große Konzerne aus oft energieintensiven Sektoren, denen die Zertifikate für ihre »Corporate Social Responsibility«-Ziele und Marketing-Zwecke (z. B. zum Verkauf von »CO_2-neutralen« Produkten) oder zum profitablen Weiterverkauf am Finanzmarkt dienen. An zweiter Stelle kommen NGOs als Käufer*innen, gefolgt von Individuen, die ihren ökologischen Fußabdruck verringern wollen und beispielsweise für »klimaneutrale« Flüge Ausgleichszahlungen tätigen. Die Projekte des freiwilligen Markts können, müssen aber nicht über Programme wie den »Verified Carbon Standard« VCS[32] zertifiziert werden (vgl. Tienhaara 2012: 554). Wenn auch REDD(+) am freiwilligen Markt unter den verschiedenen Emissionsgutschriften den größten Erfolg hatte, sind die Preise dennoch sehr niedrig, der Markt ist relativ klein und unpraktisch. Der teure Ausbau von REDD+ finanziert sich deshalb bisher hauptsächlich durch öffentliche Entwicklungsgelder – und ist lange nicht ausreichend. Obwohl eigentlich deutlich ist, dass REDD+ an gravierenden Problemen gescheitert ist, wird es weiterhin vorangetrieben (WRM 2014). So schreibt das UNO-Umweltprogramm UNEP (2014): »Increasing public and private investments in REDD+ would create productive, profitable, and sustainable landscapes that sequester and store more carbon and will enable enhanced delivery of environmental services – the heart of a Green Economy.«

Wie bei diesem Zitat deutlich wird, sind neben der Senkenleistung der Wälder immer mehr auch andere Ökosystemdienstleistungen von Interesse. So steht REDD+ mit den derzeitigen Entwicklungen rund um »Zahlungen für Ökosystemdienstleistungen« (PES), Biodiversitäts-Offsetting und

---

31   http://www.un-redd.org/Partner_Countries/tabid/102663/Default.aspx [16. 10. 2014]
32   http://www.v-c-s.org [16. 10. 2014]

Naturkapital-Berechnungen in enger Verbindung. Auch für Emissionen, die bei landwirtschaftlicher Nutzung entstehen, werden derzeit neue Instrumente entwickelt, insbesondere »Landscape REDD« und »Climate Smart Agriculture«. Diese treiben in einer Art neuen »grünen« Revolution eine industrielle Landwirtschaft und die Bindung von Kleinbäuerinnen und -bauern an den Markt voran, eine höchst besorgniserregende Entwicklung (Nyambura 2014; Kill 2014 c; INT 8).

3.2.3 Der Markt für Biodiversität und »Ökosystemdienstleistungen«

Der Emissionshandel hat der Inwertsetzung und Finanzialisierung von Natur großen Vorschub geleistet und ist Vorzeigebeispiel für den breit angelegten Ausbau neuer Handelssysteme. Die neue Ware wird vor allem rund um »Ökosystemdienstleistungen«[33] konstruiert. Dieser Begriff entstand Ende der 1960er-Jahre und ermöglichte gewissermaßen, Natur zerteilbar, beschreibbar und quantifizierbar zu machen. In der Biodiversitäts-Konvention 1992 aufgegriffen, erlangte er in der groß angelegten UN-Studie »Millenium Ecosystem Assessment« von 2005 endgültig seinen Durchbruch. Die 2007 veröffentlichte und sehr einflussreiche TEEB-Studie (The Economics of Ecosystems and Biodiversity), die u. a. von UNEP und der EU in Auftrag gegeben worden war, versuchte ausdrücklich, auch monetäre Bewertungen für Ökosystemdienstleistungen vorzunehmen (Fatheuer 2013: 25f; Kill 2014: 10). Pavan Sukhdev, ehemaliger Manager der Deutschen Bank und Koordinator der TEEB-Studie, erklärte das dahinterliegende Ziel:

> »Derzeit bezahlt niemand für die Leistungen, die uns Ökosysteme bieten. Deshalb erhalten die Menschen, die diese Systeme erhalten sollen, auch kein Geld dafür. Es fehlt also ein wirtschaftlicher Anreiz, das Richtige zu tun. Deshalb müssen wir erst einmal einen Markt schaffen.« (zitiert in Jutzi 2008)

Dass es auch andere Gründe geben könnte, den natürlichen Lebensraum zu erhalten, spielt dabei keine Rolle. Den Wert der Ökosysteme setzt man gewissermaßen mit dem Geldwert gleich. Doch wie kann Natur in all ihrer Vielfalt, Komplexität, lokalen Spezifität und sozialen Eingebundenheit in Ökosystem-Einheiten abgepackt werden? Dafür müssen vielerlei Vereinfachungen vorgenommen werden. Letztendlich kann nur das – zumindest scheinbar – Berechenbare berechnet werden: »Um die

---
33 manchmal auch Umweltdienstleistungen oder Ökosystemleistungen genannt

Natur ökonomisch erfassen zu können, brauche ich eine ökonomisch erfassbare Natur« (Fatheuer 2013: 63). Damit werden die Betrachtungsweise und unser Verhältnis zur Natur radikal verändert. Sichtbar und wertvoll wird, was berechenbar ist. Unsichtbar, was nicht berechenbar oder was für Mensch und Kapital ökonomisch irrelevant ist. Dies hat ganz konkrete Auswirkungen: Werden beispielsweise Kartierungen der Ökosystemdienstleistungen oder des »Naturkapitals« eines Landes vorgenommen, so kann vielleicht die Leistung »Stromgenerierung« eines Flusses bestimmt werden, unsichtbar bleibt jedoch dessen historische, kulturelle oder spirituelle Bedeutung für die lokalen Gemeinden. Die Kosten-Nutzen-Analyse kommt zu dem Schluss: Der Fluss dient zum Bau eines Wasserkraftwerks.

Verschiedene Programme versuchen derzeit, umfassende Berechnungen über die existierende Natur und deren Funktionen anzustellen. Zur Rio+20-Konferenz 2012 veröffentlichten über dreißig Privatbanken eine »Naturkapitalerklärung« (Natural Capital Declaration), die auch von zahlreichen Konzernen (darunter Nestlé, Coca Cola und Wal-Mart) und Regierungen sowie der Weltbank, UNEP und einigen großen Umweltschutzorganisationen unterzeichnet wurde. Das erklärte Ziel besteht darin, neue Methoden der Einbeziehung von »Naturkapital« in die Rechnungsführung von Unternehmen und dem Finanzsektor voranzutreiben.[34] Eine andere Initiative ist die von der Weltbank gegründete WAVES-Partnership (*Wealth Accounting and the Valuation of Ecosystem Services*). Über sie wurden in mehreren Ländern des Globalen Südens die Pilotprojekte durchgeführt, um »Best-Practice«-Beispiele für Naturkapitalberechnungen zu generieren. So berechnete man z. B., dass das Naturkapital Guatemalas (ungefähr) 105 Milliarden Euro oder 12.338 Euro pro Kopf, wert sei.[35]

Dass auch manche große Naturschutzorganisationen die *Naturkapital-Berechnungen* unterstützen, liegt unter anderem daran, dass sie endlich eine lange Forderung berücksichtigt sehen: die Entwicklung von Alternativen zum Bruttosozialprodukt und die Berücksichtigung der Natur in der Wirtschaft. Eine Kritik an der Beschränktheit dieser

---

34   www.naturalcapitaldeclaration.org/wp-content/uploads/2012/04/NaturalCapitalDeclaration.pdf
www.wavespartnership.org/sites/waves/files/documents/NCA-supporters-010814.pdf [15. 10. 2014]

35   http://www.wavespartnership.org/en/guatemala-joins-waves-advance-natures-role-economic-growth [15. 10. 2014]

wichtigen makroökonomischen Kennzahlen ist fraglos berechtigt. Auch ist es notwendig, Unternehmen für ihre Umweltverschmutzung zur Rechenschaft zu ziehen. Dennoch ist der Naturkapital-Ansatz höchst fragwürdig und gefährlich. So wird suggeriert, das Grundübel läge in der unzureichenden Erfassung von Natur(zerstörung) bei der Rechnungsführung, an mangelnder Information und falschen Preissignalen (Fatheuer 2013: 54ff, 62). Tatsächlich existieren die allermeisten notwendigen Informationen darüber, was umweltschädlich ist, jedoch schon längst. Dass dennoch daraus keine Handlungen folgen, liegt vielmehr daran, dass sie im derzeitigen Kräftegefüge schwer durchsetzbar sind, da sie Wirtschaftsinteressen entgegenstehen. Die Vermutung liegt nahe, dass Konzerne und Banken vor allem deshalb so sehr an der monetären Berechnung der Natur interessiert sind, weil die Vermarktung und der Handel mit Natur erst durch die Schaffung von Geldwerten und Waren möglich werden (Kill 2014 b: 39ff). Ist Natur erstmal »errechnet«, hat sie einen Geldwert und ist dieser noch dazu in staatlichen und privatwirtschaftlichen Rechnungsplänen sichtbar, so fehlt nur noch ein kleiner Schritt, um sie auch zu Geld zu machen.

> »The resulting economic figures [...] are not ivory-tower abstractions. They will be used in the context of the currently predominant power politics that favours privatization and economic growth at great ecological, social and economic cost. Directly or indirectly, translating ordinary descriptions of the activities and cycles associated with wetlands, forests and deserts into economic terms help pave the way for pricing and markets.« (Kill 2014 b: 43)

Besonders in Zeiten rasch aufeinander folgender Wirtschafts- und Finanzkrisen ist es nicht unwahrscheinlich, dass zur Überwindung von Haushaltskrisen das »Naturkapital«, welches in Zukunft als Geldgröße im Rechnungswesen aufscheinen soll, viel leichter privatisiert werden kann. Besondere Relevanz hat dies für Länder des Globalen Südens. Berechnungen wie die von WAVES würde die Existenz »armer« Länder zumindest scheinbar abschaffen. Sie könnten in Zukunft suggerieren, dass z. B. das BIP von Honduras höher als das von Frankreich ist, da Frankreich weniger Naturkapital besitzt. Dies könnte gravierende Auswirkungen auf Schuldenausgleiche oder Zahlungen in der Entwicklungszusammenarbeit haben. Schon jetzt ist der Trend ersichtlich, dass Entwicklungsgelder immer mehr über Marktmechanismen fließen sollen, bei denen die Finanzhilfe an Leistungen gekoppelt ist und die Geberländer noch direkter profitieren können (vgl. Fatheuer 2013: 43; Arkonada/Santillana 2011: 42). Zur Finanzierung der REDD+-Vorbereitung werden letztendlich »[ö]ffentliche Gelder genutzt, um Akteure dazu zu qualifizieren, marktfähige Produkte anzubieten« (Fatheuer 2013: 297).

Auch in der EU werden Naturkapital-Berechnungen vorangetrieben: Die Initiative »Mapping and Assessment of Ecosystems and their Services« (MAES) verpflichtet die EU-Staaten, die Ökosysteme und ihre Leistungen zu kartieren, um diese Naturwerte schließlich in ihre Rechnungsführung zu integrieren.[36] Die Europäische Umweltagentur leitet ein Pilotprojekt zum »Natural Capital Accounting« in mehreren EU-Ländern und die UN-Statistikeinheit (UNSD) erarbeitet experimentelle Standards für »Ecosystem Capital Accounting« (European Commission 2013: 11). Seit 2014 existiert auch eine »Natural Capital Finance Facility« (NCFF), die bei der Europäischen Investitionsbank EIB angesiedelt ist und Gelder des LIFE Fonds, dem wichtigsten EU-Finanzinstrument für Umweltschutz, in neue »innovative« Finanzierungsmechanismen für Umweltschutz lenken soll, insbesondere in »Biodiversitäts-Offsets«.[37] Diese sollen in der ganzen EU eingeführt werden, was auch über die sogenannte »No Net Loss Initiative« versucht wird.[38]

Mit *Biodiversitäts-Offsets* sind Ausgleichs- oder Kompensationsmechanismen gemeint, die ähnlich wie CDM im Emissionshandel funktionieren – nur eben nicht mit Treibhausgasen, sondern mit Wäldern, Flüssen, Pflanzen und Tieren. Damit soll erreicht werden, dass es in der EU »keinen Netto-Verlust« von Biodiversität gibt. Verlust an einer Stelle soll mit einer Zunahme an anderer Stelle kompensiert werden. Kritische wissenschaftliche und zivilgesellschaftliche Stimmen verdeutlichen jedoch, dass zerstörte Biodiversität nicht einfach ausgeglichen oder in »äquivalenter« Form wieder hergestellt werden kann. Offsets stellen letztendlich eine »Lizenz zur Naturzerstörung« dar: Fortschreitender Flächenverbrauch wird nicht in Frage gestellt, sondern der Bau neuer Infrastruktur durch die Offsets eher noch erleichtert. Für Gemeinden erschwert sich der Widerstand gegen die Zerstörung ihrer natürlichen Umgebung, wenn es heißt, die Natur würde ohnehin (woanders) wieder hergestellt. Zusätzlich treten ähnliche Probleme wie bei CDM und REDD+ auf: Es ist kaum nachweisbar, ob die Offset-Flächen zusätzlich sind. Da es außerdem aus mehreren Gründen

---

36 http://biodiversity.europa.eu/maes [15. 10. 2014]
37 http://ec.europa.eu/environment/life/ sowie
    http://ec.europa.eu/environment/biodiversity/business/assets/pdf/ncff.pdf [15. 10. 2014]
38 http://ec.europa.eu/environment/nature/biodiversity/nnl/index_en.htm [15. 10. 2014]

fast unmöglich ist, eine »äquivalente« oder auch nur ähnliche Biodiversität wie auf der zerstörten Fläche tatsächlich zu erreichen, führen Offsets letztendlich zum »Netto-Verlust«. Besonders kritisch ist die Entstehung von Handelsplattformen wie »Species Banks« oder »Habitat Banks« zu sehen, über die solche Offsets ver- und gekauft werden können und die zur verstärkten Intransparenz und zu Spekulation mit Biodiversität führen (Kill 2014 a: 11ff; b: 11, 20ff; Fatheuer 2013: 54ff; Heuwieser 2014 b; Fischer-Hüftle 2011; Curran/Ilweg 2014).[39]

Wie dies aussehen kann, veranschaulicht die »Grüne Börse von Rio de Janeiro« (BVRio): Das 2012 überarbeitete brasilianische Waldgesetz sieht vor, dass diejenigen Landbesitzer*innen, die mehr Wald zerstören als gesetzlich vorgeschrieben, sich nun mit »Waldrestaurations-Zertifikaten« freikaufen dürfen. Während sie früher Strafen befürchten mussten, haben diejenigen, die es sich leisten können, nun die Möglichkeit, mit der Waldzerstörung fortzufahren. Das Zertifikat, das über die Börse gehandelt wird, stellt das Versprechen dar, dass ein*e andere*r Waldbesitzer*in Wald schützt. Möglicherweise an einem Ort, wo die Abholzung ohnehin aufgrund fehlender Infrastruktur nicht rentabel wäre (Kill 2014 a: 25f).

Biodiversitäts-Offsets sind eine Form von »*Payments for Ecosystem Services*« *(PES)*, also einem System von (Ausgleichs-)Zahlungen für Ökosystemdienstleistungen. Dabei sollen die »Besitzer*innen« von Natur, welche die Bereitstellung der Ökosystemdienstleistungen gewährleisten, von den Nutzer*innen dieser Leistungen oder dem Staat bezahlt werden. Gibt es keine eindeutigen Besitzer*innen, so müssen diese definiert werden. Dies führt häufig zur Privatisierung der Natur (Ribeiro 2011: 23; Kill 2013 b: 5).

In Honduras existieren PES schon seit über zehn Jahren (GTZ 2007: 39), bisher hat sich das System jedoch noch nicht durchsetzen können. Nach dem Putsch legte die Lobo-Regierung im Nationalen Leitbild 2010–2038 und einer neuen Klimastrategie den Ausbau von PES und Kompensationsmechanismen wie Biodiversitäts-Offsets fest, was nun insbesondere im Rahmen der REDD+-Strategie stattfindet (Gobierno de Honduras 2010: 100; Comisión de Dicta-

---

39 http://www.fern.org/publications/thousands-urge-european-commission-ditch-biodiversity-offsetting;
http://www.ftwatch.at/finanzialisierung-der-natur/biodiversitaets-offsetting/ [19. 10. 2014]

men 2012: 12; USAID 2010: 77). REDD+ zählt auch selbst als PES-System, da die Umweltdienstleistung »CO_2-Speicherung« bezahlt werden soll. Über die breite Einführung von REDD+ wird versucht, ein globales PES-System zu etablieren (Fatheuer 2013: 295). Während die bisher existierenden Formen von PES-Systemen meist noch staatlich reguliert sind oder teilweise wie Subventionssysteme funktionieren, für welche eine Monetarisierung der Natur nicht unbedingt notwendig ist, sollen immer mehr marktbasierte PES-Systeme eingeführt werden. Dies führt letzten Endes dazu, dass Naturschutzgesetzgebungen immer mehr in handelbare Instrumente, und somit *Verbote in Preise*, umgewandelt werden (Kill 2014 a, b). Selbst dann, wenn PES nicht marktbasiert ist, wird damit eine neue Natur-Management-Logik verbreitet. Gemeinden, welche stets aus vielfältigen Gründen ihre natürliche Umgebung geschützt haben, könnten sich zu der Überlegung veranlasst sehen: »Warum soll ich schützen, wenn mich niemand dafür bezahlt?« (Kill 2013 b: 5). PES, REDD+, Biodiversitäts-Offsets und Naturkapital-Berechnungen bergen die Gefahr, durch die Inwertsetzung das Naturverhältnis der Menschen stark zu verändern. Dies beschreiben auch Fairhead und Leach *et al.* (2012: 253) im Zusammenhang mit Green Grabbing:

> »Through such market simplifiactions creating marketized products and services, the more systematic, integrated, holistic dynamics of ecosystems – and the social-ecological relationships through which people live with and shape these – are too often denied.«

Bei PES spielt auch Wasser eine wichtige Rolle. Die Kontrolle über Gewässer, wie sie über Staudämme generiert werden kann, hat somit eine weitere Dimension: So wäre es vorstellbar, dass die Besitzer*innen von Staudämmen in Zukunft neben dem profitablen Stromverkauf und dem Verkauf von Emissionszertifikaten auch durch PES von der Konzession über das Wasser und den umliegenden Wald profitieren. Die weltweit zunehmende Verknappung von Wasser durch dessen Verschmutzung und steigenden Verbrauch – unter anderem für Energieproduktion (IEA 2012) – führt dazu, dass der Druck auf Wasser steigt und dieses immer mehr ins Interesse privater Konzerne und der Finanzmärkte rückt (Zeller 2010: 111ff; Tricarico/Löschmann 2012).

3.3 Zwischenfazit: Die Finanzialisierung der Natur

Der in diesem Kapitel vorgenommene Überblick zur aktuellen Situation der multiplen Krise und der Bearbeitungsstrategie der Green Economy mit ihren verschiedenen Facetten, von »grüner« Energie bis hin zum Handel mit Emissionen und Biodiversität, hat gezeigt, dass Green Grabbing eng mit der sogenannten »Finanzialisierung der Natur« zusammenhängt. Finanzialisierung ist ein längerer Prozess, der keineswegs immer geradlinig verläuft und auf viele Herausforderungen und Konflikte stößt. Damit es zur Einbindung in den Finanzmarkt kommen kann, muss die Natur inwertgesetzt werden. Finanzialisierung kann als nächster Schritt auf die Inwertsetzung folgen, aber auch den Inwertsetzungsprozess erleichtern oder erst in Gang setzen: Die steigende Anzahl an Finanzinvestoren, die Profit in Anlagefeldern der Natur suchen, ist eine der derzeitigen Hauptursachen für deren Inwertsetzung. Wie sichtbar wurde, umschließt der Prozess die Definition des inwertzusetzenden Gegenstands (des CO_2 oder der Ökosystemdienstleistung), deren Simplifizierung, Messung, Äquivalenz-Schaffung und künstliche Verknappung (z. B. durch das »Cap« beim Emissionshandel), die Definition von Besitzrechten und somit häufig die Privatisierung des Gegenstandes sowie das Festlegen eines monetären Geldwerts und die Schaffung eines Marktes. Erst daraufhin kann der Naturgegenstand finanzialisiert, also auch am Finanzmarkt verwertet werden.

Der gesamte Prozess der Finanzialisierung involviert auf der einen Seite die *symbolische* Aneignung der Natur: Gesellschaftliche Naturverhältnisse werden verändert hin zu einer »grünen« Management-Logik, in der Natur in »Ökosystemdienstleistungen« zerstückelt und ihr Wert in Geld bemessen wird. Natur, die oft als Commons lebensnotwendige und vielfältige Bedeutungen für die betreffenden Gemeinden hat, wird zu Waren und Aktiva des Finanzmarkts umgebaut, die Commons werden also eingehegt (Tricarico/Löschmann 2012). Auf der anderen Seite hat dies auch die *materielle* Aneignung der Natur zur Folge. Sie kann zur Privatisierung der Commons, zu veränderten Arbeits- und Besitzverhältnissen und zur Verdrängung der lokalen Bevölkerung führen. Wenn das Umwelt- und Klima-Management immer mehr in die Hände der Finanzmärkte und Konzerne gelegt wird – also denjenigen, die kaum Interesse an Klimaschutz haben, sondern auf hohe Renditen und somit auf verstärkte Ressourcenausbeutung aus sind – so hat dies selbstverständlich gravierende Auswirkungen, deren Dimensionen in nächster Zeit wohl noch deutlicher wahrnehmbar sein werden.

Diese symbolische und materielle Veränderung der gesellschaftlichen Naturverhältnisse, die mit der Finanzialisierung der Natur und der Green Economy zusammenhängt, umschreibt also Green Grabbing. Dadurch, dass die Natur zur Ware gemacht wird, werden Teilaspekte der multiplen Krise bearbeitbar. Zumindest die sich in der Krise befindende Wirtschaft und der Finanzmarkt können durch das »grüne« Wachstum und die Inwertsetzung neuer Räume angekurbelt werden. Dafür verschärft die Green Economy teilweise die klimatischen, ökologischen und sozialen Schäden. Anstatt die Ursachen der Vielfachkrise zu bekämpfen, lagert sie die Krisentendenzen nur zeitlich und räumlich aus und wird zu einer weiteren Krisenursache (Bader/Becker 2011: 18). Die bestehenden Machtverhältnisse im Markt und im Staat und die tief verankerte imperiale Lebensweise werden nicht angetastet, Fragen von Emanzipation und Demokratie übergangen (vgl. Brand 2013).

4. Land Grabbing in Honduras – ein Überblick

Die umfassendsten Informationen darüber, welche Formen der Landaneignung in Honduras zur Zeit zu den meisten Konflikten führen, können die indigenen und bäuerlichen Organisationen selbst geben. Zudem sind diese in Honduras eng untereinander und mit Umwelt- und Menschenrechtsorganisationen vernetzt. In einer Stellungnahme des seit etwa 2011 bestehenden »Menschenrechtsobservatoriums für Indigene und Schwarze Völker von Honduras« ODHPINH, in dem auch COPINH vertreten ist, wird ersichtlich, was derzeit die schwerwiegendsten territorialen Bedrohungen für indigene Völker darstellt. Darin heißt es, dass

> »der Staat einen Plan zum Verschwinden unserer indigenen und schwarzen Völker veranlasst und fördert, indem Gesetze ohne unsere Zustimmung verabschiedet werden, wie das *Bergbau*gesetz, das *Mineralöl*gesetz, das *Wasser-Gesetz*, das Gesetz zu den *Modellstädten* oder *ZEDEs* [Arbeits- und wirtschaftliche Entwicklungszonen], zu *Staudämmen* und *REDD+*. Teil dieses Plans, unsere Völker verschwinden zu lassen, ist die allmähliche Vertreibung aus unseren Territorien durch das Eindringen Dritter, welche unsere angestammten Besitztümer missachten.« (ODHPINH 2013, *Hervorhebung der Verf.*)

Ausgehend davon und ergänzt durch weitere Stellungnahmen, Artikel und die kargen Fallstudien (Plataforma Agraria 2012; Oxfam 2013; Dan Church Aid 2011) und wissenschaftlichen Arbeiten zum Thema (Kerssen 2013; Vacanti Brondo 2013), ist es möglich, folgende derzeit dominante Formen der privaten Landaneignung in Honduras auszumachen: Erstens traditionelle extraktivistische Tätigkeiten, insbesondere Bergbau und Erdölförderung; zweitens Modellstädte, inzwischen unter dem Namen ZEDEs, drittens der geplante finanzialisierte Abverkauf der Natur durch das »Hypotheken-Gesetz« und viertens Green Grabbing, darunter exklusive Naturschutzparks, Agrartreibstoffproduktion, Wasserkraftwerke, Mega-Windparks, CDM-Projekte und »REDD+. Zu den großflächigen Landaneignungen zählen auch Mega-Infrastrukturprojekte, insbesondere angestoßen durch den Plan Puebla Panamá, wie die Atlantik-Pazifik-Autobahn mit dem Namen »Trockener Kanal« zwischen Amapala und Puerto Cortés (CEPAL 2009; La Noticia 2014), die geplante Atlantik-Pazifik-Zugstrecke zwischen Amapala und Trujillo, die gemeinsam mit China geplant wird (Williams 2013; El Nuevo Diario 2013) und große Tourismuskomplexe und Luxusvillen an den Küsten (Vacanti Brondo 2013; Honduras-Delegation 2010). Auch die Produktion von genmanipuliertem Mais und die großflächige Abholzung werden als territoriale Bedrohungen erkannt, ebenso wie der Ausbau US-amerikanischer Militärstützpunkte und die generelle Militarisierung des Landes (ODHPINH 2013). Eric Holt-Giménez (2013) führt das hohe Ausmaß an Land Grabbing in Honduras auch auf den Drogenkrieg und die dadurch legitimierte Militarisierung des Landes zurück. Die folgende kurze Übersicht behandelt die traditionell extraktivistischen und »grünen« Landaneignungen sowie die zwei für Honduras im weltweiten Vergleich bisher einzigartigen Formen der Landaneignung durch ZEDEs und das Hypotheken-Gesetz.

4.1 Traditioneller Extraktivismus

Nach dem Putsch sorgten ein höchst umstrittenes Bergbaugesetz und Verträge zur Erdölförderung für einen neuen Extraktivismus-Boom. Honduras ist nicht das einzige Land Lateinamerikas, in dem sich ein Anstieg extraktivistischer Tätigkeiten abzeichnet. Dies, obwohl gleichermaßen dependenztheoretische, neoklassische und gar neoliberale Wirtschaftstheorien schon lange erkannt haben, dass Ressourcenextraktion selten zur erwarteten »Entwicklung« von Ländern des Globalen Südens, sondern meist zu verstärkter Abhängigkeit führt, bezeichnet als sogenannter »Ressourcenfluch«. Die Problematik fortschreitender Ressourcenausbeutung wurde mit der Klima-, Umwelt- und Energiekrise noch deutlicher. Trotzdem ist der Glaube an Entwicklung durch Extraktivismus in vielen Staaten und Institutionen, wie auch der Weltbank, inzwischen wieder »in Mode« (vgl. Veltmeyer 2013: 81). Dies hängt damit zusammen, dass sich Länder und Konzerne den Zugang auf die knappen Resourcen noch sichern wollen, bevor diese zur Neige gehen. Statt eines verantwortungsvolleren Umgangs mit den natürlichen Grundlagen beschleunigt sich der Ressourcenabbau durch den globalen Wettbewerb (INT 42).

Auch in Honduras hofft man auf lohnenswerte Profite durch Ressourcenextraktion. Die honduranische »Bevölkerung kann nicht weiterhin auf dem Reichtum sitzen und in Armut leben«, verkündete Porfirio Lobo auf einem Treffen mit kanadischen Bergbauunternehmen (La Tribuna 2011). Dies, obwohl die langfristigen negativen sozialen und ökologischen Konsequenzen die ohnehin fraglichen Wirtschaftsvorteile bei Weitem übertreffen. Bei einem Anteil des Bergbaus am Export von rund 8 % im vergangenen Jahrzehnt generierte der Sektor Arbeitsplätze für kaum 0,2 % der Erwerbsbevölkerung und trug nur rund 1,25 % zum BIP bei. Der Steuersatz der Bergbaufirmen lag bei geschätzten 10 % der Gewinne – was im Vergleich zu beispielsweise 36 % in Chile oder 58 % in Bolivien äußerst wenig ist (ICEFI 2014).

Im Jahr 2006 waren mehrere Artikel des Minengesetzes, das 1998 während der allgemeinen Schockstarre nach dem Hurrikan Mitch entstanden war und gravierende Auswirkungen auf betroffene Gemeinden hatte, als verfassungswidrig deklariert worden. Zusätzlich dazu hatte Zelaya ein Moratorium über die Neuvergabe von metallischen Bergbaukonzessionen und den höchst umweltschädlichen Tagebau verhängt (INT 7, 8; IDAMHO/Oxfam 2013: 20). Im August 2009 sollte eine Kongresssitzung zu einem neuen progressiven Minengesetz stattfinden, welches den Tagebau in Honduras bis auf Weiteres verboten hätte. Doch der Putsch machte diese Pläne zunichte. Das Minengesetz, das am 23. Januar 2013 verabschiedet wurde, brachte stattdessen den Tagebau zurück auf den Tisch. Das Gesetz war praktisch in Kanada geschrieben worden – dem Ursprungsland der meisten Minenunternehmen, die für 50 bis 70 % der Bergbauinvestitionen in Lateinamerika und zahlreiche damit zusammenhängende Menschenrechtsverletzungen und Umweltprobleme verantwortlich sind (Moore 2012; Grupo de Trabajo sobre Minería y Derechos Humanos en América Latina 2014: 4, 26). In einem Dokument des kanadischen Außen- und Handelsministeriums von 2011 heißt es: »Honduras is in the process of transformation from the anti-mining Zelaya administration to the pro-sustainable mining and pro-CSR [Corporate Social Responsibility] Lobo government« (zitiert in Moore 2012).

Das neue Minengesetz wird mit seinen sozialen und ökologischen Standards von staatlicher und internationaler Seite als besonders fortschrittlich dargestellt (INT 7). So sollen gar Volksabstimmungen der ansässigen Bevölkerung vor Eröffnung einer Mine durchgeführt werden, jedoch erst nach der Konzessionsvergabe. Pedro Landa, Koordinator der nationalen Koalition der Umweltverbände, warnt, dass es schwierig sein wird, solche Regelungen umzusetzen. In sämtlichen bilateralen Freihandelsverträgen, die Honduras in letzter Zeit abgeschlossen hat, sind Investitionsschutzklauseln enthalten. Unternehmen, denen das Recht auf eine Investition (wie ein Bergbauprojekt) aufgrund von lokalem Widerstand verwehrt wird, können den honduranischen Staat an internationalen Handelsgerichtshöfen verklagen und hohe Geldstrafen erwirken. Gleichzeitig fehlen Sanktionsmöglichkeiten bei Gesetzesverstößen der Minenunternehmen

(INT 8; ICEFI 2014; Moore 2013). Mit seinen vielfachen Schlupflöchern und Fallstricken stellt das Gesetz eine verstärkte Gefahr für die territoriale Souveränität dar. Vor allem der Zugang zu Wasser ist bedroht, da alle Wasserquellen, die nicht konkret auf eine Gemeinde registriert sind (was selten vorkommt), automatisch zur unbegrenzten Nutzung für die Minenfirmen freistehen (INT 8).

Ein anderer Vorteil des neuen Gesetzes sei die Erhöhung der Steuereinnahmen, etwa durch die Einführung einer Sicherheitssteuer, »die die Minenfirmen an das honduranische Volk zahlen werden, um für mehr Sicherheit in den Gemeinden zu sorgen«, so der unter der Lobo-Regierung amtierende Bergbausekretär Aldo Francisco Santos (INT 7). »Diese Geldsumme wird dazu dienen, mehr Polizei anzustellen, Ausrüstung, Überwachungskameras, Waffen, Fahrzeuge für die Gemeinden zu kaufen, in denen abgebaut wird« (INT 7). Die Frage ist: Sicherheit für die Gemeinden oder die Minengesellschaft? Der Bergbauboom dürfte mit einer noch stärkeren Überwachung und Repression von Minen-Gegner*innen einhergehen. 2014 zählte die Nationale Koalition der Umweltverbände CNRA mindestens zwanzig Konfliktherde, in denen Gemeinden und Bergbaugegner*innen Kriminalisierung, Repression und politischen Morden ausgesetzt waren (CNRA 2014). Am bekanntesten ist die inzwischen fertig ausgebeutete und geschlossene kanadischen Goldmine im Siria-Tal, bei der es zu gravierenden Umweltschäden und Erkrankungen der Bevölkerung und Tiere kam und wo lokale Umweltaktivist*innen weiterhin strategisch kriminalisiert werden (IDAMHO/Oxfam 2013). Doch der Einsatz vieler Gemeinden und Organisationen gegen den Bergbau konnte auch Erfolge verbuchen. In Nueva Esperanza erreichten die Bewohner*innen den Rückzug eines Bergbauunternehmens, welches jahrelang gewaltsam und u. a. mit Methoden wie der Entführung internationaler Menschenrechtsbeobachter*innen versucht hatte, eine Mine durchzusetzen. Mehrere Landkreise erklärten sich außerdem bergbaufrei, wobei vor allem seit dem neuen Gesetz Zweifel bestehen, ob die lokalen Entschlüsse respektiert werden (PROAH 2013; Schulz 2014).

Den existierenden Daten zufolge war die Anzahl von Steinbrüchen und Minen von 489 im Jahr 2000 auf 2.132 im Jahr 2010 angestiegen (IDAMHO/Oxfam 2013: 9). 2013 befanden sich schon weitere 837 Projekte in Planung.[40] Die meisten neuen Konzessionen wurden für die Eisenoxid-Extraktion vergeben (CEHPRODEC 2013: 3, 19, 21; INT 42).

---

40   Es handelt sich um 91 schon vergebene und 193 angefragte Metall-Konzessionen und 320 vergebene und 233 angefragte nicht-metallische Konzessionen (CEHPRODEC 2013: 3).

Im Jahr 2013 war mit dem Rohstoffkonzern BG ein Vertrag zur Offshore-Erdölextraktion vor der Atlantikküste bei La Mosquitia abgeschlossen worden, womit sich die jahrzehntelangen Pläne zur Erdölextraktion in Honduras endlich konkretisierten. Die betroffene an der Küste lebende Miskitu- und Garífuna-Bevölkerung, die auf den Fischfang und ein intaktes Ökosystem angewiesen ist, kritisierte die Vertragsvergabe an BG aufgrund vieler Unregelmäßigkeiten. Sie waren nicht im Vorhinein informiert oder befragt worden (INT 42; OFRANEH 29. 11. 2012, 7. 12. 2012, 29. 8. 2013; La Prensa 2013 e; Rodriguez 2013). Auch mit Chevron führt die honduranische Regierung Verhandlungen über weitere Konzessionen (OFRANEH 21. 1. 2014).

Wird Extraktivismus weiter gefasst und darunter eine Art (neo-)koloniales Wirtschaftsmodell verstanden, welches auf der Ausbeutung und Aneignung natürlicher Ressourcen und Reichtümer insbesondere in Ländern der Peripherie beruht (vgl. FoEI: 9, Svampa 2009), so kann durchaus bei allen im Folgenden dargestellten (potenziellen) Grabs eine extraktivistische Logik erkannt werden.

4.2 Modellstädte: Arbeits- und wirtschaftliche Entwicklungszonen (ZEDEs)

Der Militärputsch bereitete den Boden für Land Grabbing der ganz besonderen Art: Die ultra-neoliberale Initiative der »Arbeits- und wirtschaftlichen Entwicklungszonen« (ZEDEs), vormals Modellstädte oder »Spezielle Entwicklungsregionen« (RED) genannt, bietet die legale Grundlage für die Schaffung neuer Enklaven, bei der mit dem Ziel der Investitionsförderung jegliche Form staatlicher Kontrolle und demokratischer Einflussnahme ausgehebelt wird.

Im Jahr 2010 begann die honduranische Regierung Gespräche mit dem US-amerikanischen Ökonom Paul Romer, um dessen Idee der Modellstädte oder »Charter Cities«[41] in Honduras umzusetzen. Er versprach Wachstum wie in Hongkong oder Singapur, neue Arbeitsplätze und landesweite Entwicklung. Auf einer »marginalen«, »unbewohnten« Fläche (1000 km^2) sollte eine extraterritoriale Stadt mit eigener »Charter«, also mit autonomer Gesetzgebung und selbstständigem Regierungs- und Sicherheitssystem, aus dem Boden gestampft werden: »Eine völlig neue

---

41 http://chartercities.org [15. 8. 2013]

Stadt, erbaut nach einem Masterplan« (Berbner 2013). 2012 erfuhr man durch einen Einverständnisbrief zwischen Regierung und dem US-amerikanischen Millionär Michel Strong, wo diese Stadt geplant war: an der Karibikküste, von der Bahía de Trujillo bis zum Fluss Sico. Die Region wird von 24 Garífuna-Gemeinden bewohnt, die seither immer wieder von Räumungen bedroht sind (ODHPINH 2014 b: 9).

Die utopisch klingende und radikal neue liberalistische Idee fand schnell Zuspruch in der honduranischen Regierung sowie auf internationaler Ebene in wichtigen Medien und bei einflussreichen Unternehmer*innen – doch nicht unbedingt in der honduranischen Bevölkerung (The Economist 2011 a, b; The Wall Street Journal 2011; Davidson 2012; Schröder 2012; Berbner 2013). Der Grundgedanke der Modellstädte ist, von Null anzufangen, »Tabula Rasa« zu machen. Es wird davon ausgegangen, der Gewalt, den Drogenkonflikten und der Korruption könne der Rücken zugekehrt werden, um in einem geschichtslosen menschenleeren Vakuum von vorne anzufangen. Doch die weiterhin existierenden Ungleichheiten und Machtverhältnisse werden dabei ignoriert – vielmehr sind sie Voraussetzung für die Charter City. Denn sie soll von reichen Ländern oder Millionären gesponsert werden und transnationalen Konzernen eine Heimat bieten. Dabei haben Sonderwirtschaftszonen wie die Maquilas bereits gezeigt, dass zwar kurzfristig (prekäre) Arbeitsplätze geschaffen werden, dieses Modell die Abhängigkeit vom Weltmarkt jedoch zuspitzt und Armut keineswegs verhindert. Die Idee der Modellstädte kommt aus einer extremen Richtung des Neoliberalismus und ist höchst demokratiefeindlich (vgl. The Economist 2011 a; Lyderson 2013). Die Freiheit der Personen liegt darin begründet, dass die Menschen, die unter dem Sonderstatut leben wollen (oder aufgrund ihrer Armut dazu gezwungen sind), willkommen sind, während diejenigen, die dieses System kritisieren, wieder gehen können. »Tabula Rasa« zu machen heißt, die Geschichte des Landes und der sozialen Kämpfe zu unterwandern. Die meisten demokratischen Errungenschaften kamen letztendlich nicht von oben, sondern wurden hart erkämpft.

In Madagaskar war es Paul Romer nicht gelungen, die erste Modellstadt zu verwirklichen. Kurz nachdem die Bevölkerung von dem Plan erfahren hatte, stürzte sie den Präsidenten (vgl. Berbner 2013). Im Post-Putsch Honduras fand Romer wiederum ein williges Regime. Schon im Januar 2011 autorisierte die Lobo-Regierung mithilfe einer Verfassungsänderung die Einführung der Modellstädte unter dem Namen »Spezielle Entwicklungsregionen« (span.: Regiones Especiales de Desarrollo, RED). Daraufhin regte sich Protest, getragen von einem breiten Spektrum sozialer, politischer und indigener Organisationen. Nach wöchentlichen Kundgebungen, 12.000 eingereichten Unterschriften, knapp siebzig Verfassungsklagen und weiteren Klagen wegen Landesverrats gegen den Präsidenten und Kongressabgeordnete, erklärte die Verfassungskammer des Obersten Gerichtshofs die Modellstädte im Oktober 2012 für verfassungswidrig (INT 3; Trucchi 2012, 1. 2. 2013). Der Grund war, dass das RED-Gesetz mehrere der in Honduras unantastbaren »in Stein gemeißelten« Gesetze in der Verfassung verletzte, nämlich die zur territorialen Aufteilung des Landes und zur demokratischen Regierungsführung. Die parallele legislative, exekutive und juristische Struktur der Modellstädte war illegal (National Lawyers Guild 2014: 7). Doch zwei Monate später setzte der Kongress mit einem juristischen Putsch diejenigen vier der insgesamt fünf Richter*innen der Verfassungskammer des Obersten Gerichtshofs ab, welche sich gegen RED ausgesprochen hatten (ebd.). Vorsorglich verabschiedete der Kongress kurz darauf ein neues Gesetz, das zukünftig die Aufhebung der politischen Immunität erlauben und die Absetzung von Richter*innen, Präsident*innen, Abgeordneten und wichtigen Beamt*innen ermöglichen würde (Meyer 2013: 7, 15). Oscar Chinchilla, der einzige Richter, der keine Verfassungsverletzung erkannt hatte, wurde mit dem Posten des Generalstaatsanwalts belohnt (ODHPINH 2014 b). Schon am 23. Januar 2013 brachte der Kongress die Sonderregionen über eine Verfassungsänderung wieder zurück auf die Tagesordnung, dieses Mal unter dem Titel: »Arbeits- und wirtschaftliche Entwicklungszonen« (span.: Zonas de Empleo y Desarrollo Económico, ZEDEs). Das dazugehörige ZEDE-Gesetz (Dekret Nr. 120-2013) verabschiedete der Kongress am 6. September 2013. Die über fünfzig Klagen wegen der weiterhin bestehenden Verfassungswidrigkeit blieben dieses Mal ohne Erfolg (INT 2, 3, 42; Peralta 2014 a).

Wie auch bei den Modellstädten und REDs handelt es sich bei den ZEDEs um liberalisierte Zonen mit eigenem Justizsystem, Sicherheitsapparat sowie selbstständigen Regierungsfunktionen. Doch im Vergleich wirkten die Visionen Paul Romers fast progressiv. Dieser hatte sich schon Mitte 2012 aufgrund interner Streitigkeiten aus dem Projekt zurückgezogen. Mit ihm verschwanden auch einige Schutzmaßnahmen, z. B. für Arbeitnehmer*innen und zur Schaffung von Transparenz (INT 3; National Lawyers Guild 2014: 8; Berbner 2013). Unterschiede lassen sich insbesondere in drei Bereichen feststellen: erstens in der Kategorisierung in verschiedene Regimes, zweitens in deren Verortung und drittens in der noch geringeren Transparenz und demokratischen Legitimität.

1. Vorgesehen sind verschiedene Formen von ZEDEs, sogenannte Sonderregimes:

    »Nationale und Internationale Finanzzentren, Internationale Logistikzentren, Autonome Städte, Internationale Handelsgerichte, Spezielle Investitionsdistrikte, Erneuerbare Energie-Distrikte, Spezielle Wirtschaftszonen, Speziellen Justizsystemen unterstellte Zonen, Spezielle Agrarindustrielle Zonen, Spezielle Tourismuszonen, Soziale Minenzonen, Soziale Forstzonen oder auch jedwedes andere Spezialregime, das in diesem Artikel nicht erwähnt ist oder eine Kombination dieser Regimes beinhaltet.« (República de Honduras 2013 c: 57f)

2. Diese Bezeichnungen sollen der Bevölkerung suggerieren, die ZEDEs kämen ihr aufgrund der »sozialen« Aspekte und der Schaffung von Arbeitsplätzen zugute (INT 2). Es wird vermutet, dass die Regimes in ganz Honduras beispielsweise an Bergbau-, Staudamm-, Windpark-, Maquila- und Tourismusstätten angewendet werden sollen, um den nationalen Regulierungen zu beispielsweise Arbeits- und Umweltrechten auszuweichen und die Gewinne direkt abziehen zu können (INT 2, 3, 8). Laut Gesetz »*dürfen* die ZEDEs ihre eigenen Bildungs-, Gesundheits, Sozialversicherungs- und Wissenschaftsförderungssysteme einrichten, ebenso wie sie die Gewissens- und Religionsfreiheit, Arbeitsschutz und Versammlungsfreiheit garantieren *dürfen*« (República de Honduras 2013 c: 64; *Hervorhebung der Verf.*). Menschenrechte und Grundfreiheiten obliegen also dem Gutdünken der Unternehmen.

3. Während die Charter City an einem (zumindest scheinbar) unbewohnten Ort entworfen und von sich freiwillig dafür entscheidenden Menschen besiedelt werden sollte, können ZEDEs überall in Honduras entstehen. Auflage ist die Durchführung von Referenden in den betroffenen Gegenden, allerdings mit zwei Ausnahmen: Erstens im Falle von »geringer« besiedelten Gegenden, wobei das Nationale Statistik-Institut

entscheiden kann, ob dies zutrifft oder nicht. Zweitens wurden mehrere Küstenregionen in Hafennähe von Volksabstimmungen ausgenommen. Wie auf der ZEDE-Homepage[42] ersichtlich ist, handelt es sich bei diesen ausgerechnet um indigene Territorien. In diesen keine Befragungen durchzuführen, ist nicht nur menschenrechtswidrig, sondern verletzt auch die rechtlich bindende Konvention 169 der ILO über indigene Völker (INT 2; National Lawyers Guild 2014: 9f).

Bei den ZEDEs ist nicht, wie vormals bei RED, ein Übergang zu demokratischen Regierungs- und Justizformen vorgesehen. Sie sollen stattdessen permanent von einem selbsternannten 21-köpfigen »Komitee für den Einsatz optimaler Verfahren« (span.: Comité para la Adopción de Mejores Prácticas, CAMP) regiert werden, das nicht von den Bürger*innen wählbar ist. Dieses ernennt für jede ZEDE eine*n Technische*n Sekretär*in. Die Aufgaben von CAMP decken alle exekutiven sowie legislativen Aufgabenbereiche ab, es ernennt selbst die Richter und steht unter keinerlei Aufsicht durch die honduranische Regierung. Es besteht kein Verbot für CAMP-Mitglieder, selbst in die ZEDEs zu investieren oder persönliche Beziehungen zu Investoren zu unterhalten. CAMP ist überwiegend mit ausländischen ultra-neoliberal gesinnten Persönlichkeiten bestückt, wie dem Sohn des ehemaligen US-Präsidenten Ronald Reagans, der Generalsekretärin des Friedrich Hayek Instituts, dem honduranischen Ex-Präsident Ricardo Maduro oder Mark Klugmann, einer der Erfinder des Projekts, ehemaliger Redenschreiber von Ronald Reagan und George H. W. Bush, sowie Berater von Porfirio Lobo (República de Honduras 2013; National Lawyers Guild 2014: 10ff; Suazo 2014). Statt von ZEDEs spricht Klugman lieber von »LEAP Zones« (Legal, Economic, Administrative, Political Jurisdictions), die auch in anderen Ländern vorangetrieben werden. Der Vorteil von »LEAP-Zones« ist ihm zufolge: Schnelleres Wirtschaftswachstum und weniger Konflikte.[43] Die Rhetorik, mit der die Bevölkerung teilweise erfolgreich von dem Modell überzeugt wird, präsentiert die ZEDEs als Lösung für Armut, Migration und Kriminalität. Anstatt zu versuchen, die Strukturen des Landes zu verändern, sei es leichter, Oasen zu bilden, in die freiwillig migriert werden kann, so Klugmann.[44]

---
42   http://zede.gob.hn/?page_id=108 [17. 9. 2014]
43   http://leapzones.wordpress.com/2014/03/10/audio-leap-zones-as-a-development-strategy-faster-growth-less-conflict/
44   http://news.bbc.co.uk/2/hi/programmes/hardtalk/9738895.stm [15. 9. 2014]

Dass in den für die ZEDEs vorgesehenen Territorien schon Menschen leben, die diese Entscheidung nicht frei treffen können, wird dabei nicht erwähnt. Mehrere von ZEDEs bedrohte Gemeinden an der Karibik- sowie der Pazifikküste leisten schon jetzt Widerstand. In gewissen Regionen, so ist durchgesickert, hat Südkorea bereits Machbarkeitsstudien angestellt. Insbesondere auf der Pazifik-Insel Amapala und Zacate Grande, sowie im Garífuna-Territorium gibt es neue Versuche der Landaneignung und Vertreibung, die mit den Vorbereitungen auf die ZEDEs zusammenhängen. Viele Gemeinden fürchten den Verlust ihrer Ländereien, für die sie kaum offizielle Landtitel besitzen sowie die Auflösung ihrer lokalen Regierungsstrukturen, ohne in irgendeiner Weise dazu befragt oder entschädigt zu werden (La Voz de Zacate Grande 2014; OFRA-NEH 26. 6. 2014; Holt-Giménez 2013; Peralta 2014 b; La Noticia 2014; National Lawyers Guild 2014: 13ff). Die ZEDEs werden von vielen Seiten als besonders zugespitzte Form des neoliberalen Kolonialismus kritisiert (INT 2; OFRANEH 4. 12. 2013, 15. 10. 2013; Trucchi 1. 2. 2013).

4.3 »Hypotheken-Gesetz«

Am 20. Juli 2013 verabschiedete der honduranische Kongress das »Gesetz zur Förderung der Entwicklung und öffentlichen Umschuldung«[45], welches kurz »Hypotheken-Gesetz« genannt wird. Mit ihm wurde den Finanzmärkten Tür und Tor für den direkten Zugriff auf Land und Ressourcen in Honduras geöffnet. Das Gesetz kam auf ähnlich zwielichtigem Wege zustande wie die ZEDEs: Offiziell muss der Präsident innerhalb von zehn Tagen Gesetze ratifizieren oder ein Veto einlegen. Verlautbart der Präsident sich nicht, gilt es als beschlossen. Aufgrund der großen öffentlichen Polemik und der Gefahr für die Präsidentschaftskampagne von Juan Orlando Hernández erklärte Präsident Lobo, er würde das Gesetz beiseite legen und dessen Unterzeichnung dem zukünftigen Präsidenten überlassen. Da er jedoch kein tatsächliches Veto einlegte, bedeutete dies letztendlich seine Zustimmung. Und tatsächlich, kurz nach den Wahlen, im Dezember 2013, wurde es entgegen Lobos vorheriger Versicherung in der Regierungszeitung La Gaceta veröffentlicht und trat damit in Kraft (INT 42; Trucchi 22. 8. 2013; Proceso Digital 2014 a).

---
45 Span.: Ley de Promoción del Desarrollo y Conversión de la Deuda Pública

Das Gesetz beabsichtigt, die große Inlandsverschuldung zu überwinden, indem die bisher »nutzlosen« (span.: ocioso) Güter und natürlichen Ressourcen als Wertpapiere (mit geschätztem Preis) am Finanzmarkt angeboten werden (Trucchi 22. 8. 2013). Laut Artikel 1 autorisiert das Gesetz »die Schaffung eines integralen Programms zur Betitelung von potenziellen Finanzflüssen über ungenutzte Aktiva des Staates« (El Heraldo 2013 c). Es handelt sich dabei um eine Art Fideikommiss bzw. eine treuhänderische Übereignung (Trucchi 22. 8. 2013; El Heraldo 2013 c). Laut Gabriel Perdomo, technischer Analyst des »Sozialforums der Auslandsschuld von Honduras« FOSDEH sähe das etwa folgendermaßen aus:

»Im Fall eines Berges zum Beispiel, wo man festgestellt hat, dass metallische Mineralien vorliegen, oder eines Flusses, dessen Wasser zur Produktion von Wasserkraft verwendet werden kann, vergibt die Regierung ein Wertpapier auf Basis einer Schätzung hinsichtlich der Einkünfte, die in einer definierten Zeitspanne generiert würden, und bringt dieses Wertpapier auf die Finanzmärkte.« (in Trucchi 22. 8. 2013)

Die betroffenen Güter und Ländereien wären somit am Finanzmarkt der Spekulation ausgeliefert. Sämtliche gesetzlich vorgeschriebene Mechanismen und Abläufe für die Auftragsvergabe und Transparenz können damit bei der Ausbeutung natürlicher Ressourcen umgangen werden (Trucchi 22. 8. 2013). Neben natürlichen Ressourcen sind Projekte im Bereich des Bergbaus, der Energie und Telekommunikation inbegriffen (El Heraldo 2013 c). Laut Dekret ist die Idee, »mit einem Mechanismus zählen zu können, der die *rationale* Ausbeutung der *ungenützten* natürlichen Ressourcen und die Durchführung von Infrastrukturprojekten, die aufgrund fehlender Finanzierung nicht entwickelt wurden, ermöglicht« (ebd., *Hervorhebung der Verf.*). Wie auch das Konzept der Modellstädte baut das Hypotheken-Gesetz auf dem Glauben an die Existenz von marginalen, unproduktiven Ländereien auf. Dass es sich bei diesen häufig um indigene Territorien handelt oder die Flächen anderweitig von ländlichen Gemeinden genutzt werden, wird dabei geflissentlich übersehen; (indigene) Subsistenzaktivitäten gelten nicht als produktiv oder rational (vgl. Trucchi 22. 8. 2013).

Auch innerhalb des Kongresses wurde Kritik an dem Gesetz laut. So ist die Vermutung, dass es als Blankoscheck dazu dienen wird, mithilfe der Hypotheken auf natürliche Ressourcen noch mehr Kredite aufnehmen und sich weiter verschulden zu können, bzw. die Kurzzeitkredite in Langzeitverschuldung umzuwandeln (La Tribuna 2014 b; Proceso Digital 2014 a; Vásquez 2014). Interesse hat insbesondere China, welches die Tilgung der Inlandsschulden schon versprochen haben soll (INT 42). Das Gesetz könnte zusammen mit den ZEDEs dem größten Land Grab in der honduranischen Geschichte den Weg ebnen.

4.4 Landnahme durch »grüne« Projekte

Seit dem Putsch hat die Aneignung von Ländereien und Ressourcen durch (zumindest scheinbar) umwelt- oder klimafreundliche Projekte deutlich zugenommen, wenn auch einige schon länger existieren, wie im Fall einiger Naturschutzparks, Meeresschutzzonen und Öko-Tourismus (vgl. Vacanti Brondo/Brown 2011; Vacanti Brondo 2013). Beim wohl bekanntesten Green Grab in Honduras handelt es sich um die großflächigen Ölpalmenplantagen der (Bajo) Aguán-Region an der Karibikküste. Auf den Plantagen werden zum Teil Agrartreibstoffe produziert. Außerdem beherbergen sie mehrere Offset-Projekte des Emissionshandels. Die landlosen Kleinbäuerinnen und -bauern im Aguán-Tal fordern seit mehreren Jahren die Umverteilung der Ländereien, die ihnen rechtmäßig zustehen. Sie werden jedoch vom Militär und den paramilitärisch organisierten Sicherheitskräften der Großgrundbesitzer, allen voran Miguél Facussé, massiv unterdrückt. Der Putsch hatte die bevorstehende Landumverteilung vereitelt, weshalb sich der Konflikt daraufhin zuspitzte. Über 110 Bauern und Bäuerinnen wurden in dieser kleinen Region seit dem Putsch umgebracht (Kerssen 2013; Dan Church Aid 2011; FIAN/APRODEV et al. 2011; ODH-PINH 2014: 6; El Libertador 2014 b).

Während REDD(+)-Projekte in Honduras auf privater Ebene bereits in geringem Ausmaß existieren, wird mit der nationalen REDD+-Strategie derzeit an der flächendeckenden Umsetzung gearbeitet. Auch Zahlungen für Ökosystemleistungen (PES) und ein Biodiversitäts-Offset-System sollen implementiert werden (USAID 2010: 77; Comisión de Dictamen 2013: 12).

Wie in Box 6 zur erneuerbaren Energie in Honduras ausgeführt wird, wurden seit dem Putsch Voraussetzungen geschaffen, um eine große Anzahl kleiner, mittlerer und auch Mega-Wasserkraftwerke sowie große Windparks umzusetzen. Diese liegen häufig in den wasserreichen und bergigen oder bewaldeten Territorien indigener Völker und werden meist ohne die Einhaltung des Free Prior and Informed Consent (FPIC) umgesetzt (MADJ 2013: 10f). Während es im Jahr 2012 insgesamt 22 aktive

Wasserkraftwerke gab, befinden sich inzwischen laut Direktor der Energiedirektion, Manuel Manzanares, etwa 130 neue Wasserkraftwerke in Planung oder im Bau (ENEE 2012: 17; INT 10). Allein im Lenca-Territorium, das hauptsächlich die Departamentos Intibucá, Lempira und La Paz umfasst, liegt die Anzahl bei rund 40.[46] Mehrere der erneuerbaren Energieprojekte zählen als Clean Development Mechanism (CDM).

Besonders bedenklich sind die drei Mega-Wasserkraftwerke im Biosphärenreservat Río Plátano in der östlichen Moskitia-Region. Die Patuca-Dämme (La Tarrosa: 150 MW; Valencia: 270 MW; Patuca 3: 100 MW) würden mehrere indigene Völker, für die der Fluss der einzige Kommunikations- und Transportweg ist, isolieren und große Flächen Regenwald überschwemmen. Patuca 3 (100 MW) wird derzeit mit chinesischem Kapital und gegen den Widerstand indigener Gemeinden gebaut (ODHI-PINH 2014: 6f; ENEE 2012). Für zwei Mega-Projekte am Fluss Ulúa, Los Llanitos (98 MW) und Jicatuyo (172.9 MW), werden derzeit Studien anfertigt (ENEE 2012). Auch gibt es Anzeichen für die Wiederaufnahme der langjährigen Pläne zum Megastaudamm El Tigre an der südwestlichen Grenze von Honduras mit El Salvador (COHEP/USAID 2012: 17; INT 42), womöglich auch in Form mehrerer Wasserkraftwerke entlang des Lempa-Flusses. Die lokalen Lenca-Gemeinden und COPINH hatten sich aufgrund der geplanten großflächigen Überschwemmung und Umsiedlungspläne jahrelang vehement und während der Zelaya-Regierung schließlich auch erfolgreich gegen El Tigre gewehrt (INT 38). Anfang 2013 wurde der erste Windpark, Cerro de Hula, in Francisco Morazán eröffnet, der eine Kapazität von 102 MW hat und aktuell um 24 MW erweitert wird. Die dort lebenden Lenca-Gemeinden beklagten sich über die Zerstörung kommunaler Flächen, Unregelmäßigkeiten bei Landkäufen, Lärmbelästigung und weiteren negativen Auswirkungen (INT 4, 5, 11).

---

46   Diese Daten beruhen auf eigener Recherche, vorhandenem Tabellen, Interviews und kollektiven Kartierungs-Workshops.

Box 6: Erneuerbare Energie in Honduras

»Todos sabemos que hay que producir energía renovable. [...] Lo que se está en contra es de que en nombre [...] de la producción de energía limpia se legitime el despojo de los recursos de las comunidades, de los pueblos originarios sobre todo.«

»Wir wissen alle, dass erneuerbare Energie produziert werden muss. [...] Wogegen wir sind, ist, dass im Namen [...] der Produktion sauberer Energie die Enteignung der Ressourcen der Gemeinden, vor allem der indigenen Völker, legitimiert wird.« Juan Mejía, 26. 1. 2013 (INT 1)

In Honduras haben sich Energieproduktion und -verbrauch innerhalb der letzten Jahrzehnte stark verändert. So lag noch 1980 lag die installierte Stromkapazität bei nur 221 MW, die Wasserkraftwerke generierten den Großteil der Stromproduktion. Gegen Ende der 1980er-Jahre stieg der Energieverbrauch aufgrund des Wirtschaftswachstums und des Maquila-Booms jährlich um 14 % an. Von 1995 bis 2011 verdoppelte sich die Zahl der Haushalte mit Anschlüssen ans Stromnetz. Gleichzeitig verdreifachten sich von 2001 bis 2010 die honduranischen Energieausgaben. Dies liegt daran, dass Honduras alle fossilen Brennstoffe (Gas, Öl/Benzin, Diesel und Kohle) importiert und starken Preisschwankungen ausgesetzt ist. Im Jahr 2008 verwendete Honduras 14 % des BIP für den Kauf fossiler Brennstoffe, welche derzeit 56 % der Stromversorgung decken.[1] Die aktuelle Stromproduktionskapazität beträgt 1712 MW – und damit rund acht Mal mehr als vor nur drei Jahrzehnten (ENEE 2012; SERNA o. A.). Während der Pro-Kopf-Stromverbrauch 1980 noch bei 213 kWh lag, sind es inzwischen 708 kWh – wobei weiterhin rund 16 % der Bevölkerung keinen Zugang zum Stromnetz haben (World Bank o. A.; ENEE 2012). Die Nachfrage steigt mit durchschnittlich 5 % Wachstum pro Jahr weiterhin stark an (ENEE 2012: 27). Die größten Abnehmer in Honduras sind derzeit der Handel (32 %), Wohnanlagen (32 %), Industrie (13 %) und »Große Verbraucher« (14 %), womit beispielsweise Maquilas oder Shopping-Center gemeint sind (ENEE 2012: 7; INT 27).

Eine wichtige Neuerung, die den Stromhandel vorantreibt, ist das neue Stromnetz genannt SIEPAC, das zwischen Honduras und den anderen zentralamerikanischen Ländern geschaffen und 2013 in Betrieb genommen wurde. SIEPAC ist Teil des Mesoamerika-Projekts und wird als Public Private Partnership gehalten. Eine Verbindung des Netzes mit Mexiko und wiederum mit den USA soll Nordamerikas langfristigem Interesse an Energiesicherheit und Stromimporten nachkommen (INT 8; Capote 2012). Außerdem besteht eine Verbindung mit Kolumbien und dem südamerikanischen Pendant zu SIEPAC, der Initiative IIRSA. Im Zusammenhang mit SIEPAC bzw. dem Mesoamerika-Projekt sowie

---

[1] https://www.climateinvestmentfunds.org/cifnet/?q=country/honduras [26. 8. 2013]

IIRSA werden insbesondere Mega-Energieprojekte vorangetrieben, vor allem Staudämme, Windparks und großflächige Agrartreibstoffproduktion.[2] Bis vor Kurzem befand sich das honduranische Stromnetz ebenso wie ein Drittel der Stromproduktionskapazität (davon hauptsächlich Wasserkraft) noch in öffentlicher Hand. Zwei Drittel (69 %) der Kapazität stammen von privaten Kraftwerken, von denen die meisten mit fossilen Brennstoffen befeuert werden. Ab 1994 war in Folge einer massiven Energiekrise – unter anderem Resultat des Maquila-Booms, durch den sich die Energienachfrage fast über Nacht verdoppelte – der Energiesektor immer mehr zu einem wettbewerbsfähigen Marktsystem umgebaut worden. Die neoliberalen Umstrukturierungen ermöglichten die Energieerzeugung durch private Anbieter (ENEE 2012: 9, 17; ENEE o. A.: 9; CABEI 2009; INT 27). Vor allem aufgrund der hohen Kosten der importierten fossilen Brennstoffe wurden ab Ende der 1990er-Jahre Anreize für die Erzeugung erneuerbarer Energie geschaffen. 2007 befreite ein Gesetz zur erneuerbaren Energie die Investoren von vielerlei Steuern. Es hebelte außerdem Naturschutzregulierungen aus, indem die Nutzung der Wasserressourcen für die Stromproduktion anderen Funktionen vorgezogen wurde (INT 1, 27; ENEE 2012: 9f). Eine Gesetzesreform im September 2013 schuf weitere Anreize für private erneuerbare Stromproduzent*innen (4E-Programa 2013). Die Energiefirma ENEE blieb weiterhin staatlich, kam jedoch immer mehr in die Krise. Der Unternehmenssektor führte die sich verschlechternde finanzielle Lage der ENEE auf ihre staatliche Monopolfunktion, hohe Verluste durch Stromdiebstahl und alte Leitungen, »unnötiges« Personal, zu hohe Gehälter, die Präsenz von Gewerkschaft sowie die Subventionierung wenig zahlungskräftiger Konsument*innen zurück (INT 27; CABEI 2009: 22). Das »Generalgesetz der Elektroindustrie« leitete 2014 letztendlich die komplette Liberalisierung des Energiemarktes ein. Damit gibt die ENEE sämtliche Dienstleistungen wie die Transmission, Administration oder Straßenbeleuchtung an private Firmen ab. Im Sinne des neoliberalen Jargons heißt es, durch den Wettbewerb sollen niedrigere Preise entstehen und Verluste abgebaut werden (Nodal 2014). Es wird jedoch befürchtet, dass dies die Stromkosten für Normalverbraucher*innen bis zu 200 % erhöhen könnte, während einige wenige Unternehmen und Banken hohe Gewinne einstreichen werden. Die Privatisierung des öffentlichen Guts Energie stellt für viele einen Höhepunkt der seit dem Putsch vollzogenen Neoliberalisierung dar (Proceso Digital 2014 c; Radio Progreso 2014 a).

Der Boom erneuerbarer Energie nach dem Putsch

Nach dem Putsch am 28. Juni 2009 bekam der Ausbau der privaten erneuerbaren Energieproduktion einen neuen Anstoß. Dieser begann mit einem noch im August vom Putschregimepräsidenten Micheletti verabschiedeten Wassergesetz, das im

---

2   http://www.proyectomesoamerica.org [27. 8. 2013]

Dezember desselben Jahres in Kraft trat. Während es zwar Wasser als Menschenrecht deklarierte, eröffnete es im selben Atemzug die Möglichkeit, die Ressource Wasser an Dritte zu konzessionieren, was einen Boom an Flusskonzessionen für Staudammprojekte auslöste (vgl. Trucchi 2010). Des Weiteren hebelte Micheletti per Dekret die Notwendigkeit von Umweltverträglichkeitsstudien gewissermaßen aus, wenn Projekte wie Wasserkraftwerke oder Bergbau zum öffentlichen Interesse deklariert werden (INT 11; 42).

Im September 2009 wurde mit der »Licitación N° 100-1293/2009« die erste rein für erneuerbare Energieprojekte geltende öffentliche Ausschreibung getätigt. Auf diesem Weg erhielt Mitte 2010 eine Anzahl von 47 privaten Projekten Konzessionen, vorwiegend für Wasserkraft. Der Unternehmensverband erneuerbarer Energien AHPER trieb mit der damaligen Präsidentin Elsia Paz die Ausschreibung maßgeblich voran. Nicht ohne Grund strich der Verband daraufhin ein »P« aus dem vormaligen Namen AHPPER – es war für *pequeños*, also *kleine* Energieproduzenten gestanden (INT 1, 27, 42; ENEE 2012: 23; ARECA 2010; El Heraldo 2010; Trucchi 2010). Die darin vertretenen Firmen kontrollieren nicht nur fast die komplette private erneuerbare Energieerzeugung, sondern sind nebenbei auch die Besitzer*innen der meisten fossilen Kraftwerke (vgl. Trucchi 2010; Romero 2007; INT 11). In der Ausschreibung befindet sich die Firma Inversiones Aurora mit La Aurora I (damals noch 4.01 MW geplanter Kapazität). Die Firma DESA nahm mit Agua Zarca (mit 6 MW verzeichnet) ebenso an der Auftragsvergabe teil (ENEE 2012: 23f). Einige zivilgesellschaftliche Organisationen kritisierten die Auftragsvergabe aufgrund zahlreicher Unregelmäßigkeiten und die daraus resultierende hohe Anzahl neuer Staudammprojekte heftig (INT 11, Trucchi 2010).

Die Ausschreibung war eine konkrete Maßnahme innerhalb des nach dem Putsch erstellten Plans, den Prozentsatz »grüner« Energieträger stark zu erhöhen. Das zu Beginn der Lobo-Regierung erarbeitete »Nationale Leitbild« 2010–2038 setzte das Ziel, den Anteil erneuerbarer Energie am Gesamt-Energiemix bis 2038 auf 80 % anzuheben (Gobierno de Honduras 2010: 6). Der »Stromerzeugungs-Expansionsplan« der ENEE von 2012 prognostiziert, dass bis 2026 über 70 % des Stroms aus erneuerbaren Quellen kommen sollen. Die ebenfalls 2010 erarbeitete »Nationale Klimawandel-Strategie« enthält Wasserkraftwerke und Staudämme als einen von sieben strategischen Handlungsbereichen, unter anderem zur Bewässerung von Plantagen (SERNA 2010 a: 89, b: 25). Konkret sollen bis 2026 zusätzliche 2728 MW an Erzeugungskapazität installiert werden, davon 899 MW aus fossilen Energieträgern. Abgeschaltet werden sollen wiederum fossile Kraftwerke mit einer Kapazität von nur 866 MW (vgl. ENEE 2012: 43). Die gesamte Produktionskapazität würde sich somit in 14 Jahren um das 2,7-fache auf 4540 MW erhöhen. Der Bedarfsanstieg ist laut Elsia Paz folgendermaßen zu erklären: »Es gibt immer wieder neue Shopping-Center, neue Hotels, neue Maquilas, stets gibt es neue Investitionen, da wir als Land nicht zu wachsen aufgehört haben« (INT 27). Es wird prognostiziert, dass die honduranische Energienachfrage 2026 die Kapazität von 2534 MW benötigen würde, womit mehr Strom produziert als verbraucht würde (ENEE 2012: 27). Denn ein weiteres Ziel ist, den Stromexport über das zentralamerikanische Stromnetz SIEPAC zu erhöhen (El Libertador 2014 a). Selbst wenn der Prozentsatz der erneuerbaren Energie von 44 auf über 70 % steigen stiege, bedeutet dies also in absoluten Zahlen sogar eine leichte Zunahme fossiler Stromproduktion und einen beträchtlichen Anstieg erneuerbarer Stromerzeugung – welche insbesondere im Fall großer Staudämme keineswegs klimaneutral und umweltfreundlich ist. Betrachtet man eine längere Zeitspanne, so relativiert sich die proklamierte Energiewende noch mehr: Bis in die 1980er-Jahre war fast ausschließlich Wasserkaft für die komplette Stromerzeugung verantwortlich (SERNA o. A.; La Tribuna 2014 a).

Finanzierung der erneuerbaren Energie

Die Finanzierung der erneuerbaren Energieprojekte kommt laut Elsia Paz hauptsächlich von nationalen Banken (v. a. Banpaís, FICOHSA, Banco del Occidente) sowie von der Zentralamerikanischen Bank für Wirtschaftsintegration CABEI (INT 27). Dennoch wäre der »grüne« Energie-Boom ohne die Finanzierung ausländischer und internationaler Banken, Fonds und Entwicklungsinstitutionen nicht möglich. Laut CABEI ist am honduranischen Finanzmarkt »eine deutliche Präsenz von Banken mit ausländischem Kapital bemerkbar«, die am Energiebereich interessiert sind (CABEI 2009: 91). Auch mehrere europäische Entwicklungsbanken finanzieren Wasserkraftwerke in Honduras, unter anderem die Österreichische Entwicklungsbank, die deutsche KfW oder die niederländische FMO. Ein Großteil der Finanzierung wurde den Projekten während der Zeit zugestanden, als das Post-Putsch-Regime international noch nicht anerkannt war. Über die Börse läuft laut CABEI die Finanzierung noch kaum, zumindest nach dem Stand von 2009 (CABEI 2009: 109). Eine Finanzialisierung der Energie-Infrastruktur über neue Finanzmarktinstrumente (Gerebizza/Tricarico 2013) ist somit derzeit noch nicht ersichtlich, abgesehen vom Clean Development Mechanism CDM, der für mehrere Jahre deutliche Anreize für neue Projekte bot (INT 9; CABEI/ ARECA et al. 2010: 58ff).

Auch Technik und Know-How kommen aus dem Ausland und es heißt, hinter einigen scheinbar nationalen Unternehmen stünden eigentlich ausländische Konzerne (vgl. INT 1, 11, 42). Insbesondere die deutsche Entwicklungsgesellschaft GIZ ist in Zusammenhang mit ARECA (Accelerating Renewable Energy Investment in Central America and Panama), der zentralamerikanischen Kommission für Umwelt und Entwicklung CCAD und dem Programm 4E[3] an der Promotion von Energieprojekten beteiligt (ARECA 2011); schließlich ist Deutschland Vorreiter bei Wasserkraft-Technologien und profitiert z. B. durch den Export von Turbinen vom ›grünen‹ Boom in Honduras (vgl. CABEI 2009: 107).

---

3 Programa »Energías Renovables y Eficiencia Energetica en Centroamérica« http://www.energias4e.com [28. 8. 2013]

Zusammenfassend lässt sich feststellen, dass die Energiewende in Honduras keineswegs automatisch positiv zu deuten ist. Einerseits stellt sich die Frage, was unter Energiewende verstanden wird: So nimmt nur im Verhältnis zum Ausbau ohnehin ökonomisch rentabler erneuerbarer Energie die fossile Energieerzeugung ab, in absoluten Zahlen steigt sie jedoch sogar leicht an. Ausschlaggebend für die zunehmende Energienachfrage sind nicht etwa eine geplante Elektrifizierung der restlichen Haushalte, sondern hauptsächlich der Boom an umstrittenen Infrastrukturprojekten, der Ausbreitung einer honduranischen mittelständischen Verbraucher*innenklasse und die geplanten Stromexporte. Die Transition zur erneuerbaren Energie wurde in Honduras zum trojanischen Pferd für die Energieprivatisierung – und repräsentiert damit einen globalen Trend (vgl. FoEI 2013: 11).

5. Drei Fallstudien zu Green Grabbing

5.1 Wasserkraftwerk La Aurora I

»Viví 48 años sin luz, ¿pero sin agua quién vive?«
»Ich habe 48 Jahre ohne Strom gelebt, aber wer kann schon ohne Wasser leben?«
Margarita Pineda Rodriguez (INT 34)

Margarita Pineda wohnt mehrere Kilometer vom Wasserkraftwerk La Aurora I entfernt. Dass ihre Gemeinde seit wenigen Jahren eine Anbindung an das Stromnetz hat, ist nicht dem Staudamm zu verdanken. Die seither auftretenden Wasserprobleme jedoch schon (INT 34). An Wasser hatte es in dieser Region, die am Rande des Wasserschutzgebiets El Jilguero mit dem quellenreichen Berg Pacayal liegt, eigentlich kaum gemangelt. Die Gegend ist bergig und dicht bewaldet. Kaffee wird angebaut. Die meisten Landflächen gehören den nicht indigenen Kaffeeplantagenbesitzer*innen wie der Familie Aurora, auf denen die indigenen Lencas als Tagelöhner*innen zur Erntezeit schlecht bezahlte Arbeit finden. Laut Aussagen der Befragten ist die Situation der Bildungs- und Gesundheitseinrichtungen sehr prekär, die Grundschulen sind kaum ausgestattet, höhere Schulen gibt es nicht und im Gesundheitszentrum mangelt es an Medikamenten und einem Krankenwagen (INT 22, 24, 25, 32, 34, 36, 37).

So ist es nicht verwunderlich, dass die von der munizipalen Regierung stets ignorierten Gemeinden teilweise Hoffnung schöpften oder mögliche Bedenken beiseite schoben, als eine Firma namens Inversiones Aurora mit einem »Entwicklungsprojekt« auftauchte, das nicht nur permanente Arbeit für alle (auch für Frauen), sondern auch gut ausgestattete Schulen, Gesundheitszentren, einen kostenlosen Stromanschluss der Häuser, einen Krankenwagen, neue Straßen, Wasseranschlüsse und vieles mehr versprach. Dass es sich um einen Staudamm handelte und welche Ausmaße und Bedeutung dieser haben würde, wurde erst mit der Zeit deutlich. Verhaltener Widerstand regte sich dennoch auch schon zu Beginn des Kraftwerkbaus, wenn auch viele der Anrainer*innen erst gegen Konstruktionsende empört die Resultate zur Kenntnis nehmen mussten: Die Firma hielt sich an so gut wie keines ihrer Vesprechen, unterdrückte kritische Stimmen und verhinderte eine Konsultation. Die lokale Bevölkerung klagt seither über auftretende Wasserprobleme und eingeschränkten Zugang zum Fluss Zapotal, der Lebensmittelpunkt der umliegenden Gemeinden ist, insbesondere von El Aguacatal (94 Häuser), San Francisco (39 Häuser), Zapotal (22 Häuser), Granadillo (57 Häuser) und El Esfuerzo (56 Häuser) (INT 30). Viele Frauen holten das Trinkwasser für die Familie und wuschen dort die Wäsche. Der Fluss war kollektiver Treffpunkt, es wurde darin gebadet und gefischt (INT 24, 33, 34, 36, 37).

Das Wasserkraftwerk, das im Jahr 2013 fertiggestellt wurde, besteht aus einem zwölf Meter hohen Damm etwa auf der Höhe der Gemeinden Zapotal und Granadillo, von dem ein teils geschlossener, teils offener Wasserumleitungskanal vorbei an El Aguacatal zu einem großen Wassertank führt, von dem aus ein Druckkanal in das Tal abfällt hin zum Turbinenhaus. In diesem erzeugen zwei Turbinen der deutschen Firma Wasserkraft Volk AG WKV mit einer Kapazität von 9,6 MW den Strom. Das Turbinenhaus befindet sich nahe des Flusses bei der Gemeinde San Francisco, deren eine Seite im Munizip San José, die andere in Santa María liegt. Insgesamt erstreckt sich das Projekt von der Staumauer bis zum Turbinenhaus über fünf Kilometer und umfasst eine Fläche von etwa siebzig Hektar.[47] Die Firma erhielt eine Konzession über ein Einzugsgebiet (101,78 km^2) mit der Dauer von dreißig Jahren mit Aussicht auf Verlängerung (INT 26, 30, 34; Vargas Castillo o. A.: 12ff).

5.1.1 Beteiligte Akteure: Eine familiäre Unternehmung

Inversiones Aurora S. A. de C. V. ist ein honduranisches Unternehmen von sieben Teilhaber*innen, wozu auch Familienangehörige (wie die Ehefrauen und Kinder) zählen. Wichtigster Teilhaber und Manager ist Arnold Gustavo Castro Hernández aus Marcala (Departamento La Paz), Ehemann von Gladis Aurora. Nach dem Putsch verzeichnete Gladis Aurora in wenigen Jahren eine steile Karriere innerhalb der Nationalen Partei. Sie wurde in den angezweifelten Wahlen 2010 zur Abgeordneten aus dem Departamento La Paz gewählt und diente während der Lobo-Regierung als Staatssekretärin im Kongress. Obwohl sich Gladis Aurora unter anderem durch den Staudammbau unbeliebt gemacht hatte, gewann sie auch in den Wahlen 2013 wieder das Abgeordnetenmandat. Lokalen Augenzeug*innen zufolge bestand ihre Wahlpropaganda unter anderem daraus, 100-Lempira-Scheine zu verteilen.[48] Bei der Amtsübernahme von

---

47 Honduranisches Maß: 100 manzanas sind ca. 0,7 km^2
48 Informationen aus mehreren Gesprächen und Telefonaten, u. a. mit Margarita Pineda am 21. 10. 2014.

Juan Orlando Hernández Anfang 2014 wurde sie darüber hinaus zur Vizepräsidentin des Kongresses und zur Vorsitzenden der Nationalen Partei ernannt (INT 25; Gallegos 2014; Proceso Digital 2014 b). Bei der Aurora-Familie handelt es sich um in kurzer Zeit reich gewordene Kaffeeplantagen-Besitzer*innen (INT 22). Schwer nachweisbaren Gerüchten und Quellen zufolge, die hier nicht veröffentlicht werden können, heißt es, Gladis Aurora sei möglicherweise in Drogengeschäfte verwickelt. Laut ehemaligem Chef der honduranischen Anti-Drogen-Kommission Alfredo Landaverde, der 2011 umgebracht wurde, liegt der Anteil der im Drogenhandel involvierten honduranischen Abgeordneten bei rund 10 % (vgl. Meyer 2013). Die Tatsache, dass bei Internetrecherchen nichts über die Firma und deren Projekte sowie mögliche Geldgeber auffindbar ist, entkräftet nicht den Verdacht, dass die Staudämme zur Geldwäsche dienen könnten – um Einkommen aus dem Drogenhandel so in »sauberes« Einkommen über Stromverkäufe umzuwandeln. Weiterer Teilhaber und juristischer Bevollmächtigter von Inversiones Aurora ist Marco Antonio Bonilla Reyes, Cousin von Gladis Aurora (INT 26) und ehemaliger Oberst beim Militär. Sein Bruder, Pompeyo Bonilla Reyes, amtierte als Sicherheitsminister sowie Privatberater von Porifio Lobo (La Prensa 2013 c; Gallegos 2014; Pagoada Santos 2013). Die anderen Teilhaber*innen sind laut Gladis Aurora Geschäftspartner*innen im Kaffeehandel (INT 25).

La Aurora I ist nicht das einzige Projekt der Firma: Inversiones Aurora baut derzeit einen weiteren Staudamm namens La Aurora II im Munizip Guajiciro (La Paz), der ebenfalls als CDM-Projekt geplant wurde. Auch zwei Windparks plant die Firma eigenen Aussagen zufolge in La Paz (INT 26).

Die Firmen- und Projektgeschichte deutlich nachzuvollziehen ist fast unmöglich und lässt auf viele Unregelmäßigkeiten im offiziellen Registrierungsprozess schließen. Die Vermutung liegt nahe, dass die Patronage- und Verwandtschaftsverhältnisse zwischen Staudammbesitzer*innen, Kongress, Sicherheitsapparat und Bankensystem dazu beigetragen haben, offizielle Genehmigungsverfahren zu umgehen (vgl. INT 22, 33, 38). Inversiones Aurora existiert seit Januar 2007 (INT 26; Municipio de San José, La Paz 2010). Doch schon ab 2005 wurde scheinbar mit Studien und Genehmigungen für La Aurora I begonnen (CDM Executive Board 2012: 9), 2007 wurde die Genehmigung zur Durchführung von Studien erteilt (INT 34; SERNA 2012 a). Im Jahr 2006 fing die Familie Aurora mit den ersten Landkäufen an (INT 22). Ein erster Betriebsvertrag datiert auf das Jahr 2008. Die meisten relevanten Formalitäten wurden jedoch kurz nach dem Putsch getätigt. In einem Dokument heißt es, Inversiones Aurora habe am 26. August und 7. August [sic!] 2009 mit SERNA den Betriebsvertrag und den Vertrag zur Wassernutzung unterzeichnet (Municipio de San José, La Paz 2010). Im September 2009 nahm Inversiones Aurora jedoch an der vorteilhaften Ausschreibung für erneuerbare Energie teil und unterzeichnete am 2. Juni 2010 den Energie-Zulieferer-Vertrag mit der ENEE für das bis dahin noch mit 4 MW berechnete Energiepotenzial (Municipio de San José, La Paz 2010). Im technischen Bericht von SERNA 1732/2012 ist von 6 MW die Rede (SERNA 2012 b). Inzwischen ist klar, dass die gesamte Stromproduktion, also 9,6 MW, an die ENEE gehen soll (INT 40). Im Februar 2011 erteilte der Bürgermeister von San José der Firma die Baubewilligung (INT 41). Die vergebene Konzession für das Staudammprojekt gilt für eine Dauer von mindestens dreißig Jahren und enthält weitgehende Rechte (z. B. zu Wasserhaushalt und Aufforstung) über das Einzugsgebiet (101,78 km^2). Nicht darin enthalten ist die Extraktion von Materialien. Augenzeug*innen berichteten jedoch von nächtlichen Lastwagenfuhren, die auch noch nach Fertigstellung des Staudamms große Mengen Material abtransportiert haben sollen (INT 26, 33, 34, 38).[49]

Am 13. August 2009 erteilte SERNA der Firma eine sogenannte »Umweltlizenz« (SERNA 2009). Gegen den Subsekretär von SERNA, Norman Gilberto Ochoa, reichten betroffene Gemeinden am 13. Dezember 2011 eine Klage wegen Autoritätsmissbrauchs ein, da er die Umweltlizenz trotz Verletzung des Rechts auf einen FPIC erteilt hatte (MADJ *et al.* 2013: 16). In der qualitativen Umweltdiagnose (span.: Diagnóstico Ambiental Cualitativo, DAC), die ich im April 2013 von Arnold Castro persönlich erhielt und die kein Datum aufweist, ist nur von 6 MW Produktionsleistung die Rede. Bei der Vergrößerung des Projekts auf schließlich 9,6 MW hätten eigentlich erneut gewisse Studien und Genehmigungen eingeholt werden müssen. DACs werden laut Juan Mejía von der Organisation MADJ bei Projekten mit der Kategorie 1, also mit nur minimalen Umweltauswirkungen, durchgeführt (INT 8). Die Umweltlizenz gibt jedoch die Kategorie 2 an (SERNA 2009). Im DAC heißt es übrigens auch, es gäbe im Projektgebiet keine Bevölkerung, die betroffen sein könne, und das nächste Naturschutzgebiet läge im drei Kilometer entfernten Guajiquiro (Vargas Castillo o. A.: 8f, 27). Das Wasserschutzgebiet El Jilguero, in dem sich ein Teil des Projekts befindet, wird verschwiegen.[50] Margarita Pineda, welche in der Bürgerkommission

---

49   aus: Telefonat mit Margarita Pineda, 22. 10. 2014
50   vgl. offizielle Karte der Naturschutzgebiete von Honduras (Ediciones Ramses: Mapa of-

für Transparenz von San José arbeitet, erzählte des Weiteren, dass 2014 zur Durchführung eines Umweltprogramms in der Zone die Umweltverträglichkeitsstudie von La Aurora I benötigt wurde und das Umweltministerium SERNA verlautbarte, das Dokument sei unauffindbar.[51] Der Staudamm wird laut Aussage der Firma ausschließlich über Kredite der Banco de Occidente finanziert (INT 25, 26), einer der drei größten honduranischen Privatbanken (El Heraldo 2013 b). Die Banco de Occidente wird innerhalb des auf erneuerbare Energien ausgerichteten CAMbio Programms der zentralamerikanischen Bank CABEI beratend und finanziell unterstützt (CABEI 2012). Laut Arnold Castro handelt es sich um einen Kredit von 14 Millionen US-Dollar, wobei durch die während des Baus beschlossene Vergrößerung durch eine zweite Turbine ein weiterer Kredit angesucht werden musste (INT 25, 26). Die honduranische Bank vergäbe die Kredite zwar zu schlechteren Konditionen, es stelle jedoch weniger bürokratischen Aufwand dar als über internationale Geber, wodurch das Projekt schneller abgewickelt werden könne (INT 25). Internationale Banken fordern oft die Einhaltung strengerer Richtlinien (wie zur Corporate Social Responsibility).

Verkauft La Aurora I wie ursprünglich geplant Emissionszertifikate, bedeutet dies zusätzliche Einkommen.

5.1.2 Emissionsreduktion durch La Aurora I?

Bei La Aurora I handelt es sich laut UNFCCC-Standards mit seinen 9,6 MW um ein »kleines« und somit im Verhältnis umweltfreundliches Wasserkraftwerk. Durch dessen Bau sollen ein Beitrag zum Klimaschutz geleistet und pro Jahr 28.440 Tonnen CO_2 eingespart werden: Fossile Energieerzeugung und die dadurch entstehenden Emissionen werden durch die Projektaktivität reduziert, heißt es (CDM Executive Board 2012: 3). Wie Box 6 zeigte, werden in Realität jedoch keine fossilen Kraftwerke abgeschaltet. Die Förderung von Wasserkraft hat in erster Linie ökonomische Gründe. Auch ohne dem Clean Development Mechanism wäre La Aurora I gebaut worden. Im Interview antwortete der Manager Arnold Castro auf die Frage, ob es schwierig wäre, das Projekt ohne Einkünfte von CDM durchzuführen, dass dies kein Problem darstelle (INT 26). Die Zusätzlichkeits-Klausel bei CDM, die garantieren soll, dass die Emissionseinsparungen tatsächlich

---

ficial Areas Protegidas de Honduras)
51 aus: Telefonat mit Margarita Pineda, 22. 10. 2014

zusätzlich sind, das Projekt also ohne CDM nicht umgesetzt worden wäre, ist somit nicht erfüllt. La Aurora I war als Projekt des Clean Development Mechanismus geplant und hat sämtliche dafür notwendige Berechnungen und Studien hinter sich, welche die italienische Firma RINA durchführte (CDM Executive Board 2012).[52] Angedachter Käufer der Zertifikate waren laut CDM-Pipeline die Niederlande.[53] Doch bisher befindet sich das Projekt weiterhin nur in der Validations-Phase von CDM, ist also noch nicht registriert und kann zumindest über diesen offiziellen UNFCCC-Mechanismus keine Emissionsgutschriften verkaufen. Grund dafür ist nicht die fehlende Zusätzlichkeit, sondern, wie im vorherigen Kapitel beschrieben wurde, die Fehlfunktion des CDM-Marktes, welcher ein riesiges Angebot von Gutschriften aber wenig Nachfrage schaffte (vgl. Honty 2013; Carbon Finance 2013: 10, 20ff). Möglicherweise verkauft La Aurora I inzwischen Gutschriften über freiwillige Emissionsmärkte, was jedoch aufgrund der vielfachen und intransparenten Marktplätze schwer nachzuverfolgen ist. Im Interview mit Arnold Castro sprach er 2013 von Plänen, sich bei Gold Standard, einer der bekanntesten Zertifizierungsstellen, registrieren zu lassen (INT 26); bisher scheint dies jedoch noch nicht umgesetzt worden zu sein.[54]

5.1.3 Strategien zur Durchsetzung: »Wir bitten um Verzeihung, nicht um Erlaubnis.«

Laut COPINH und der befragten lokalen Bevölkerung waren die Strategien, die von Inversiones Aurora und der munizipalen Regierung zur Durchsetzung des Projekts verwendet wurden, von autoritären, rassistischen und betrügerischen Zügen gekennzeichnet. Hauptgrund des Widerstandes war somit insbesondere die Art und Weise der Implementierung des Staudamms. Die Vorgehensweise bei La Aurora I war sehr ähnlich mit jener, welche Elsia Paz, ehemals langjährige Präsidentin von AHPER, im Interview als generell erfolgreichste Strategie freizügig preisgab; nämlich vorerst die notwendigen Ländereien zu kaufen, die relevanten Autoritäten ausfindig zu machen, um sie auf die eigene Seite zu bringen, und erst im Anschluss die Studien zu erstellen und Genehmigungen zu beantragen:

---

52 http://www.rina.org/en/categorie_servizi/validazione_verifica_gas_serra/servizi/cdm. aspx [11. 10. 2013]
53 http://www.cdmpipeline.org/ [10. 10. 2013]
54 http://www.goldstandard.org/; http://mer.markit.com/br-reg/public/index.jsp?entity=ac count&sort=&dir=ASC&start=0&acronym=&limit=15&name=Honduras [21. 9. 2014]

»Das heißt Ländereien, Ländereien und Ländereien. Wer wohnt in den Einflusszonen, wer sind die Bürgermeister? Und dann fangen wir an, die technischen Aspekte zu betrachten. Zuerst eine gründliche Untersuchung, dann eine Studie.« (INT 27)

Elsia Paz nimmt sich ein Beispiel an dem ihrer Aussage nach in Costa Rica verwendeten Erfolgsrezept beim Bau von Staudämmen: »Wir bitten um Verzeihung, nicht um Erlaubnis. Das ist eine der Philosophien« (INT 27).

Unregelmäßigkeiten beim Landerwerb

Laut Staudamm-Besitzer*innen Gladis Aurora und Arnold Castro mussten so gut wie keine Ländereien für das Projekt erworben werden, da die Flächen schon in eigenem Besitz waren (INT 25, 26). Die einzige landwirtschaftliche Landnutzung, eine Kaffeeplantage, habe es in der direkten Einflusszone nur am Ort des Turbinenhauses gegeben, heißt es in der »Umweltdiagnose« (Vargas Castillo o. A.: 4). Dem stehen die Aussagen der interviewten Bevölkerung gegenüber, die von mehreren Gemeindemitgliedern, die kleinere Landflächen besaßen, berichteten. Margarita Pineda hatte Zugang zu Dokumenten, die auf 105 Landkäufe verweisen (INT 41). Laut Arnold Castro waren keine kommunalen Flächen betroffen (INT 26). Alba Luz Dominguez, Präsidentin der »Bürgerkommission für Transparenz des Munizips San José«, und Lilian Esperanza Lopez vom lokalen COPINH-Rat erklärten jedoch, dass einige betroffene Personen keine Landtitel für die von ihnen bebauten Flächen besessen hatten und diese erst erwerben mussten, um sie daraufhin verkaufen zu können. Die Ländereien hatten der Gemeinde gehört und waren den landlosen Personen überlassen worden (INT 22). Die Ausstellung von individuellen Landtiteln schaffte also erst die Vorraussetzung für die anschließende Privatisierung.

Bei den von den Staudamm-Besitzer*innen abgestrittenen Landkäufen informierte man erstens die Landbesitzer*innen nicht darüber, wofür die Flächen gebraucht wurden; es war allgemein von einem Entwicklungsprojekt die Rede (INT 22, 34). Zweitens gab es mehrere Fälle, in denen die Besitzer*innen zum Verkauf genötigt wurden, da ihnen ansonsten mit Enteignung gedroht wurde. Viele verkauften aus Unwissen und Angst und bereuten dies später. So musste der Bewohner von Aguacatal »Don Francisco«, der sich nach dem Verkauf beschwerte und an der »Verteidigung der Ressourcen« (INT 22) beteiligte, fliehen, als er vom Sicherheitspersonal der Firma Todesdrohungen erhielt (INT 22, 23, 34).

Drittens wurden unverhältnismäßig niedrige Preise für die Flächen gezahlt. Einer Frau zahlte die Firma beispielsweise nur 17 % des gängigen Landpreises für ihre Landfläche, der Schwester des Interviewpartners Magdaleno Aguilar rund 25 %. Dem interviewten Kleinbauern Anastacio Aguilar wurden zwei mit Kaffee bepflanzte Hektar gegen drei entlegenere brach liegende Hektar getauscht (INT 22, 34). Viertens wurde beim Landkauf stark gespart: Die für den Staudamm verwendete Fläche beschränkte sich nicht nur auf die gekauften Grundstücke. Durch den Straßenbau und die Leitungslegung ausgelöste Erdrutsche zerstörten weitere landwirtschaftlich genutzte Flächen, unter anderem Teile des im Besitz von Anastacio Aguilar verbliebenen Grundstücks. Niemand der Betroffenen erhielt jedoch Entschädigungen; teilweise trauten sich Personen aus Angst vor Repressalien nicht, gegen die Firma zu klagen (INT 22, 33, 34, 41).

Spaltung der Gemeinden, Einschüchterung und Repression

Um die lokale Bevölkerung vom Wasserkraftprojekt zu überzeugen, wurden die lokalen Autoritäten, also hauptsächlich die Präsident*innen der »Patronatos« (Gemeinderäte), laut Aussagen der Befragten mit Geschenken und Geld käuflich gemacht. In mehreren Fällen wurden Gegner*innen des Projekts vom angestellten Sicherheitspersonal, das aus derselben Gemeinde kam, bedroht (INT 22, 23, 33, 34). Unter anderem wurde der Pfarrer von San José, José Adam Martínez Lizardo, vom Bürgermeister darauf verwiesen, man habe wegen seiner gegnerischen Position mit dem Bischof gesprochen (INT 31). Die Angst des Pfarrers vor Repressalien war nicht grundlos: Im Jahr 2012 war der den Widerstand gegen den Putsch unterstützende Bischof der Diözese im Westen des Landes durch einen Putsch-Befürworter ersetzt worden, der daraufhin mehrere Pfarrer versetzte, die sich mit ihren Gemeinden gegen Holzabbau, Bergbau und Staudammprojekte eingesetzt hatten (Itzamná 2013; Rights Action Team 2013).

Die Gemeinden spalteten sich in Gegner*innen und Befürworter*innen, wobei sich letzere teilweise in Anstellungsverhältnissen bei La Aurora I oder in höheren Gemeindepositionen befanden. In El Aguacatal, wo die Spaltung am deutlichsten sichtbar war, waren gegen Ende des Baus jedoch fast alle Bewohner*innen vom Projekt enttäuscht, fühlten sich betrogen und setzten den Staudamm befürwortenden Patronato-Präsidenten ab (INT 34).

Des Weiteren wurden viele Aktionen, die im Zusammenhang mit dem Protest gegen den Staudamm standen, mit Polizeiaufgebot zu verhindern versucht. So waren mehrere Polizeipatrouillen aus verschiedenen Munizipien sowie Militäreinheiten stets zur Stelle, wenn es Treffen, Demonstrationen oder Versuche, den Staudamm zu besichtigen, gab (INT 8, 22, 34). Lilian Esperanza Lopez erklärte die Strategie der selektiven Polizeieinsätze:

> »Zum Beispiel im Fall von Gewalt gegen Frauen […] und man ruft die Polizei, damit sie Präsenz zeigen, weil es um Leben oder Tod geht, und sie kommen nie, weil sie nie Benzin, nie eine Patrouille haben. Und wenn wir sagen, dass wir morgen zum Staudamm gehen, haben sie eine hochwirksame Kommunikation, ganz schnell, bevor wir überhaupt angekommen sind, sind sie schon da.« (INT 22)

Fehlinformierung, Manipulation und Verhinderung des FPIC

Wie schon erwähnt, wurde der lokalen Bevölkerung in den ersten Jahren die konkrete Form des Projekts verschwiegen – noch während der Landkäufe und selbst bei Baubeginn (INT 22, 23, 33, 34). Ab Sommer 2009, nicht lange nach dem Putsch, wurde der Bevölkerung wegen beginnender Bauarbeiten klar, dass ein Staudamm entstehen sollte. Die zivilgesellschaftlichen Organisationen des Munizips San José begannen, sich zu besprechen, zu recherchieren, sich zu organisieren und eine Befragung der Gemeinden zu fordern (INT 22, 30, 33, 41). Ein »Netzwerk der zivilgesellschaftlichen Organisationen« wurde aktiviert und neue Gruppen entstanden, wie ein lokaler Indigener Rat von COPINH (INT 33) oder die Lenca-Umweltgruppe MILPA, die sich der »Verteidigung der Gemeingüter« (INT 35; 41) verschrieb.

Aufgrund des Drucks der Bevölkerung wurden mehrere offizielle Versammlungen (span.: cabildos abiertos) in San José und El Aguacatal abgehalten. Bei zwei Gelegenheiten wurden laut Aussagen der Befragten Busse mit Personen aus anderen, eigentlich nicht stimmberechtigten, Munizipien gebracht und Bestechungsgelder in Höhe von 100 Lempira (ca. 3,50 Euro) verteilt – ein in der Region üblicher, wenn auch niedriger Tageslohn (INT 22, 32, 33, 34, 38). Alba Luz Dominguez und Lilian Esperanza Lopez zeigten sich entrüstet über die ihrem Wortlaut nach »rassistische« Art und Weise der Bestechung der bedürftigen indigenen Bevölkerung:

»Sie setzen einen Preis auf die Personen. Den Menschen sehen sie nicht als etwas Besonderes, sondern als ein Etwas, als ein Objekt, das man benützen kann. [...] Die Art, in der sie von der Bevölkerung sprechen! Sie sagen: Diese Indios, mit Geld geben sie sich zufrieden.« (INT 22)

Als Berta Cáceres von COPINH sich in einer Versammlung zu Wort meldete, erntete sie sexistische Kommentare und wurde bedroht:

»Sie hatten einige Männer hinter ihnen, die [...] mich auf obszöne und vulgäre Weise beschimpften, nicht nur verbal, sondern ihre Gesten – diese Gesten von ihnen, wirklich entwürdigende Dinge. Außerdem zeigten sie mir die Machete. Es ist ein sehr schwieriger Kampf, obendrein als Frau.« (INT 38)

Bei dieser Versammlung war auch Edmundo Flores Zúñiga des Miskitu-Volkes aus der westlichen Region Moskitia anwesend, der bei der Durchsetzung von La Aurora I half und welcher zur Empörung von COPINH Anfang 2013 zum Sekretär für indigene Völker der Partei LIBRE ernannt wurde (INT 38; Redacción Cholusat Sur 2013). Zu einer Abstimmung kam es bei keiner der Versammlungen, da entweder die lokale Bevölkerung dies aufgrund der nicht stimmberechtigten Teilnehmenden und der Korruption verweigerte oder die Munizipalregierung die Versammlung abbrach, wenn deutlich wurde, dass die Mehrheit der Teilnehmenden gegen den Staudamm war (INT 22, 32, 33, 34, 38, 41).

Im CDM-Vorbereitungsbericht gibt Inversiones Aurora dennoch vor, am 13. November 2010 eine »öffentliche Befragung« in El Aguacatal einberufen zu haben, bei der »97,9 % agree[d] with the implementation of the project and 2,1 % did not answer the question« (CDM Executive Board 2012: 26). Alle befragten Gemeindemitglieder sagten hingegen, eine Umfrage habe keineswegs stattgefunden. Wie diese Zahlen zustandekommen konnten, ist unklar. Es wird vermutet, dass die Unterschriften in Zusammenhang mit dem Erhalt von einhundert Lempira Teilnahmegeld (bzw. Bestechungsgeld) bei Versammlungen oder über Listen von Empfänger*innen des »Bonus 10.000«, welchen bedürftige Familien vom Staat erhalten, gesammelt wurden (INT 41). Abgesehen davon hatte die Firma zu diesem Zeitpunkt schon mit dem Bau begonnen; der FPIC fordert jedoch eine vorherige Befragung. Am 13. November konnte zudem keine Befragung stattgefunden haben, da der offizielle Termin für das geforderte Plebiszit auf den 18. November 2010 angesetzt worden war. Doch etwa zwei Tage davor suspendierte die Lokalregierung das Plebiszit mit dem Verweis auf einen Brief des Obersten Wahlgerichtshofs, in dem es hieß, dass das Plebiszit die nötigen Anforderungen nicht erfülle. Dies, obwohl der FPIC eine Befragung nach den Mechanismen des betreffenden indigenen Volkes ermöglicht und das Wahlgericht eigentlich nicht vonnöten gewesen wäre (INT 8, 22, 33, 38). Laut Pedro Landa, Koordinator der Nationalen Koalition der Umweltverbände CNRA, »gab [es] eine direkte Komplizenschaft zwischen dem Obersten Gerichtshof, dem Bürgermeister von San José von La Paz und auch eine Komplizenschaft mit dem Nationalen Kongress« (INT 8).

Der Widerstand beruhigte sich trotz vereitelter Befragung nicht; immer wieder wurde in öffentlichen Versammlungen das Thema auf den Staudamm gelenkt, doch der Bürgermeister José Abel García Argueta verbot, darüber zu sprechen. Gegenstimmen wurden nicht in die Protokolle aufgenommen und er behauptete, er habe als höchste Autorität das Recht, die Baugenehmigung zu erteilen, was am 11. Februar 2011 auch geschah (INT 8, 22, 32, 33, 34, 38, 41).

Entwicklungsversprechen für die Gemeinden

Um die Einwohner*innen vom Projekt zu überzeugen, versprach die Firma vielfältige Vorteile für die betroffenen Gemeinden. So gestand die Firma in einer Versammlung in El Aguacatal dieser Gemeinde 25 Projekte, Granadillo etwa 22 Projekte, San Francisco etwa 17 und Zapotal 21 Projekte zu (INT 34). Die Dokumente wurden von den meisten Präsidenten der Patronatos unterzeichnet, interessanterweise jedoch weder von Inversiones Aurora noch von der Lokalregierung, womit die Dokumente nicht rechtskräftig sind (INT 22, 37). Alba Luz Dominguez berichtete: »Arnold Castro sagt, für ihn seien Dokumente nichts wert, das Wort sei ausreichend. in diesen Zeiten ist das Wort nichts wert« (INT 22). Es folgt nun eine kurze Übersicht über die Versprechen und deren bisheriger (Nicht-)Einhaltung:

»Langfristige Arbeit für alle«: Laut Aussagen der Befragten wurde für die gesamte arbeitssuchende Bevölkerung der Zone »langfristige« Arbeit versprochen; je 200 Arbeitsplätze für Männer sowie für Frauen (INT 22, 32, 34). Arnold Castro berichtete von 700 Arbeitsplätzen, von denen fast 100 % lokal seien. Nach Beendigung des Baus würden weiterhin rund siebzig Stellen fortbestehen (INT 26). Gladis Aurora behauptete: »Die ganze Gemeinde [Aguacatal], was nur 36 Häuser sind [sic!], alle alle arbeiten in dem Projekt, alle haben Arbeit. Und in den

anderen Gemeinden auch, alle arbeiten in dem Projekt« (INT 25). Den Einschätzungen der vor Ort verantwortlichen Ingenieurin Molina nach gab es jedoch in diesem Moment (März/April 2013) etwa 300 Angestellte, wobei 100 von außerhalb kommen und die Arbeiten anleiten würden. Dies sei die Höchstzahl an Angestellten, die sie bisher gehabt hätten, mit Entlassungen würde jedoch schon wieder anfangen (INT 30). Laut Aussagen von Bewohner*innen der Gemeinden waren zu dem Zeitpunkt höchstens 15 Personen aus Aguacatal angestellt sowie rund 35 aus San Francisco. Darunter befand sich keine einzige Frau. Von langfristiger Arbeit ist keine Rede (INT 33, 34, 37). Im November 2013 waren laut Margarita Pineda nur noch sechs Personen aus der Gemeinde angestellt und erhielten einen Tagessatz von nur 100 Lempira (ca. 3,50 Euro) (INT 41).

»*Kostenloser Stromanschluss der Gemeinden*«: »El Aguacatal, die Gemeinde ist begeistert von dem Projekt, sie haben schon Strom«, verlautbarte Gladis Aurora im Interview (INT 25). Auch ihr Ehemann Arnold Castro meinte: »Wir installier(t)en den Strom ohne jedwede Kosten für die Gemeinden« (INT 26). Aussagen der befragten lokalen Bevölkerung zufolge wurde zwar eine Leitung zur Baustelle gelegt, um diese mit Energie zu versorgen. Dass etwa 30 der 94 Häuser von Aguacatal nun Strom haben, liege jedoch daran, dass diejenigen, die es sich leisten konnten, den Anschluss aus eigener Tasche zahlten, was jeweils zwischen 10.000 und 25.000 Lempira (ca. 360–900 Euro) kostete. San Francisco blieb weiterhin ohne Anschluss, ebenso wie viele andere umliegende Gemeinden (INT 22, 33, 34, 37).

»*Bau neuer Straßen und Wartung*«: Laut Interviewpartner*innen wurden anstatt der versprochenen Straßenprojekte nur diejenigen Wege ausgebaut, die die Zufahrt zur Baustelle sicherten. Wichtige Gemeindewege bzw. -brücken wurden währenddessen zweitweise unzugänglich gemacht und anstatt der versprochenen Straßenwartung führte der sich verschlechternde Zustand soweit, dass Gemeinden zweitweise von der Außenwelt abgeschnitten waren (INT 22, 24, 34, 37).[55]

Auch Versprechen hinsichtlich des Ausbaus von Bildungseinrichtungen und der Ausstattung mit didaktischem Material, der Verbesserung des Gesundheitszentrums, langfristiger Ausstattung mit Medikamenten und einem Krankenwagen, die Renovierung der Häuser, Wasseranschlüsse, landwirtschaftliche Entwicklungsprojekte oder der Bau eines Gemeindezentrums,

---

[55] aus einemTelefonat mit Margarita Pineda, 21. 10. 2014

blieben laut Aussagen der Befragten unerfüllt (INT 22, 32, 34, 37, 41).[56] In einer Versammlung am 15. Februar 2013 soll im Rathaus von San José die Information von Inversiones Aurora verlesen worden sein, dass »die Firma nicht dazu verpflichtet ist, Projekte in den Gemeinden durchzuführen« (INT 34).

5.1.4 Weder Strom noch Wasser: Auswirkungen

La Aurora I hatte deutliche Auswirkungen auf den Zugang zu Land in der Region. Kleinbäuer*innen wurden dazu genötigt, einen Teil ihres Landes für einen sehr geringen Preis zu verkaufen und weitere Flächen wurden ohne Vergütung durch die Bauarbeiten beschädigt. Dies führte zu erschwerten Bedingungen für die Subsistenz, ohne dies durch Lohnarbeit kompensieren zu können, was die weitere Verarmung der betroffenen Familien zur Folge hatte. Den Kauf anderer Flächen konnten sie sich mit den geringen Summen, die die Firma gezahlt hatte, nicht leisten. Manche migrierten in andere Gemeinden, um familiären Rückhalt zu suchen, während einige Frauen weiterhin ohne Obdach sind (INT 22, 33, 34, 41).[57] Aufgrund der Unvorsichtigkeiten beim Bau des Staudamms besteht außerdem die Gefahr größerer zukünftiger Schäden, wie Erdrutsche. Anfang 2011 hatte der Fluss schon einmal Teile der Baustelle mit sich gerissen (INT 22, 30). In anderen Fällen sind in Honduras ganze Dämme gebrochen, was gravierende Schäden für die flussabwärts lebenden Gemeinden zur Folge hatte (INT 1). Aufgrund der mangelhaften Umweltstudie ist dies in Zukunft nicht auszuschließen. Auch vermerkte während meiner Baustellenbesichtigung die Ingenieurin, dass der durch die Sprengungen des Berges für den Umleitungskanal entstandene Hang mit fast 90 % Gefälle zu steil und die Gefahr von Erosionen sehr hoch sei.

Mehrere Familien in San Francisco, die für die Wasserversorgung auf den Fluss angewiesen waren, mussten während des Baus jahrelang verschmutztes, schlammiges Wasser konsumieren (INT 22, 37). Einige Quellen, von denen andere Familien in Aguacatal und San Francisco ihr Wasser holten, wurden durch den Straßenbau und durch Erdrutsche zerstört (INT 22, 34, 37). Die Bauarbeiten beschädigten des Weiteren Leitungen, die sechs indigene Gemeinden flussabwärts mit Trinkwasser versorgt hatten (INT 36). Durch die Einzäunung des Flusses ist an

---
56 ebd.
57 aus einem Telefonat mit Margarita Pineda am 21. 10. 2014

mehreren Stellen der Zugang zum Fluss versperrt, was die Trinkwasserversorgung, das Wäschewaschen, Fischen und die Nutzung des Flusses als Ort des Zusammenkommens einschränkt (INT 22, 23, 33, 34, 41). Das Projekt soll auch weiterhin »aus Sicherheitsgründen« abgesperrt bleiben (INT 24, 30). Seit Inbetriebnahme des Kraftwerks fließt entgegen der Vorhaben und ökologischen Standards in dem ursprünglichen Flussbecken zwischen Damm und Turbinenhaus (5 km) kein Tropfen Wasser mehr.[58] So ist es auch stromabwärts nicht mehr möglich, zu fischen und Krebse zu fangen (INT 34, 41). In vielen Gemeinden im Umkreis mehrerer Kilometer, welche Wasseranschlüsse besitzen, kommt laut Aussagen der Betroffenen nur noch selten Wasser durch die Leitungen, manchmal nur einmal alle zehn Tage, obwohl es früher nie Wasserknappheit gegeben habe (INT 33, 34, 37). Die Betroffenen schlussfolgerten, dass möglicherweise durch die Sprengungen des Berghangs das Grundwasser umgeleitet wurde. Bei meiner Besichtigung bemerkte ich Rinnsale, die aus der gesprengten Felswand austraten und in den Wasserkraftkanal flossen, was die Ingenieurin bestätigte. Für einen Beweis der durch den Staudamm produzierten Wasserknappheit wären jedoch geologische Studien nötig. Entschädigung seitens der Firma oder des Bürgermeisteramts gab es trotz vorgebrachter Forderungen für keine einzige der von der Wasserknappheit, -verschmutzung oder der Zerstörung der Leitungen und Quellen betroffenen Familien (INT 22, 34, 36, 37).

Aufgrund der geschlechterspezifischen Rollenverteilung in San José, die den Frauen das Beschaffen von Wasser für den Konsum, die Küche und Wäschewaschen (was oft direkt am Fluss getan wird) zuschreibt, müssen die betroffenen Frauen nun längere Wege und mehr Zeit aufwenden (INT 22, 37). Lilian Esperanza Lopez erklärte:

> »Das Bedürfnis nach Wasser spüren mehr wir Frauen, weil wir viel Zeit in der Küche verbringen, unsere Nahrung zubereiten, Arbeit in unseren Häusern verrichten. Wir sind die, die das Wasser transportieren; wo auch immer es ist, müssen wir es holen.« (INT 22)

Auch die Holzbeschaffung für die Küche, ebenfalls Aufgabe der Frauen, wurde durch die für die Baustelle nötige Abholzung und die Absperrungen teilweise erschwert (INT 22). Arnold Castro negierte im Interview (INT 26), dass überhaupt abgeholzt wurde, allerdings

---
58 ebd.

beweisen bereits Fotos das Gegenteil. Es heißt, es sei geplant im Einzugsgebiet (rund 100 km²) großflächig aufzuforsten, um genügend Wasser für den Staudamm zu generieren (INT 25, 26). Selbst wenn dies grundsätzlich positiv ist, könnte es auch weitere Einschränkungen für die Kleinbäuer*innen in der Gegend bedeuten. So meinte die Staudammbesitzerin Gladis Aurora beispielsweise:

> »[J]etzt ist die Aufgabe der Firma, aufzuforsten, damit die Wasserproduktion sichergestellt ist. Jetzt wird es sich umdrehen: Die Firma wird dafür eintreten, dass die Leute zum Maispflanzen keine Bäume fällen, damit die Wasserproduktion nicht sinkt.« (INT 25)

Margarita Pineda berichtete von der Durchführung von Katastern über die Waldbestände und Ökosystemdienstleistungen und die Umsetzung eines Umweltprogramms, das Bildungsprogramme für die Gemeinden von San José und Aufforstung beinhaltet.[59]

Eine weitere Auswirkung von La Aurora I stellte jedoch auch die Herausbildung neuer Widerstandsformen dar, in denen Frauen eine zentrale Rolle spielten. Die verstärkte Organisierung der Bevölkerung wurde von mehreren Interviewpartner*innen durchaus positiv aufgefasst. COPINH begleitete den Widerstand, nahm an Mobilisierungen und Versammlungen teil und unterstützte bei Klagen vor der Staatsanwaltschaft für indigene Völker. Im Zuge der Proteste bildeten sich in San José ein lokaler Indigener Rat von COPINH (INT 22, 33, 38) sowie die indigene Umweltbewegung MILPA (INT 34). Andere indigene Organisationen wiederum, die in San José vertreten sind, wie MILH, ONILH und FONDILH, nahmen kaum an den Protesten teil oder unterstützten teilweise die Durchsetzung von Aurora I (INT 22, 38). Auch das Indigenensekretariat SEDINAFROH war nicht unbeteiligt, insbesondere über dessen Vizedirektorin Gloria Lopez, die gleichzeitig als politische Vertreterin der Abgeordneten Gladis Aurora fungierte (vgl. INT 22, 24). Letztendlich konnte der entstandene Widerstand zwar La Aurora I nicht verhindern, die Erfahrungen rund um die Verteidigung der natürlichen Gemeingüter können jedoch weitergeben werden und zu mehr Widerstandsfähigkeit bei kommenden umstrittenen Projekten, wie beispielsweise dem geplanten Bergwerk oder anderen Staudämmen in der Gegend, führen (INT 22, 33, 35).

---

59 aus einem Telefonat mit Margarita Pineda am 21. 10. 2014

5.1.5 Zwischenfazit: »Sie sprachen von Entwicklung und meinten eine Entwicklung für sich selbst.«

La Aurora I zeigt, dass auch ein kleines Wasserkraftwerk gravierende Auswirkungen auf die lokalen gesellschaftlichen Naturverhältnisse haben kann. Selbst wenn im Vergleich zu anderen Land Grabbing-Beispielen nur eine kleine Landfläche und wenige Personen betroffen sind, stellt der Staudamm für die lokale Bevölkerung dennoch ein Megaprojekt dar. Während ein paar Meter nebenan »grüne« Energie produziert und ins nationale Netz eingespeist wird (INT 40), haben die Gemeinden weiterhin keinen Strom. Es handelt sich somit zwar um ein kleines Projekt mit dezentraler Energieproduktion, nicht jedoch um dezentrale Energieversorgung. Dafür herrscht seit dem Staudammbau Wasserarmut, obwohl es sich um eine wasserreiche Gegend handelt. Besonders von der Wasserarmut betroffen sind Frauen. Selbst wenn es keine Vertreibungen oder Umsiedlungen gab, wurden die indigenen Gemeinden doch in dem Sinn enteignet, als dass der Zugang zum Fluss, zu Wasserquellen sowie zu Gemeindewegen verhindert und Anbauflächen auf illegitime Art und Weise angeeignet wurden. La Aurora I verdeutlicht die (neo-)koloniale Art und Weise, in der »grüne« Projekte umgesetzt werden können: Es wurde von außen aufgedrängt ohne die lokale indigene Bevölkerung zu informieren, geschweige denn deren Recht auf den FPIC zu respektieren, wobei die Strategien häufig repressive, rassistische und teilweise sexistische Züge hatten (INT 22, 34, 38). Der Mythos der Entwicklung wurde von den Bewohner*innen schnell durchschaut: »Sie sprachen von Entwicklung, aber eine Entwicklung, die für sie war!« (INT 22). Vorteile gab es für den Großteil der lokalen Bevölkerung keine (INT 41).

Bei La Aurora I wird deutlich, dass Green Grabbing nicht nur von inter- oder transnationalen Akteuren ausgeht, sondern dass durchaus die nationale Ebene eine wichtige Rolle spielt. Globale Strukturen werden insofern sichtbar, wenn internationale Anreizsysteme für erneuerbare Energie und Akteure wie deutsche Baufirmen und CDM-Beteiligte berücksichtigt werden. Dennoch liegt in diesem Fall der Schwerpunkt auf der nationalen und lokalen Ebene; das Unternehmen und die beteiligten Aktionäre sind honduranisch. Die Kontrolle über das Territorium musste staatlich durchgesetzt werden, wenn nötig auch mit Gewalt. Relevant war dabei das Zusammenspiel zwischen der Privatwirtschaft, dem Bankensystem und der lokalen Regierung, dem Kongress, Sicherheitsapparat und Institutionen wie SERNA, ICF, SEDINAFROH sowie der Staatsanwaltschaft für indigene Völker, welche nie auf die vorgebrachten Klagen reagierte (INT 8, 22, 34). Luis Tapia (2012: 298f) beschreibt solche Zusammenhänge als »patrimoniale Ordnung« oder »kolonialen Präsidentialismus«: Die Besitzer*innen des Staudamms, Angehörige der ökonomischen Elite, haben selbst wichtige Positionen in der Regierung und dadurch Einfluss auf die Schaffung des rechtlichen Rahmens für erneuerbare Energien sowie auf die militärisch-polizeiliche Durchsetzung des Projekts. COPINH hat im Laufe der Jahre immer wieder die fehlende Neutralität der staatlichen Institutionen, insbesondere des Umweltministeriums SERNA, angekreidet:

> »Wir klagen an, dass das Umweltsekretariat (SERNA) ein treuer Ausführer der Interessen der Oligarchie und der Transnationalen Konzerne ist, da es keine Mühen gescheut hat, ihnen jedwede Gefälligkeit zu erfüllen, die von der Verletzung von gemeinschaftlichen Landtiteln, der Durchsetzung von sogenannten ›grünen‹ Projekten bis hin zur kompletten Verachtung von Entscheidungen des Lenca-Volkes geht, wenn dieses Raubprojekte mit der Betitelung ›sauber und erneuerbar‹ ablehnt – diese betrügerische Sprache des räuberischen Kapitalismus.« (COPINH 25. 4. 2012)

Dass das Wasserkraftwerk »grüne« Energie produziert und einen (fraglichen) Beitrag zur Reduktion von Emissionen leistet, beeindruckt die lokale Bevölkerung wenig. Es geht ihr vielmehr darum, den Zugang zum Territorium, zum Gemeingut Fluss und Wasser, zu verteidigen, da dieser lebensnotwendig ist. Teil dieser Verteidigung der Commons ist, sich gegen die (neo-)koloniale Art der Durchsetzung des Projekts und die Abwälzung der existierenden negativen »externen Faktoren« auf sie selbst zu wehren, während sich die Vorteile ohnehin reiche Unternehmer*innen einstreichen. Dadurch »stecken andere die Erlöse der Ressourcen ein als jene, die Jahre, Jahrzehnte lang auf sie Acht gegeben haben« (INT 1). Legitimation für die Ablehnung »grüner« Projekte zu bekommen gestaltet sich jedoch deutlich schwieriger als für die Verteidigung gegen »braune« extraktivistische Projekte, obwohl die Art der Durchsetzung und die Auswirkungen ähnlich sind (vgl. COPINH 25. 4. 2012; INT 11; Gómez Bonilla 2012: 298).

5.2 Wasserkraftwerk Agua Zarca

»El río Gualcarque y la tierra son nuestras fuentes de vida, y debemos defenderlas hasta las últimas consecuencias. Quien no lo hace y se pliega a los intereses de las empresas es un cobarde.[…] ¿Cómo es posible que pretendan prohibirnos ir al río y privarnos de nuestras tierras? Si algún día me tocará morir defendiendo la tierra y las aguas del río, para mí va a ser un orgullo.«

»Der Fluss Gualcarque und das Land sind unsere Lebensquellen. Wir müssen sie verteidigen, koste es, was es wolle. Wer dies nicht tut und sich den Interssen der Firmen beugt, ist ein Feigling. […] Wie ist es möglich, dass sie uns verbieten wollen, zum Fluss zu gehen und uns unserer Ländereien berauben? Wenn es mich einmal treffen sollte, wegen der Verteidigung der Ländereien und des Flusswassers zu sterben, wird das eine Ehre für mich sein.«
María Domínguez aus La Tejera, Schwester des ermordeten Tomás García[60]

Agua Zarca ist in vielerlei Hinsicht exemplarisch, sei es in der Verflechtung der nationalen und internationalen, staatlichen und privaten Akteure, den gewaltsamen Strategien der Durchsetzung als auch der Standhaftigkeit der in COPINH organisierten Lenca-Gemeinden bei der Verteidigung ihres Territoriums Río Blanco. Agua Zarca ist inzwischen zu einem der bekanntesten Staudammprojekte von Honduras geworden. Die Bauarbeiten sind aufgrund der Proteste zum temporären Stillstand gekommen (vgl. Radio Progreso 2014 b). Das Projekt Agua Zarca liegt am Gualcarque-Fluss zwischen den zwei nordwestlichen Departamentos Intibucá (Munizipien Intibucá und Nueva Esperanza) und Santa Bárbara (Munizipien San Francisco de Ojuera und Zacapa). Agua Zarca hat vor allem auf das indigene Territorium Río Blanco im Munizip Intibucá, zu dem zwölf Gemeinden gehören, einen starken Einfluss. Die indigene Gemeinde La Tejera liegt in unmittelbarer Nähe zur Staudamm-Baustelle, ihre Subsistenzfelder befinden sich am Flussufer. Ebenfalls im Umfeld des Projekts liegen El Barreal sowie etwas weiter davon entfernt San Bartolo, La Unión, Valle de Angeles, Santa Ana, El Naranjo, San Pedro, San Antonio sowie Zacapa auf der Zufahrtsstraße und auf der anderen Flussseite San Ramón, La Leona und San Francisco. Die lokale Lenca-Bevölkerung lebt hauptsächlich von Subsistenzlandwirtschaft, dem Anbau von Mais, Bohnen, Bananen, Yucca und anderem Gemüse und Früchten sowie in geringem Maß vom Kaffeeanbau (INT 20; SOA Watch 2013 c). Río

---

60 In: Trucchi (11. 8. 2013); siehe auch Trucchi (10. 8. 2013)

Blanco wird von den Nachbargemeinden als eine Region mit besonders marginalisierter Lenca-Bevölkerung beschrieben (Bird 2013 c: 2). Der Bevölkerung zu »helfen« und durch das Staudammprojekt Arbeitsplätze und Fortschritt zu liefern, stellen die honduranische Firma DESA und ihre internationalen Partnerkonzerne und Geldgeber als eines der Ziele dar: »DESA hat als sozial verantwortungsvolle Firma unter anderem das Ziel, den Gemeinden im Einflussbereich des Wasserkraft-Projekts Agua-Zarca Hilfe zu leisten« heißt es auf der Firmen-Homepage.[61]

Mit einer geplanten Energiekapazität von 22 MW (93 GW pro Jahr)[62] soll Agua Zarca ein nach UNFCCC-Standards mittelgroßes Laufwasserkraftwerk werden. Von Geldgebern wird es gar als *kleines* und besonders umweltfreundliches Projekt angepriesen (FMO 2013). Bestehende Angaben über die Menge der CO_2-Emissions-Einsparungen durch die Erzeugung erneuerbarer Energie lassen darauf schließen, dass geplant ist, Emissionszertifikate zu verkaufen. Laut AHPER (2013) handelt es sich um Einsparungen von 152.074 Barrel Bunkeröl und somit 60.587 Tonnen CO_2 pro Jahr, während auf der DESA-Homepage von 135.000 Barrel Öl und 75.000 Tonnen CO_2 die Rede ist.

Agua Zarca soll einen 21 Meter hohen Damm, einen 300 Meter langen, 3,4 Hektar großen Stausee und drei Kilometer Wasserumleitungskanal umfassen (FMO 2013).[63] Für die Bauarbeiten wurde der indigenen Gemeinde La Tejera der lebensnotwendige Zugang zum Fluss Gualcarque versperrt. Der Fluss dient der Bewässerung der Felder, dem Baden, dem Fischen und hat zudem eine spirituelle Bedeutung für manche Lenca-Gemeinden. Des Weiteren wurden indigene Ländereien am Flussufer, die von Subsistenzbäuer*innen bewirtschaftet wurden, durch die Firma zerstört (INT 17, 19, 20; Bird 2013 b):

> »Sie lassen uns ohne das Land, auf dem wir arbeiten, stehen. Wir leben vom Mais-, Kaffee- und Bohnen-Anbau. Und diese Ländereien werden zerstört und aufgewühlt, weswegen wir nicht mehr arbeiten werden können.« (INT 20)

Die überwiegende Mehrheit der in Río Blanco ansässigen Lenca-Bevölkerung, welche im lokalen Indigenen Rat und Rat der Ältesten organisiert ist, die wiederum den Basisstrukturen von COPINH angehören, wehrte

---

61 www.desa.hn [8. 8. 2013]
62 ebd.
63 ebd.

sich deshalb von Anfang an gegen das Projekt. Offiziellere Repräsentationsorgane sind des Weiteren die sogenannten »Patronatos« jeder Gemeinde, deren Präsident*innen ebenfalls Legitimität besitzen bzw., wenn sie die Meinung der Bevölkerung nicht mehr vertreten, abgesetzt werden. Einige »Patronatos« von Río Blanco gehören ebenfalls COPINH an. Die Río Blanco-Gemeinden und insbesondere die am meisten betroffene Gemeinde La Tejera, haben bei verschiedenen Gelegenheiten, etwa bei offiziellen Versammlungen oder über Protestaktionen »die klare Position der Gemeinden, dieses Projekt NICHT zu erlauben, welches nur die Privatfirmen, deren Kapital und die Vertreibung unterstützt«, ausgedrückt (COPINH 14. 3. 2013):

> »Die Ablehnung beruht darauf, dass es [das Wasserkraftwerk] den Lebensraum angreift, den Gualcarque-Fluss und seine Nebenflüsse für über 20 Jahre privatisiert, das kulturelle und wirtschaftliche Erbe zerstört und den Verlust des Menschenrechts auf Wasser bedeutet. Die Privatisierung des Flusses stellt auch eine offene Verletzung der individuellen und kollektiven Rechte des Lenca-Volkes dar.« (COPINH 19. 4. 2013)

Die Abwehr des Staudamms hängt auch mit dem spirituellen Verhältnis der Lencas zum Gualcarque-Fluss zusammen:

> »Für das Lenca-Volk ist die Privatisierung der natürlichen Gemeingüter, insbesondere der Flüsse, inakzeptabel. Der Gualcarque-Fluss hat eine sehr große spirituelle Bedeutung für das Lenca-Volk. Für sie [die Lenca] leben in diesem Fluss die Wassergeister, und jegliche Aggression gegenüber dem Fluss ist eine Aggression gegenüber ihren Geistern.« (Berta Cáceres, zitiert in Gonzalez 2013)
> »Wir wollen unsere Flüsse frei [fließen lassen] und damit den unbedingt nötigen Beitrag zum Gleichgewicht aller Formen des Lebens und des Planeten leisten sowie als Volk mit der eigenen Kosmovision fortbestehen, die konträr zum räuberischen und zerfallenden Kapitalismus und Rassismus steht.« (COPINH 17. 4. 2013)

COPINH sieht die Verteidigung des Territoriums gegen Agua Zarca als Teil eines »Prozesses der Dekolonialisierung unserer Territorien und unserer Leben« (COPINH 2. 8. 2013) und als Kampf gegen die Auslöschung der indigenen Lebens- und Produktionsweisen sowie der eigenen Kultur und Spiritualität. Häufig bezieht sich COPINH auf den historischen Kampf gegen Unterdrückung und Kolonialismus, der mit dem Lenca-Häuptling Lempira seinen berühmten Anfang nahm:

»[D]ieser Kampf ist Teil eines Prozesses, den COPINH zur Verteidigung der Rechte als Lenca-Volk, zur Verteidung der Autonomie, der Flüsse, der Kultur und unserer eigenen Existenz als indigenes Volk vorantreibt. Da den kapitalistischen und rassistischen Herrschaften dies egal ist und sie die Tiefgründigkeit, die Komplexität, das Verhältnis, die Bedeutung der Existenz aller Lebensformen, der Mutter Erde, des Gleichgewichts und unserer Kosmovisionen nicht verstehen, sehen wir uns dazu genötigt, uns fortwährend mit dem Ziel der Verteidigung des Lebens und als legitime Töchter und Söhne von Lempira zu wehren.« (COPINH 2. 4. 2013)

Die Ablehnung des Projekts und das indigene Recht auf den Free Prior and Informed Consent (FPIC) werden jedoch nicht respektiert. Wie in Folge sichtbar wird, setzten die Firma und staatliche Institutionen von Anfang an Bestechung und gewaltsame Strategien zur Einschüchterung und Repression der Staudammgegner*innen ein. Weil sie sich in ihrem Lebensraum stark eingeschränkt sahen und ihre Meinung ignoriert und unterdrückt wurde, sahen die Gemeinden Río Blancos keine andere Möglichkeit, als ab dem 1. April 2013 eine permanente Blockade auf der neu gebauten Zufahrtsstraße zur Baustelle bei La Tejera zu errichten. Zur Eskalation des Konflikts kam es am 15. Juli, als das auf dem Firmengelände stationierte Militär bei einer Demonstration der lokalen indigenen Staudammgegner*innen ein lokales COPINH-Mitglied erschoss und weitere Personen verletzte. Auch wenn die Baustelle aufgrund des Widerstands seither stillsteht, lebt die lokale Bevölkerung weiterhin in einem ständigen Klima der Angst und Gewalt.

5.2.1 Beteiligte Akteure: Von West Point bis Peking

Die speziell für das Projekt im Jahr 2008 gegründete »100 % honduranische« Aktiengesellschaft Sociedad Mercantil Desarrollos Energéticos S. A. (DESA) erhielt im September 2010 die für zwanzig Jahre geltende Konzession für den Gualcarque-Fluss (mit Möglichkeit der Verlängerung).[64] Agua Zarca ist Bestandteil der 2009 kurz nach dem Putsch eingeleiteten öffentlichen Auftragsvergabe an insgesamt 47 erneuerbare Energieprojekte. Der Manager von DESA, David Castillo, absolvierte seine Ausbildung auf der West Point Militärakademie in den USA, diente von 2004 bis 2007 als Assistent für den Direktor des

---

64 www.desa.hn [8. 8. 2013] .

Geheimdienstes der honduranischen Armee und war von 2006 bis 2010 technischer Direktor der ENEE.[65] Er personifiziert so die engen strategischen Verbindungen von DESA mit dem Staatsapparat. Recherchen von Profundo und Rights Action zufolge finanziert sich DESA vermutlich zu rund zu 70 % über Bankkredite und 30 % aus Eigenkapital, welches wiederum u. a. der Familie Atala entstammt, einer der einflussreichsten Familien in Honduras (Warmerdam/van Gelder 2013: 4; Bird 2013 b: 17f). Die Zentralamerikanische Bank für Wirtschaftsintegration CABEI erteilte DESA einen Kredit über 24,4 Millionen US-Dollar. Einer der DESA-Aktionäre, José Eduardo Atala, ist Vorsitzender der honduranischen Sektion von CABEI (Bird 2013 b: 18). Des Weiteren ist die finnische Entwicklungsbank Finn Fund beteiligt, sowie die niederländische Entwicklungsbank FMO mit einem Kredit von 15 Millionen Euro.[66] FMO führte nach Beschwerden von COPINH und anderen Organisationen, wie auch der Honduras-Delegation und BankTrack, im Oktober 2013 eine außerordentliche Prüfung des Falles durch und besuchte Río Blanco. Die »unabhängige« Forschungsreise wurde von der Firma DESA koordiniert, und da mit keinem*r einzigen Staudammgegner*in gesprochen wurde, gelangte FMO zu dem Schluss, dass die Bevölkerung das Projekt befürworte (FMO 2013). Bei einem Treffen mit den Verantwortlichen von FMO am 26. November 2013 in Den Haag behaupteten diese, die Militarisierung der Region sei für die honduranische »Kultur« angemessen und somit legitim. Im Gegensatz zu FMO zog sich der Central American Mezzanine Infrastructure Fund CAMIF, der wiederum aus Geldern von CABEI, FMO, der Internationalen Finanzkorporation der Weltbank IFC und der Interamerikanischen Entwicklungsbank besteht, von der Finanzierung zurück. Der Grund war, dass der Compliance Advisor Ombudsman (CAO) der IFC nach einer eingereichten Beschwerde von COPINH im November 2013 mit einer Untersuchung des Falles begann (CAO 2014).[67]

Auch die weltweit größte Staudammfirma Sinohydro aus China, die von DESA mit dem Bau beauftragt worden war, zog sich im August 2013 aus dem

---

65 Dabei waren seine Schwerpunkte laut Linkedin: »150 MW PPA Thermal Energy, Patuca III (104MW), Los Llanitos & Jicatuyo (300 MW) development and EPC contracting, $25MM Modernization Project with World Bank, 250 MW Renewable Energy Bid and 100 MW Wind Power Farm«.
http://www.linkedin.com/pub/david-castillo/39/a55/6a2
http://www.tsc.gob.hn/Denuncia%20Ciudadana/2009/066-2009-DCSD.pdf [15. 8. 2013]
66 http://www.banktrack.org/show/dodgydeals/agua_zarca_dam#tab_dodgydeals_finance [20. 9. 2014]
67 http://www.cao-ombudsman.org/cases/case_detail.aspx?id=208 [10. 12. 2013]

Vertrag zurück (Business & Human Rights Resource Centre 2013). Des Weiteren sind die honduranische Baufirma COPRECA und die deutsche Firma Voith Hydro Holding GmbH & Co. KG, ein Gemeinschaftsunternehmen von Voith und Siemens, beteiligt. Voith liefert für Agua Zarca technisches Material, unter anderem die drei Turbinen. In einem öffentlichen Brief im Juli 2013 prangerte die Honduras-Delegation gemeinsam mit weiteren deutschen und österreichischen Organisationen die Firma wegen ihrer indirekten Mittäterschaft an der eskalierenden Situation an und forderte den Rückzug aus dem Projekt (Honduras-Delegation/Attac et al. 2013). Im Antwortschreiben schob Voith Hydro jegliche Verantwortung auf seine honduranischen Partner und verwies auf die Nachhaltigkeit und die sozialen Vorteile von Wasserkraft für Honduras. So behauptete sie, dass das Hungerproblem durch grüne Energie behoben würde – was angesichts der Zerstörung kommunaler Anbauflächen wenig glaubwürdig ist. Trotz ihres Versuchs, in der Öffentlichkeit als ethisch korrekte und an »Corporate Social Responsibility«-Grundsätzen orientierte Firma aufzutreten, ist Voith Hydro nicht zum ersten Mal in hoch umstrittene Staudammprojekte involviert (vgl. International Rivers 2008; Hurwitz 2010).

5.2.2 Betrug, Gewalt und Kriminalisierung: Strategien zur Durchetzung

Nicht-Respektierung des FPIC und der Ablehnung durch die indigene Bevölkerung

Obwohl der Plan für den Staudamm Agua Zarca spätestens seit der Gründung von DESA im Jahr 2008 existiert und die Firma die Konzession 2010 erhielt, wurde erst ab Anfang 2011, als einige Bauarbeiten schon begannen, mit der Sozialisierung des Projekts (also der Informierung und den Versuchen, die lokale Bewilligung zu erhalten) angefangen (Bird 2013 b; FMO 2013). Eine Konzession sollte nach honduranischem Recht eigentlich erst nach der Sozialisierung, die Teil der Umweltverträglichkeitsstudie ist, vergeben werden (INT 42; Trucchi 2010). Auch der Free *Prior* and Informed Consent FPIC der ILO-Konvention 169 betont die nötige Zustimmung der betroffenen indigenen Bevölkerung *vor* Projektbeginn. Im Jahr 2011 lehnte die große Mehrheit das Projekt in zahlreichen Versammlungen entschieden ab. Selbst jetzt, nach jahrelangen Bestechungs- und Bedrohungspraktiken, sprechen viele Bewohner*innen Río Blancos, insbesondere in der am meisten betroffenen Gemeinde La Tejera, ein klares »Nein« zum Projekt aus (INT 20; COPINH 2. 8. 2013; Trucchi 11. 6. 2013; Bird 2013 b: 4; Radio Progreso 2014 b). Dennoch wird von DESA oder Geldgebern wie FMO behauptet, der FPIC sei eingehalten worden und die Mehrheit der lokalen Bevölkerung wolle das Projekt. Dabei werden unter anderem weiter vom Projekt entfernte, vom Staudamm kaum betroffene Gemeinden angeführt (vgl. FMO 2013). Als Beweis der Einverständnis diente DESA u. a. eine Liste mit 79 Unterschriften vom Oktober 2011. Als eine Kopie dieser Liste zwei Jahre später den Río Blanco-Gemeinden in die Hände fiel, entdeckten sie darauf 34 Unterschriften von Staudammgegner*innen, von denen sogar einige nicht schreiben können (OCOTE Films 2013; CADEHO 26. 11. 2013; BankTrack 2013: 3). Trotz der Unregelmäßigkeiten erteilte am 27. Dezember 2011 der Landeshauptmann Martiano Dominguez die Baugenehmigung (Bird 2013 b: 4), am 24. Januar 2013 vergab SERNA die Umweltlizenz (DESA/CONGEDISBA 2013: 1).

Entwicklungsversprechen

In verschiedenen Versammlungen, von denen offizielle Protokolle existieren, versprach DESA die Umsetzung mehrerer Projekte wie die Stromanbindung mehrerer Gemeinden, Straßenbau, Verbesserung von Schulen etc. Offiziellen Protokollen zufolge erklärte der Manager Castillo dabei, diese Projekte seien zu teuer für die mittellose Regierung, weshalb sich die Gemeinden glücklich schätzen sollten, selbst wenn aufgrund Geldmangels bei DESA nicht alle Ansuchen (welche deutlich mehr waren) berücksichtigt werden könnten. Das Projekt sei ohnehin schon vom Kongress bewilligt. Die Stromanbindung schließt dabei nur die Primärleitung ein, die Elektrifizierung der Häuser blieb dem Munizip bzw. den Gemeinden überlassen. Ein Zeitpunkt für die Umsetzung der Entwicklungsprojekte wurde nicht festgelegt (DESA/Municipalidad de Intibucá 2011; DESA/Municipalidad de San Francisco de Ojuera 2011). In einem späteren illegitimen Vertrag vom 3. September 2013 (siehe unten) versprach DESA weitere Projekte, unter anderem ganz La Tejera zu elektrifizieren und die von Landzerstörung und anderen getätigten Schäden betroffenen Personen zu entschädigen (DESA/CONGEDISBA 2013). Río Blanco-Bewohner*innen berichteten von nicht eingehaltenen Versprechen wie dem, in einer Schule sieben Klassenzimmer *vor* Beginn der Arbeiten zu bauen. Auch die Anzahl der Arbeitsplätze, die DESA der Bevölkerung zusagte, ist deutlich höher als jene, die DESA selbst in offiziellen Dokumenten angab (BankTrack 2013). Trotz beteuerter Entwicklungsprojekte blieb eine Vielzahl von Bewohner*innen bei ihrer ablehnenden Position des Projekts.

Illegale und gewaltsame Landaneignung

Die Río Blanco-Region blickt auf jahrzehntelange Landkonflikte zurück. Ein kommunaler Landtitel von 1925 dokumentiert die Ansprüche der indigenen Gemeinden auf ihr Territorium. Dieses haben die Bewohner*innen Río Blancos seither stets vor der Privatisierung verteidigt (Bird 2013 c: 3f).

Offizielle Dokumente und mündliche Erzählungen der Ältesten deuten auf konfliktreiche und teilweise blutige Versuche der Landaneignung durch Großgrundbesitzer*innen aus Santa Bárbara insbesondere in den 1920ern, 1940ern und schließlich 1980/1990ern hin. Der in den 1980/1990ern nach El Barreal gezogenen nicht-indigenen Familie Pineda Madrid kamen die neoliberalen Landreformen zugute, welche den Verkauf ejidaler Ländereien ermöglichten. Die private Aneignung der indigenen Ländereien verlief unter legalem Deckmantel. Dennoch griff die Familie auf gewaltsame Methoden der Besitznahme zurück. Die Aneignung fand in einem Kontext der systematischen Verweigerung des Zugangs zum Rechtssystem für die indigenen Gemeinden statt und verstieß gegen das Munizipal-Gesetz Intibucás von 1990 und die 1994 ratifizierte ILO-Konvention 169. So umzäunte die Familie Pineda Madrid kurzerhand Ländereien und trieb mehrere Jahre hintereinander ihre Rinder kurz vor der Ernte auf die Anbauflächen der Lenca, um deren monatelange Arbeit und Lebensgrundlage zu zerstören und sich letztendlich selbst die Flächen aneignen zu können sowie Zugang zu Arbeitskraft zu erhalten. Andere Ländereien wurden ohne Kenntnis und Erlaubnis der Bevölkerung vom Bürgermeister von Intibucá an die Großfamilie Pineda Madrid vergeben. Die Landaneignung durch DESA baut auf den bestehenden ungleichen Eigentumsverhältnissen auf und stellt eine weitere Zuspitzung des Konflikts und der Enteignung der indigenen Gemeinden dar. Auf die Nutzer*innen der fruchtbaren ejidalen Flächen am Flussufer war in den letzten Jahren der Druck stark gestiegen. So wurden dort insbesondere während der Zeit, als Mitglieder der Familie

Pineda Madrid schon bei DESA angestellt waren, die für den Staudamm relevanten Felder mit der Taktik des Darübertreibens der Rinder und des Zerhackens der Maisernte vernichtet, um die Familien zum Landverkauf zu zwingen (Bird 2013 a, b: 4ff; c: 4ff; INT 17). Auch im Sommer 2014 zerstörten Pineda Madrid Familienangehörige auf weiteren Feldern von Río Blanco-Bewohner*innen die Maisernte.[68]

Die betreffenden Ländereien von Río Blanco »sind ejidal munizipal, weswegen einige alles verlieren werden, weil wir keine offiziellen Dokumente besitzen«, erklärte Sabino Gonzalez, Subsistenzbauer aus La Tejera (INT 20). Indigenem Gewohnheitsrecht zufolge haben indigene Völker jedoch auch ohne offizielle Privattitel Anspruch auf ihr Land. Außerdem existiert der 1925 ausgestellte kommunale Titel. Laut Grundbüchern erwarb DESA am 24. August und 13. Dezember 2011 Landtitel innerhalb von Río Blanco. Anfang 2012 begannen DESA und Sinohydro, das Lenca-Land von La Tejera zu invadieren und zerstörten die Anbauflächen, inklusive solche, die nicht gekauft worden waren. Ein Hügel bei La Tejera wurde zur Kiesgewinnung für den Bau der zum Projekt führenden Straße abgetragen. Diese Straße wurde ab 2011 illegalerweise konstruiert: DESA hatte 2010 mit der Gemeinde Zacapa ein Abkommen abgeschlossen, in dem der Straßenbau im Gegenzug zum Bau weitläufiger Infrastruktur, inklusive Häuser, Schule und Gesundheitszentrum, bewilligt worden war. Da keines der Versprechen eingehalten wurde, erklärten die Gemeinden das Abkommen für null und nichtig. Des Weiteren zerstörten Traktoren ein kleines Solarenergie-Kraftwerk, das der spärlichen Stromversorgung La Tejeras gedient hatte (Bird 2013 a, b: 5f).[69]

Im März 2011 wurde auf illegale Art und Weise versucht, eine gemeinschaftlich von La Tejera genutzte Fläche (rund 21 Hektar) an vier Staudammbefürworter und Patronato-Mitglieder von El Barreal zu vergeben. Die darauf liegenden Quellen, von welchen die Einwohner*innen von La Tejera das Trinkwasser bezogen, wurden umzäunt, um das Firmengelände bei El Barreal mit Wasser zu versorgen. Anstatt diese Landaneignung strafrechtlich zu verfolgen wurden aufgrund des Protests und des Niederreißens dieses illegalen Zaunes die Bewohner La Tejeras Felipe Gomez und Domingo Sanchez am 1. November 2012 angeklagt (INT 16, 17, 18, 20; COPINH 14. 3. 2013; Bird 2013 b: 6).

---

68   aus: Telefonat mit SOA Watch , 29. 10. 2014
69   ebd.

Ende März 2013 verbot das Firmen-Sicherheitspersonal den Gemeinden die Nutzung des Flusses, welcher wichtiger Lebensmittelpunkt ist und zur Bewässerung der Felder, zum Schwimmen und Fischen genutzt wurde (INT 19; Bird 2013 b: 7). Dies war der Tropfen, der das Fass zum Überlaufen brachte: Am 1. April 2013 begannen Hunderte Río Blanco-Bewohner*innen mit einer hartnäckigen und bisher trotz zahlreicher gewaltsamer Räumungen ununterbrochenen Blockade der illegalerweise von DESA erbauten Straße (COPINH 2. 4. 2013; Rights Action Team 2013; Bird 2013 b: 7).

Delegitimierung des Protests

Vonseiten der beteiligten Unternehmen und staatlichen Institutionen sowie internationaler Geldgeber wird versucht, dem Protest der indigenen Bevölkerung jegliche Legitimation zu entziehen. Einerseits wurde teilweise geleugnet, bei den Einwohner*innen Río Blancos handle es sich um Indigene, andererseits wird COPINH als externe, rein aus ideologischen Motiven und gewaltsam agierende Organisation dargestellt, während die lokale Bevölkerung eigentlich den Staudamm befürworte. Rigoberto Cuéllar, unter der Lobo-Regierung Umweltminister und seit Sommer 2013 im Obersten Gerichtshof, ist einer derjenigen, der behauptete, bei Río Blanco handle es sich um kein indigenes Territorium. Berta Cáceres strich in einem Interview den rassistischen Gehalt dieser Behauptungen heraus (Dalton 2013). Die indigene Identität wird häufig auf deren kulturellen Gehalt wie Sprache oder Kleidung reduziert, in Bezug auf gewisse Entwicklungsprojekte für die »arme oder unterentwickelte« Landbevölkerung instrumentalisiert oder aber auch strategisch geleugnet. Es ist jedoch deutlich, dass es sich im Bundesland Intibucá und speziell in der Region Río Blanco um indigenes Territorium handelt. Ein Bewohner von Río Blanco bringt dies gut auf den Punkt:

> »Hier leben wir, hier sind wir geboren, hier bleiben wir und hier sterben wir auch. Sie [die Madrid-Familie] kommt hierher mit Lügen und sagt, sie seien arbeitsam und wir, die Indios, seien Faulpelze. Das ist eine Lüge. Wir beweisen das Gegenteil mit Fakten. [...] Sie sollen uns respektieren lernen; sollen uns, unsere Würde der intibucanischen Indios respektieren. Hier bin ich präsent als Intibucaner, meine Mutter war Intibucanerin und mein Vater auch. Hier bin ich präsent als Indio und rede von Dingen, die wirklich meiner Gemeinde dienen.« (INT 17)

Die Ablehnung erneuerbarer Energieprojekte durch die ansässige indigene Bevölkerung wird in Honduras nicht selten damit zu begründen versucht, dass die Indigenen »ignorant« seien, wie es Elsia Paz, ehemals langjährige Präsidentin des Unternehmer*innenverbands AHPER, wovon DESA Teil ist, in einem Interview ausdrückte (INT 27): »Wenn jemand nicht versteht, was man ihm sagen will, so wird er glauben, man wolle ihn hintergehen.« Aus Ignoranz also verstünden die Indigenen nicht, dass Agua Zarca eigentlich ein Hilfsprojekt sei. Da der lokalen indigenen Bevölkerung vonseiten des Staates und der privaten Firmen ihre klare Haltung nicht zugetraut wird, werden bei Agua Zarca und anderen Projekten in Honduras von außen kommende Organisationen als Schuldige für den Widerstand gesucht. Auch COPINH wird als außenstehend gebrandmarkt – was wegen COPINHs Basisstrukturen und der schon langjährigen Identifizierung von Río Blanco-Bewohner*innen als COPINH-Mitglieder eine klare Verleumdung ist. AHPER besitzt Studien zu den sozialen, indigenen oder christlichen Organisationen, welche den Energieprojekten gefährlich werden könnten – COPINH ist ganz vorne dabei (INT 27). Elsia Paz verglich im Interview den Widerstand gegen Staudämme interessanterweise gar mit den Taliban:

> »Für mich ist die Opposition, meiner Meinung nach, eine eher fanatische, terroristische Opposition. So wie diese Religiösen [...], die Taliban, genau so ordne ich das in Honduras ein. [...] Aber wir haben uns für diesen Kampf vorbereitet, so haben wir das gemacht; wir haben kartiert, Untersuchungen angestellt, Briefe geschrieben, Klagen eingereicht, wir haben Schemata verwendet, die die Minenfirmen benutzt haben.« (INT 27)

Um den lokalen indigenen Autoritätsstrukturen jegliche Legitimität zu entziehen, wurde zum Schein ein neuer indigener Rat (CONGEDISBA) gegründet, der wenige Tage darauf, am 5. September 2013 unter Anwesenheit von Porfirio Lobo und SEDINAFROH einen Kooperationsvertrag mit DESA unterzeichnete (DESA/CONGEDISBA 2013; Bird 2013 b: 11).[70]

Einschüchterung, Militarisierung und gewaltsame Unterdrückung

Gegenüber lokalen Staudammgegner*innen und Mitgliedern des lokalen COPINH-Rates sowie der COPINH-Koordination wurden Drohungen, unter anderem Todesdrohungen, ausgesprochen, sie wurden mehrmals

---
70 aus: Telefonat mit Berta Cáceres, 9. 9. 2013

verfolgt, ausspioniert, mit willkürlichen Hausdurchsuchungen überrascht, durch Luftschüsse eingeschüchtert und an ihrer Bewegungsfreiheit gehindert. Die Präsenz privater Sicherheitskräfte, bewaffneter lokaler Staudammbefürworter, des Militärs und der Polizei in Río Blanco sorgt für ein Klima der ständigen Angst (OCOTE Films 2013; Voz de los de Abajo 2013). Das Militär, speziell das »Erste Ingenieurs-Bataillon« aus der Stadt Siguatepeque und die Polizei arbeiten eng mit DESA zusammen. Soldaten und Polizisten wurden ab dem 17. Mai 2013 auf dem Firmengelände beim Staudamm stationiert und verpflegt, verwendeten die Firmenautos und waren laut Aussagen der lokalen Bevölkerung sogar am Bau beteiligt. DESA verwendete außerdem Equipment des Ingenieurs-Bataillons (Rights Action Team 2013; Bird 2013 a, b: 7, 22; DESA 2013; Honduras-Delegation 2013 a; Voz de los de Abajo 2013). Nach dem vorläufigen Abzug von DESA und Sinohydro wurde das Firmengelände zu einer Art Militär- und Polizeibasis umfunktioniert. Stationiert war dort unter anderem die Anfang 2013 gegründete Militärpolizei mit dem Namen »Operation Freiheit« (Korol 2013 a; Bird 2013 b: 10; La Prensa 2013 a). Im September 2013 sollte eine Polizeistation in La Tejera gegründet werden, was die Gemeindemitglieder jedoch vehement ablehnten.[71] Die starke Polizei- und Militärpräsenz wird damit begründet, sie bringe Sicherheit in die Region und schütze vor den »gewalttätigen Staudammgegnern«.[72] Bewohner*innen der Region und internationale Beobachter*innen schildern jedoch eine andere Situation und zeigen auf, dass die Gewalt vielmehr von Militär, Polizei und privaten Sicherheitskräften ausgeht (COPINH 20. 11. 2013; Voz de los de Abajo 2013; BankTrack 2013).

Es folgen einige Beispiele für Gewaltakte, die durch Agua Zarca provoziert wurden.

Am 29. Juni 2013 griffen vier Staudammbefürworter das an der Blockade teilnehmende Gemeindemitglied Roque Dominguez mit Macheten an, wodurch er schwere Verletzungen erlitt (Voz de los de Abajo 2013; Bird 2013 b: 8).

Am 15. Juli 2013 eröffnete das Militär unter dem Beisein der Polizei das Feuer auf rund 200 Einwohner*innen, die anlässlich einer Protestaktion, wie schon viele Male zuvor, zum DESA-Gelände marschiert waren. Beschreibungen der Demonstrant*innen zufolge hatten Soldaten bereits Schüsse in die Luft abgefeuert, bevor die Menge das Tor erreichte. Beim Näherkommen

---

71 aus: Telefonat mit SOA Watch, 30. 11. 2013
72 aus: Treffen mit FMO in Den Haag, am 26. 11. 2013

zielte der Unteroffizier Kevin Jasser Sarabia aus wenigen Metern Distanz auf den vorne stehenden lokalen Leiter Tomás García und schoss mindestens drei Mal, woraufhin García sofort starb. García hatte, ebenso wie ein Polizeibeamter, direkt davor darum gebeten, nicht zu schießen. Im Anschluss zielte der Soldat auf dessen 17-jährigen Sohn, Allán García, und verletzte ihn mit weiteren Schüssen schwer, andere wurden leicht verletzt. Tomás García, Mitglied des lokalen Indigenen Rats von COPINH, hatte im Vorfeld Todesdrohungen erhalten und Schmiergeld, das ihm mehrmals angeboten worden war, abgelehnt. Kurz nach der tödlichen Attacke hörten die Versammelten erneut Schüsse vom Hügel beim Dorf El Barreal und befürchteten einen weiteren Mord an einem*r Gefährt*in. Wie sich herausstellte, handelte es sich jedoch um den jugendlichen Cristian Anael Madrid Muñoz, Enkel eines bekannten Staudammbefürworters und Sohn eines DESA-Angestellten. COPINH distanzierte sich entschieden von diesem Mord und vermutete, dies könnte eine brutale Strategie gewesen sein, um die Schuld an den Taten COPINH selbst in die Schuhe zu schieben. Der Mord an Cristian war in einer militarisierten und abgesicherten Zone geschehen, während die Staudammgegner*innen sich noch um den Toten versammelten und das DESA-Gelände kurzfristig besetzt hatten[73] (CIDH 2013; Amnesty International 2013 a; COPINH 15. 7. 2013; Bird 2013 b: 8; SOA Watch 2013 b; Korol 2013 a; Honduras-Delegation 2013 a; Voz de los de Abajo 2013). Am selben Tag veröffentlichte DESA eine Pressemitteilung, welche die Geschehnisse vollkommen anders darstellte. Der Tod von Tomás García wurde mit »gewaltsamem Eindringen« auf das DESA-Gelände und mit der Selbstverteidigung des Soldaten begründet und Demonstrant*innen des Mordes an Cristian Madrid beschuldigt (DESA 2013). Kurz nach dem tödlichen Ereignis verließen DESA und Sinohydro die Baustelle und zogen vorläufig ihre Gerätschaften zurück; aufgrund der Blockade hatten die Firmen ohnehin nicht mit den Bauarbeiten fortfahren können (Korol 2013 a; COPINH 2. 8. 2013).

Es folgten mehrere illegale Hausdurchsuchungen durch teils schwer bewaffnete und mit Räumungen, Folter und Massakern drohenden Polizisten sowie kurzfristige Entführungen von Staudammgegner*innen (COPINH 5. 9. 2013, 19. 11. 2013, 26. 5. 2014; CADEHO 2013; Radio Progreso 2014 b). Mehrmals wurden COPINH-Mitglieder oder deren Anwalt in Autos verfolgt (Honduras-Delegation 2013 b; COPINH 7. 11. 2013; 8. 11. 2013).

---

[73] auch aus: Telefonat mit Aureliano Molina, 1. 9. 2013

Die Strategien zur Durchsetzung des Projekts haben sich im Laufe der Jahre verändert. Seitdem der vehemente Widerstand auch internationale Aufmerksamkeit hervorrief und DESA um die Beteiligung internationaler Geldgeber und Baufirmen fürchten musste, setzte die Firma vermehrt auf unterschwelligere Taktiken. So stellte sie Expert*innen der US-Firma Monkey Wrench Consulting an, um Überzeugungsarbeit in den Gemeinden zu leisten und soziale Verhältnisse und Konflikte zu analysieren.[74] Auf deren Homepage heißt es: »We are problem-solvers, often called into a project to fix relationships damaged by company action that erodes trust.«[75] Die seither ansteigende Welle von Gewalttakten und Morden wird als gemeindeinterne und vom Staudamm unabhängige Konfliktsituation dargestellt.

Spaltung der Gemeinden

Die Spaltung baut, wie zuvor beschrieben, auf schon länger existierenden Konflikten um Land auf. Die durch den Staudamm entstandene Situation führte jedoch zu einer Eskalation von Anfeindungen und Gewalt und zog tiefe Gräben zwischen die zwei entstehenden Gruppierungen: Staudammbefürworter*innen und -gegner*innen. Augenzeug*innen berichteten mehrmals, dass einerseits den Personen für die Unterstützung des Staudamms oder für die Teilnahme an Versammlungen Geld angeboten wurde und andererseits die offene Ablehnung des Projekts zu starken Einschüchterungen führte, weswegen viele ihre Position nicht offen zeigen konnten bzw. können. Insbesondere die Patronato-Präsidenten und andere zentrale Personen wurden korrumpiert, ein paralleler indigener Rat gegründet, Zweifel gesät und falsche Anschuldigungen und Gerüchte verbreitet (Honduras-Delegation 2013 b).[76] Die Spaltungen führen soweit, dass es seit Beginn des Agua Zarca-Konflikts zu zahlreichen gewaltsamen Auseinandersetzungen in den Gemeinden und mehreren Toten kam, insbesondere am 5. März und 6. April 2014[77], am 25. Mai 2014 (COPINH 26. 5. 2014) und Ende Oktober 2014. Am 29. Oktober wurde das 15-jährige COPINH-Mitglied Maycol Ariel Rodríguez, Bruder des schon im April 2014 von Staudammbefürwortern ermordeten William Jacobo

---

74   aus: E-Mail-Austausch mit BankTrack, SOA Watch u.a. am 16. 6. 2014; sowie Telefonat mit SOA Watch, 29. 10. 2014
75   http://monkeyforestconsulting.com/what/ [30. 10. 2014]
76   aus: Telefonat mit SOA Watch, 29. 11. 2013
77   http://www.banktrack.org/show/dodgydeals/agua_zarca_dam#tab_dodgydeals_update [20. 9. 2014]

Rodríguez, am Ufer des Gualcarque-Flusses tot aufgefunden. Als letztes war er Tage zuvor mit einem DESA nahestehenden Gemeindemitglied gesehen worden und seitdem verschwunden (COPINH 30. 10. 2014).

Kriminalisierung des Protests

Eine der wichtigsten Strategien in der Durchsetzung von Agua Zarca gegen den Widerstand der Bevölkerung ist die Kriminalisierung von zentralen Staudammgegner*innen. Insgesamt sind mehrere Dutzend Bewohner*innen Río Blancos und COPINH-Mitglieder vor Gericht angeklagt. Viele von ihnen erhielten Meldeauflagen bis zum Gerichtsverfahren, für die sie alle zwei Wochen die mühsame und teure Fahrt ins Justizzentrum in La Esperanza zurücklegen mussten. Die Hin- und Rückreise dauert je fünf Stunden und kostet eine für die lokale Bevölkerung kaum bezahlbare Summe von je 350 Lempira (ca. 12,60 Euro) (INT 16, 17, 18, 20; Russo 2013; COPINH 14. 3. 2013; Bird 2013 b: 6, 10).

Allen voran rückten jedoch die COPINH-Koordinatorin Berta Cáceres, der COPINH-Radio-Reporter und Koordinationsmitglied Tomás Gómez und das COPINH-Mitglied Aureliano Molina in den Fokus des »medialen Terrorismus« (Korol 2013 a) und der Kriminalisierung. Dies sollte dazu dienen, die abgelegene Region Río Blanco von der Kommunikation nach außen abzuschneiden und COPINH als externe gewalttätige Aufwiegler darzustellen. Am 24. Mai 2013 wurden Berta Cáceres und Tomás Gómez auf dem Weg nach Río Blanco von einer Militäreinheit festgehalten und fälschlicherweise des illegalen Waffenbesitzes bezichtigt. Die angeblich im Auto gefundene Waffe war vermutlich von den Kontrollposten selbst dort platziert worden (COPINH 2. 8. 2013; Bird 2013 b: 8). Am 2. August 2013 klagte die Staatsanwaltschaft Berta Cáceres, Aureliano Molina und Tomás Gómez wegen »Übergriffen, Nötigung und kontinuierlicher Schädigung« gegenüber DESA an. Die drei wurden als Hauptverantwortliche des Protests beschuldigt und der Aufwiegelung der lokalen Bevölkerung sowie der Anstiftung zu gewaltsamen Aktionen bezichtigt. Die für DESA dadurch verursachten Kosten sollen rund 67 Millionen Lempira (über 2,4 Millionen Euro) betragen (Pineda 2013; Trucchi 11.8.2013; Bird 2013 b: 10; ADH 2013). Am 14. August 2013 erhielten die drei Angeklagten Auflagen, wie die der wöchentlichen Unterzeichnung in La Esperanza und ein Verbot der Rückkehr zum »Tatort«. Am 5. September 2013 wurden sie erneut der Landusurpation und Schädigung angeklagt. Gegen Berta Cáceres wurde am 20. September 2013 aufgrund der zwei verschiedenen Anklagen ein Haftbefehl ausgesprochen und die Räumung der Straßenblockade angeordnet. Gegen beides erhob COPINH Einspruch. So blieb Cáceres weiterhin auf freiem Fuß, musste jedoch fürchten, jederzeit eingesperrt zu werden. Durch das das Verbot, zum »Tatort« zurückzukehren, wozu nach Auslegung des Gerichts ganz Río Blanco zählte, konnten die drei Angeklagten den Gemeinden keine weiteren Besuche abstatten. Dies schmälerte zwar die Intensität des Widerstands vor Ort nicht, trug jedoch zur Isolation von Río Blanco bei und erschwerte die Dokumentation der Menschenrechtsverletzungen (Bird 2013 b: 10ff; COPINH 2. 10. 2013; BankTrack 2013; PROAH 2014).

Die drei COPINH-Koordinationsmitglieder wurden des Weiteren mehrere Male verfolgt, eingeschüchtert und bedroht, ihre Wohnorte umkreist und Familienangehörige ausspioniert (ADH 2013). Cáceres wurde angeboten, die Klage werde fallen gelassen, wenn sie sich öffentlich entschuldige und die Gerichtskosten übernehme, was sie entschieden ablehnte (Honduras-Delegation 2013 b). Aufgrund fehlender Beweise wurden die Verfahren vorläufig eingestellt. Sie können jedoch in für DESA strategisch sinnvollen Momenten wieder aufgerollt werden.[78]

Die verstärkte Kriminalisierung der Menschenrechtsverteidiger*innen begann kurz nachdem die US-amerikanische Botschafterin in Honduras die Regierung in Bezug auf den Konflikt in Bajo Aguán dazu aufgefordert hatte, »die Funktionsweise des Rechtssystems zu garantieren, um gegen Personen vorgehen zu können, welche Bauern dazu ermutigen, Ländereien zu invadieren« (La Prensa 2013 b; Bird 2013 b: 13). An der Funktionsweise des honduranischen Justizsystems ist durchaus Kritik angebracht, allerdings eher hinsichtlich des fehlenden Zugangs von Indigenen zum Rechtssystem und der strategischen Nichtbeachtung indigener Rechte. So bleibt indigenen oder bäuerlichen Gemeinden, die von illegalen Landaneignungen betroffen sind, oft keine andere Möglichkeit als drastische Maßnahmen wie Besetzungen (vgl. Bird 2013: 13). Diese haben im Falle der Straßensperre oder kurzfristigen Besetzungen des DESA-Geländes (COPINH 19. 4. 2013; DESA 2013) effektive Zeichen gesetzt, wurden jedoch zur Kriminalisierung verwendet. Von vielen Seiten, unter anderem von Amnesty International (2013 b), wird die Straflosigkeit und fehlende Neutralität des honduranischen Justiz- und Sicherheitssystems angeprangert. Dieses verfolgt COPINH-Mitglieder

---

[78] aus: Telefonat mit SOA Watch, 30. 10. 2014

und Bewohner*innen von Río Blanco strafrechtlich, während die Klagen der Gemeinden ignoriert werden. Die Río Blanco-Gemeinden hatten am 3. September 2013 DESA, Regierungsfunktionäre und das Militär wegen Landusurpation und Amtsmissbrauch angezeigt. Darunter war auch der damalige Minister von SERNA, Rigoberto Cuéllar, welcher Umweltgenehmigungen erteilt hatte, obwohl die benötigten Studien und der FPIC nicht gesetzeskonform durchgeführt worden waren. Am 1. September 2013 war dieser zum Vertreter des Generalstaatsanwalts ernannt worden (INT 30; COPINH 14. 3. 13; Bird 2013 b: 3, 10; Proceso Digital 2013 c).

5.2.3 Zwischenfazit: Die Verteidigung des Territoriums

Durch den starken Widerstand in Río Blanco und die damit zusammenhängende Repression ist Agua Zarca inzwischen zu einem der bekanntesten Staudammprojekte von Honduras geworden und hat insofern auch Auswirkungen auf andere territoriale Kämpfe im Land. Das Territorium Río Blanco ist viel mehr als nur geographisches Gebiet auf der Landkarte. Es beinhaltet das gemeinsame Zugehörigkeitsgefühl, die historischen Wurzeln, die Relevanz für die zukünftigen Generationen, die spezifische Nutzungsform der kommunalen Ländereien, die Organisierung in eigenen Lenca-Strukturen und das besondere Verhältnis zu ihrem Lebensraum, insbesondere zum Gualcarque-Fluss. Dass dieser privatisiert und anstatt der vielfältigen Nutzungsformen nur der Energieproduktion dienen soll, dass ihre lebensnotwendigen Felder zerstört und verkauft wurden, dass ihre Meinung mit Füßen getreten wird und sie als Indigene und historische Bewohner*innen des Territoriums diskriminiert werden, hat die indigenen Gemeinden zu ihrem hartnäckigen Widerstand bewegt. In diesem sieht COPINH eine Fortsetzung des historischen dekolonialen Kampfes gegen die Auslöschung andersartiger Lebensweisen und der Commons. Ausgeschlossen vom Rechtssystem, welches eigentlich die Zustimmung der indigenen Gemeinden und die Respektierung der Landrechte garantieren sollte, versuchten die Gemeinden, DESA durch die friedliche Blockade und kurzfristige Besetzungen des Firmengeländes selbstständig am Staudammbau zu hindern. Dies wurde jedoch wiederum als illegal und gewaltsam beurteilt und die Staudammgegner*innen somit einer Kriminalisierungskampagne ausgesetzt.

Der Widerstand gegen das »grüne« Projekt und die damit verbundenen »Entwicklungschancen« sind für viele Außenstehende nicht nachvollziehbar (vgl. FMO 2013). Weshalb sollte »armen« Menschen ihr Subsistenzland und ihr Fluss wichtiger sein als Lohnarbeit, Straßen und Strom? Die Haltung der Staudammgegner*innen wird als unplausibel und »ignorant« abgestempelt, was zur Legitimierung der autoritären und gewaltsamen Durchsetzung des Projekts durch DESA und staatliche Instanzen dient. Der Staat hat über das Justizsystem, den Sicherheitsapparat und Regierungsinstitutionen wie SERNA, SEDINAFROH und die Munizipal- und Departamento-Regierungen eine wichtige Rolle in der Absicherung der privaten Interessen gespielt. Zu den Strategien der Durchsetzung gehören Entwicklungsversprechen, die illegale und gewaltsame Landaneignung, die Delegitimierung des Widerstands durch Verleumdungskampagnen gegen COPINH und das Verleugnen des indigenen Status der Bewohner*innen, die Kriminalisierung der Staudammgegner*innen und die provozierte Spaltung der Gemeinden. Die militarisierte Naturaneignung, die politisch motivierte Verfolgung der Staudammgegner*innen und die entfesselten Konflikte innerhalb der Gemeinden haben zu mehreren Toten und einem permanenten Klima der Angst und Gewalt geführt.

Ziel der Kriminalisierungs- und Delegitimierungskampagne ist durchaus, COPINH zu zerschlagen, wird die Organisation doch als große Gefahr für weitere Projekte im Lenca-Territorium und in ganz Honduras gesehen. Die Repression gegen COPINH soll auch zur Einschüchterung anderer Protestbewegungen gegen Land und Green Grabbing dienen. Dies macht auch Berta Cáceres deutlich:

> »Die Antwort dieser mächtigen Sektoren ist, alle ihre Greifarme auszustrecken: all ihre Einflüsse und Strategien, welche ein Gesetzespaket beinhalten, das ihnen den rechtlichen Rahmen für die Kriminalisierung der sozialen Bewegungen bietet und diese legitimiert. So wie sie es mit COPINH machen, als Mittel, um allen anderen sozialen Bewegungen eine Lektion zu erteilen, damit diese nicht mit ihren territorialen Kämpfen zur Verteidigung ihrer natürlichen Gemeingüter fortfahren. Schließlich nehmen diese Kämpfe in Honduras gerade zu. Sie wissen, dass das Territorium einen Ort darstellt, der schwerer kontrollierbar ist als vielleicht der Kongress, die Regierung, der Oberste Gerichtshof, die Bürgermeister, die Abgeordneten und natürlich das Militär und die Medien.« (zitiert in Korol 2013 a)

5.3 REDD+

»Los proyectos REDD, son otra forma de concesionar/privatizar nuestros bienes de la naturaleza, son parte de los grandes intereses trasnacionales y sectores privados de abrir nuevos mercados de ›servicio ambientales‹, poniéndole precio a los bosques como parte material de la naturaleza. […] Los proyectos REDD son similares a las concesiones mineras ya aprobadas que sirven para fortalecer la pérdida de soberanía económica, alimentaria, política, social y cultural; la perdida de las posibilidades de afrontar las causas estructurales de cambio climático.«

»Die REDD-Projekte sind eine andere Form, unsere Gemeingüter der Natur zu konzessionieren/privatisieren. Sie sind Bestandteil des großen transnationalen und privaten Interesses, neue ›Ökosystemdienstleistungs‹-Märkte zu eröffnen. Sie setzen einen Preis auf unsere Wälder, die materieller Bestandteil der Natur sind. […] Die REDD-Projekte sind vergleichbar mit den genehmigten Bergbaukonzessionen, die dazu führen, die wirtschaftliche, ernährungsspezifische, politische, soziale und kulturelle Souveränität weiter einzuschränken. Sie bedeuten einen Verlust der Möglichkeiten, die strukturellen Ursachen des Klimawandels in Angriff zu nehmen.«
COPINH, 6. 7. 2012

5.3.1 Warum in Honduras Wald zerstört wird

Etwa die Hälfte des honduranischen Gebiets ist Waldfläche (55.980 km^2), von der ein Großteil (40.280 km^2) als Naturschutzgebiet deklariert ist. Regierungsdokumenten zufolge handelt es sich bei 37.400 km^2 um Laub-/Regenwälder, bei 24.700 km^2 um Nadelwälder und dem Rest um Misch-, Trocken- oder Mangrovenwälder.[79] Etwa 45,7 % sind nationale Wälder, 40 % des Waldes befindet sich in Privatbesitz, 7 % sind Ejidos (munizipale Flächen) und nur 5 % verzeichnen kommunitäre bzw. gemeinschaftliche Titel, worunter auch die indigener Gemeinden fallen. Dennoch befindet sich der Großteil der Wälder in indigenen Territorien, im Falle des Regenwaldgebiets sind es rund 70 % (Gobierno de Honduras 2013: 44, 93, 99f; GTZ 2007: 28). Der Wald steht in enger kultureller, spiritueller und ökonomischer Verbindung mit der darin und davon lebenden Bevölkerung, er ist Lebensraum, Wohnort, kultureller Raum, bietet Nahrung, Medizin, Holz für Küche und Hausbau und vieles andere.

---

79   Die dem offiziellen REDD+Dokument (R-PP) entnommen Zahlenangaben sind, wie rein rechnerisch ersichtlich ist, ungenau. In dem Dokument wird festgestellt, dass die Datenlage hinsichtlich der Wälder nicht eindeutig ist.

Dabei ist es notwendig, dass der Wald gemeinschaftlich genützt werden kann und der Zugang nicht eingeschränkt ist. Dies bedeutet allerdings nicht, dass es keine gemeinschaftlichen Regelwerke für die Waldnutzung gäbe (INT 14, 15, 28, 38).

Genaue Aussagen über Waldflächendaten oder Abholzungsraten sind generell schwierig, da fast jede Quelle andere Zahlen vorweist – kein geringes Problem für REDD+, wo für CO_2-Berechnungen Genauigkeit gefragt wäre (vgl. Gobierno de Honduras 2013: 98). Deutlich ist zumindest, dass die Entwaldungsrate sehr hoch ist; Schätzungen zufolge schwindet jedes Jahr eine Waldfläche von 550 bis 1200 km² (Gobierno de Honduras 2013: 96, 187). Laut Weltbank- und GIZ-Funktionär Peter Saile hat Honduras eine der höchsten Entwaldungsraten weltweit (INT 12). Bei den Ursachen ist man sich wiederum selbst in offiziellen Dokumenten nicht ganz einig. So wird einerseits postuliert, traditionelle Praktiken seien schuld daran – oft verbunden mit einer Argumentation des Fehlens von Forstmanagement-Plänen, Unwissen und Bevölkerungswachstum. Hier einige den offiziellen Dokumenten entnommene Aussagen:

> »[D]ie Mehrheit der Wälder und Naturschutzgebiete befinden sich in indigenen Territorien, ohne dass ihre Bevölkerung eine nachhaltige Nutzung gewährleistet.« (Gobierno de Honduras 2013: 93)
> »Die Abholzung, der hohe Feuerholzkonsum für Haushaltszwecke, das Bevölkerungswachstum, die Ausbreitung von Siedlungen mit sozialer Infrastruktur gelten weiterhin als die wichtigsten Umweltprobleme in Honduras.« (GTZ 2007: vi)
> »Ebenso wichtig sind die Gebräuche und Gewohnheiten, die im Gegensatz zum Forstmanagement stehen (Brandrodung, Feuerholznutzung, etc.).« (Gobierno de Honduras 2013: 110)
> »Es ist allen bekannt, dass andere – hauptsächlich exogene – Faktoren, besonders der Landbesitz, den Subsistenzanbau auf kargen Böden und starken Steigungen vorantreibt, was zur inadäquaten Nutzung führte, die, wie alle wissen, einer der Hauptgründe der Entwaldung und Landnutzung darstellt.« (GTZ 2007: 9f)
> »Viele indigene und afro-honduranische Gemeinden haben aus Unwissen oder in anderen Fällen durch die Korruption der indigenen Autoritäten die unkontrollierte Nutzung der Wälder in kommunalen Ländereien begünstigt.« (GTZ 2007: 28)

In den Stellungnahmen von indigenen Organisationen in Honduras wird ein anderes Bild der Situation geschildert. Die indigenen Völker sehen sich als deutlich nachhaltigere Waldnutzer*innen und stellen ihre Subsistenzpraktiken der sie verdrängenden intensiven Forst- und Landwirtschaft und extraktiven Vorgehensweisen gegenüber (vgl. CONPAH in Gobierno de Honduras 2013: 164f). So schreibt OFRANEH:

»Die indigenen Völker sind nicht die Waldzerstörer. Im Fall von Honduras haben wir Indigenen uns bewiesen als hartnäckige Verteidiger des Waldes gegen die Plünderung, welche von Politikern, dem Militär und den Unternehmern ausgeht.« (OFRANEH 11. 6. 2013)

Es wurde inzwischen von verschiedenen Seiten aufgezeigt, dass es sich beim negativen Image der traditionellen Bodenbearbeitung wie durch Brachkultur »um ein wirkungsmächtiges Klischee handelt, in dem überholte Annahmen der klassischen Tropenökologie [...] mit rassistischen Zuschreibungen über die rückwärtsgewandte, unterentwickelte [...] Landwirtschaft verknüpft werden« (Backhouse 2013: 278). Während die lebensnotwendige Verwendung von Feuerholz und Subsistenzlandwirtschaft der indigenen bäuerlichen Bevölkerung als höchst klimafeindlich dargestellt wird, werden beispielsweise der Bau von Shopping-Centern, die wachsende Automobilität, steigender Fleischkonsum oder die exzessive Verwendung von Klimaanlagen nicht hinterfragt, sondern als »moderne Entwicklung« weiter vorangetrieben.

Ebenso widersprechen sich die Aussagen derselben Dokumente: So wird an anderer Stelle erwähnt, dass die Entwaldungsrate erst ab den 1960ern mit der Industrialisierung und Exportorientierung der Landwirtschaft und dem von Weltbank und der Interamerikanischen Entwicklungsbank BID geförderten Ausbau der Viehzucht drastisch zunahm. Auch werden der steigende Kaffeeanbau, illegale Abholzung, Waldbrände, Shrimpzucht sowie touristische Infrastruktur an den Küsten und auf den Inseln als Ursachen genannt, ebenso wie fehlende oder verwirrende Gesetzgebung, schwache Institutionen und Korruption (vgl. Gobierno de Honduras 2013: 96ff; GTZ 2007: 9; Plumb 2013: 3). Die starke Ausbreitung von Plantagenwirtschaft in den letzten Jahrzehnten, insbesondere zur Palmölproduktion, wird wiederum kaum als Grund für Entwaldung berücksichtigt (vgl. FIAN/APRODEV *et al.* 2011: 11). Schließlich zählen Plantagen laut offizieller FAO-Definition weiterhin als Wald (vgl. Walddefinition in R-PP in: Gobierno de Honduras 2013: 211; Lang 2012). Die legale Abholzung für den internen Verbrauch und den Export, insbesondere durch private Unternehmen, wird unter anderem von Weltbank, BID oder der deutschen Entwicklungsagentur GIZ unterstützt (GTZ 2007: vii, 19f; INT 9). Sie beträgt rund 880.000 m³ im Jahr (Gobierno de Honduras 2013: 93). Die mit dem Waldsektor verbundenen Aktivitäten bilden etwa 4,5 % des BIP (GTZ 2007: 17).

Die »Nationale Klimawandel-Strategie« aus dem Jahr 2010, deren Ausarbeitung maßgeblich von der GIZ unterstützt wurde, enthält als einen von sieben definierten Arbeitsbereichen den Schutz von Wald und Biodiversität, darunter fällt auch das strategische Ziel der »Implementierung eines adäquaten Forstmanagements« (SERNA 2010 b: 25). REDD+ wird darin als Beitrag zum Waldschutz genannt (SERNA 2010 a: 89) und entwickelte sich inzwischen zur zentralen Maßnahme im Wald- und Biodiversitätsschutz (vgl. INT 6).

5.3.2 REDD+: Eine Win-Win-Situation?

REDD+ präsentiert sich als Lösung für vielzählige Probleme auf globaler sowie nationaler Ebene. Das Programm soll dem Klimawandel vorbeugen, die Probleme der Abholzung, des Biodiversitätsverlusts und des schlechten Forstmanagements in »Entwicklungsländern« wie Honduras überwinden, sowie den am Land und in Wäldern lebenden (v. a. indigenen) Gemeinden zu Einkommen zu verhelfen. Als »innovativer Finanzmechanismus« ist das Ziel, Waldschutz über den Markt leistbar und profitabel zu machen. Derzeit ist Honduras noch auf die Unterstützung internationaler Geldgeber zum nationalen Aufbau von REDD+ angewiesen. Doch das Ziel der Regierung ist »bis 2020 mit einer Million Hektar Waldfläche auf den internationalen CO_2-Markt gelangt zu sein« (Gobierno de Honduras 2013: 122). Inzwischen dürfte die anfängliche Euphorie wegen der schwierigen praktischen Umsetzung von REDD+ in Honduras und den kaum funktionsfähigen Emissionsmärkten deutlich abgenommen haben. Umso mehr wird betont, dass REDD+ insbesondere der besseren Umwelt-Governance diene und im Zuge dessen auch andere Kompensationsmechanismen bzw. Ausgleichszahlungen ausgebaut werden (INT 8; Gobierno de Honduras 2013: 95). Dies zielt vor allem auf Zahlungssysteme für Ökosystemdienstleistungen (PES) sowie den Handel mit Biodiversitäts-Offsets. In einem Bericht der US-amerikanischen Entwickllungsagentur USAID ist zu lesen, dass diese in den letzten Jahren in Honduras an der Einführung von Zahlungs- und Handelssystemen für Feuchtgebiete und für vom Aussterben bedrohte Tierarten gearbeitet hat (USAID 2010: 77). Das 2013 erarbeitete Gesetz zu Klimawandel betont neben dem Clean Development Mechanism CDM und REDD+ auch die zentrale Rolle von »Umweltkompensationen für den Naturschutz im Land (Zahlungen für Ökosystemdienstleistungen oder Schaffung von nationalen Kompensationsmärkten)« (Comisión de Dictamen 2013: 12).

Von REDD+ und anderen Kompensationsmechanismen sollen insbesondere indigene Völker profitieren, heißt es. So wird REDD+ inzwischen als Mittel zur Wiedergutmachung der Klimaschuld, zur Wertschätzung indigener und im Wald lebender Gemeinschaften, zur Armutsbekämpfung und zur nachhaltigen Entwicklung präsentiert (UNFCCC 2011: 24). Im Zuge von REDD+ sollen indigenen Gemeinden endlich offizielle Landrechte zugestanden und der Free Prior and Informed Consent FPIC umgesetzt werden, heißt es. Zahlreiche neue REDD+-Richtlinien sollen die verantwortliche Umsetzung garantieren, jedoch sind sie kaum bindend bzw. legal einklagbar.[80] Dass inzwischen überhaupt Richtlinien existieren, hängt mit der langjährigen lautstarken Kritik an REDD(+) zusammen, die hauptsächlich von indigenen Organisationen aus aller Welt artikuliert wird. So wurde angeprangert, REDD(+) würde den Wald auf seine CO_2-Aufnahmekapazität und den finanziellen Wert reduzieren, Plantagen fördern und indigene Rechte in kolonialer Manier mit Füßen treten. Mehrere Erfahrungen hatten gezeigt, dass REDD(+) zur gewaltsamen Verdrängung indigener Gemeinden aus ihren Wäldern nach sich ziehen kann (Boas 2011; No REDD in Africa Network 2014). Die Proteste führten dazu, dass in der 16. Konferenz der Klimarahmenkonvention im Jahr 2010 unter anderem festgehalten wurde, dass der multiple Gebrauch der Wälder anerkannt werde, REDD+ nicht zur Umwandlung natürlichen Waldes in Plantagen führen solle und die indigenen Rechte respektiert würden (Bosquet 2013). Der partizipative Prozess und die Einbindung indigener Völker werden auch in Honduras besonders betont:

»Im Fall von einheimischen Gemeinden ist ihre Rolle in der Beteiligung im Monitoring der Wälder fundamental wichtig, aufgrund ihres Wissens über das Territorium und das traditionelle Wissen, welches ein effizientes und effektives Monitoring ermöglicht.« (Gobierno de Honduras 2013: 211)

Dass diese Stellungnahme mit obig zitierten Aussagen über die unnachhaltige Forstwirtschaft indigener Gemeinden im Widerspruch steht und indigene Gemeinden vermutlich mit dem an den Tag gelegten Ma-

---

80 Inzwischen gibt es für REDD+ beispielsweise UNFCCC-Safeguards, Weltbank-Safeguards, UN-REDD-Safeguards, von NGOs ausgearbeitete, sowie länderspezifische Safeguards. Siehe: http://reddplussafeguards.com/?p=274 [15. 10. 2014]

nagement-Jargon und der Anwendung ihres traditionellen Wissens zur »Effizienzsteigerung« wenig glücklich wären, ist eine andere Sache. Immerhin, die indigenen Völker werden berücksichtigt – und laut Direktor des SERNA-Sekretariats zu Klimawandel, Manuel Lopez, sei Honduras gar »das Beste der präsentierten Projekte, da es [...] ein Projekt ist, das gemeinsam mit den indigenen und afrohonduranischen Gemeinden ausgearbeitet wurde« (INT 6).

Handelt es sich bei REDD+ also um einen »revolutionären Schritt, der erstmals in der Geschichte die Bemühungen der lokalen Bevölkerung zum Schutz des Waldes würdigt« (Seiwald/Zeller 2011: 429)? Stellt REDD+ eine dekoloniale Maßnahme zur Wiedergutmachung der historischen Klimaschuld der Länder des Globalen Nordens dar? Ist REDD+ letztendlich eine Win-Win-Win-Win-Win-Win-Win-Situation – gut für Wälder, gut fürs Klima, gut für die indigenen und in Wäldern lebenden Gemeinden, gut für die Länder des Globalen Südens, gut für die Käufer*innen im Globalen Norden, gut für die neuen Zertifizierungsfirmen, gut für den Finanzmarkt (vgl. Lohmann 2008)?

5.3.3 »Getting ready for REDD+« in Honduras

Wie in allen von der Weltbank-Institution FCPF geförderten Ländern umfasst der nationale REDD+-Prozess vorerst die Formulierung eines »Readiness Preparation Proposals« (R-PP), das von FCPF angenommen werden muss. Darauf folgt dessen Implementierung bzw. die Ausarbeitung einer Nationalen REDD+-Strategie, um bis 2017 »ready for REDD+« zu sein. Zur Finanzierung des Prozesses versorgt FCPF Honduras mit 3,8 Millionen US-Dollar. Die restlichen Gelder kommen über weitere Kooperationspartner*innen wie die GIZ, USAID, große Umwelt-NGOs und das Entwicklungsprogramm der Vereinten Nationen UNDP (Gobierno de Honduras 2013). UNDP, bzw. UN-REDD, ist außerdem »Durchführungspartner« von REDD+ für Honduras und damit das zuständige ausführende und überwachende Organ. Honduras ist eines von neun »Pilotländern« weltweit, in welchem die Weltbank (FCPF) die Verantwortung für den REDD+-Prozess an externe Durchführungspartner, wie im Falle von Honduras an UNDP, ausgelagert hat (INT 12). Die langjährige Vorbereitungszeit und Formulierung der nationalen REDD+-Strategie soll das teilnehmende Land darauf ausrichten, die Verringerung der Abholzungsrate zu ermöglichen und diese quantitativ nachzuweisen. Dazu wird eine Bestandsaufnahme des existierenden Waldes und eine »CO_2-Inventur« erarbeitet, vorerst vorwiegend für den östlichen, mit Regenwald bedeckten Landesteil, im Anschluss daran für ganz Honduras. Die internationale NGO Rainforest Alliance führt diese Inventur zusammen mit einer Privatfirma durch und wird von USAID finanziell unterstützt (Gobierno de Honduras 2013: 118, 213). Daneben werden schon jetzt Pilotprojekte bzw. Demonstrativaktivitäten von REDD+ und Zahlungen für Ökosystemdienstleistungen erarbeitet und durchgeführt, hauptsächlich gesponsert von der GIZ, um auch schon vor der landesweiten REDD+-Fertigstellung Kompensationszahlungen erhalten zu können (INT 9, 29).

Anfang 2009, noch während Zelayas Regierung, begann Honduras mit der Anmeldung bei der Forest Carbon Partnership Facility FCPF. Während manche Länder schon nach einem Jahr ihre Readiness Preparation Proposals (R-PP) präsentierten, brauchte es in Honduras mehrere Anläufe und einen bedeutenden Umbau der umweltrelevanten Institutionen, bis 2013 die endgültige Version des R-PP angenommen wurde (INT 12). 2010 gründete man im Zuge der Ausarbeitung der nationalen Klimawandel-Strategie den Interinstitutionellen Ausschuss zum Klimawandel CICC (Gobierno de Honduras 2013: 18). Dem untersteht der Unterausschuss REDD+ (span.: Subcomité REDD+), der den Dialog zwischen den verschiedenen staatlichen, zivilgesellschaftlichen und internationalen Akteuren und die Vorbereitung für REDD+ koordiniert (Gobierno de Honduras 2013: 28).

Im Dezember 2011 reichte die Regierung den ersten R-PP-Entwurf informell ein, dessen Vorderseite ein Hinweis auf den partizipativen Prozess schmückt: Es heißt, das Dokument sei gemäß eines »Informations- und Befragungsprozesses mit über 600 Leitern von indigenen Basisorganisationen und lokalen vom Wald abhängigen Gemeinden« ausgearbeitet worden (Gobierno de Honduras 2011). Die indigene Dachorganisation CONPAH schickte im Februar 2012, nachdem sie zufällig auf das R-PP gestoßen war, einen Beschwerdebrief an SERNA und machte deutlich, dass keinesfalls eine Informierung und Befragung stattgefunden hatte. Die Stimmen stammten aus Teilnehmer*innenlisten von Workshops oder Versammlungen und stellten keineswegs die Befürwortung von REDD+ dar (INT 28). CONPAH forderte, das R-PP solle zurückgezogen werden und eine tatsächliche Einbindung der indigenen Völker, basierend auf dem Free Prior and Informed Consent FPIC, stattfinden (CONPAH 2012 a). Die Regierung, besorgt um ihre versprochenen Fördergelder, ruderte zurück, verschob die offizielle Präsentation des R-PP und begann im Mai den Dialog mit CONPAH. CONPAH nahm unter Vorbehalt somit am REDD+-Prozess teil, in der Hoffnung, dass dadurch die Interessen indigener Völker nicht übergangen würden, und mit dem Ziel, die Durchführung eines FPIC durchzusetzen (vgl. INT 4, 28, 39). Dennoch richtete CONPAH im August einen weiteren Beschwerdebrief an den Koordinator von FCPF, Benoit Bosquet, um ihn von weiteren Unregelmäßigkeiten im Prozess in Kenntnis zu setzen und anzuprangern, dass zeitgleich zum offiziellen REDD+-Dialog weiterhin ohne Befragung Aktivitäten durchgeführt würden, welche die indigenen Territorien beeinträchtigen: Angeführt sind unter anderem das neue Bergbaugesetz, den Ausbau der Agrartreibstoffproduktion und die Privatisierung der Flüsse für den Bau von Wasserkraftwerken, welche allesamt auch Abholzung nach sich ziehen (CONPAH 2012 b).

Im August 2012 wurde das R-PP zum zweiten Mal eingereicht, musste im Anschluss jedoch weiterhin überarbeitet werden. Auf Drängen CONPAHs, die weiterhin ohne offizielle Bestätigung ihrer Beteiligung geblieben waren, entstand am 20. Dezember 2012 eine Verpflichtungsurkunde. Sie wurde von CONPAH, SERNA, ICF, dem Agrarinstitut INA und dem indigenen Sekretariat SEDINAFROH unterzeichnet und schuf den »Indigenen und Afrohonduranischen Tisch zu Klimawandel« MIACC (SERNA/ICF et al. 2012).[81] Dieser sollte der Repräsentation der indigenen Völker hinsichtlich klimaschutzrelevanter Themen, wie REDD+ oder auch CDM, dienen. Der Free Prior and Informed Consent FPIC wird darin für alle Entscheidungen als Mechanismus festgelegt. Dafür solle mit staatlicher und internationaler Unterstützung ein Gesetzesentwurf zur Reglementierung des FPIC ausgearbeitet werden. Die Regierung erklärte zudem die Anerkennung der historischen territorialen Landrechte. Des Weiteren heißt es im Dokument, dass »[d]ie Aktionen, die in indigenen und afrohonduranischen Territorien durchgeführt werden, der exklusiven Befugnis von CONPAH und dessen Föderationen unterstehen.« Dies bedeutet jedoch eine Benachteiligung von indigenen Gemeinden und Organisationen wie COPINH oder OFRANEH, die nicht CONPAH angehören. Das in der Urkunde festgehaltene Versprechen von vier technischen Berater*innen für CONPAH (zwei von UNDP und zwei von der GIZ) wurde nicht eingelöst. Laut CONPAH wurden auch weitere Abkommen übergangen, insbesondere diejenigen mit der GIZ und innerhalb deren regionalen Programms REDD/CCAD-GIZ, das REDD+ in acht Ländern Zentralamerikas und

---

81 Vorerst noch unter dem Namen »Mesa Nacional Indígena de Cambio Climático« (MNICC)

der Karibik vorantreibt (INT 9, 11, 28, 29, 39). Die GIZ hat in Honduras eine wichtige Rolle bei REDD+ inne, da die Agentur schon seit mehreren Jahren Programme zu natürlichen Ressourcen durchführt und zumindest bis 2013 insgesamt rund 80 GIZ-Angestellte vor Ort hatte (INT 9).

Am 10. Januar 2013 wurde erneut das R-PP an FCPF geschickt, um letzte Kommentare vor der offiziellen Präsentation zu erhalten. COPINH und OFRANEH sind darin als Beteiligte am indigenen Tisch MIACC aufgeführt (Gobierno de Honduras 2013: 40). Darauf reagierte COPINH mit einem Brief an Benoit Bosquet des FCPF und wies darin die im R-PP behauptete Beteiligung von COPINH und OFRANEH an der MIACC energisch zurück. Die kategorische Ablehnung des »grünen Kapitalismus namens REDD und aller Art der Ausbeutung unserer Güter der Natur und der Mutter Erde« und des »betrügerischen REDD+-Prozesses« kommt darin deutlich zum Ausdruck (COPINH 10. 2. 2013). Dieser Brief stellte einen kleinen Rückschlag für den gelobten partizipativen Prozess in Honduras dar. Dennoch wurde er vom Unterausschuss REDD+ und dem FCPF der Weltbank (absichtlich) missdeutet, wie folgender Kommentar von Peter Saile (FCPF, GIZ) klar machen sollte:

> »Man kann es vielleicht so interpretieren, dass da der Versuch gemacht wird, nachdem sie zwei Jahre gesagt haben: ›Wir wollen nicht‹, [...] jetzt auf einmal sehen: Da fährt ja doch ein Zug, der interessant ist, und der verlässt grade den Bahnhof und vielleicht springt man doch noch auf. Wobei die Tür ist nicht zu. Die können sich jeder Zeit in Zukunft wieder einklinken.«[82] (INT 12)

Anstatt die Meinung von COPINH zu respektieren, wurde im Anschluss versucht, sie zu der Teilnahme am indigenen Tisch zu überzeugen. Die Verantwortung für die weitere Vorgehensweise mit COPINH und OFRANEH schob man dabei auf CONPAH ab. Fand der COPINH-Brief somit zwar in den folgenden REDD+-Verhandlungen Erwähnung, so änderte dies nichts am weiteren Vorgehen.

Im Februar 2013 stieg in Panama die indigene Schirmorganisation entrüstet aus deren nationalen REDD+-Prozess aus, welcher viele Ähnlichkeiten mit dem honduranischen hat. Dies rief auch bei CONPAH Besorgnis hervor (Lang 2013; INT 11, 28, 39). Gleichzeitig wurden in Honduras Nägel mit Köpfen gemacht: Die letzte Gelegenheit der Präsentation des R-PP stand kurz bevor. So besuchte Mitte Februar eine gemeinsame Mission von FCPF und UNDP Honduras, um die Fertigstellung des R-PP zu begleiten.

---

82 Das Interview wurde in deutscher Sprache durchgeführt.

Beim 14. Treffen PC14 im März 2013 in Washington D. C. wurde endlich das über 250-seitige R-PP offiziell präsentiert. Dabei bemängelte FCPF fünf Punkte, die noch überarbeitet werden sollten. Die Überarbeitung wurde am 5. August 2013 für vollendet erklärt. Einer der Punkte war, über die Bemühungen, weitere indigene Organisationen in den Dialogprozess einzubinden, zu berichten (FCPF 2014, INT 11, 29). Daraufhin führte CONPAH im April 2013 eine »Annäherungsreise« zu den bisher an MIACC und REDD+ unbeteiligten Organisationen durch. Weder COPINH noch OFRANEH zeigten jedoch Interesse (vgl. CONPAH 2013). OFRANEH schickte am 12. Mai und 23. September 2013 weitere Protestbriefe an die Forest Carbon Partnership Facility FCPF[83] (OFRANEH 15. 10. 2013).

5.3.4 Private REDD-Projekte

Im Februar 2013 tauchte für kurze Zeit eine Ankündigung auf der SERNA-Homepage auf, in der verkündet wurde, »Honduras [würde] KEINEN Verkauf von Emissionszertifikaten oder Kauf von Sauerstoff im Waldsektor realisieren«, da die nationale Implementierung REDD+ und die Bestandsaufnahme noch nicht abgeschlossen seien. So sei bisher »KEINE Organisation von der honduranischen Regierung dazu autorisiert, Emissionszertifikate im Waldsektor zu verkaufen« (SERNA 2013). Wie sollte es auch private REDD-Initiativen in Honduras geben, wenn die Daten über bestehende Wälder, Aussagen über die bisherige Abholzung, Zukunftsprognosen und CO_2-Berechnungen erst angefertigt werden müssen? Schließlich baut REDD+ auf konkreten Berechnungen und Basislinien auf (vgl. Lohmann 2009). Außerdem müsste für die nationale REDD+-Strategie sonst auf komplizierte Art und Weise berücksichtigt werden, wie viel Senkenfunktion schon verkauft wurde, um diese in den nationalen Berechnungen abzuziehen. Selbst wenn SERNA aus diesen Gründen besagte Ankündigung veröffentlichte, ist die Information stark anzuzweifeln.

Laut Aussagen verschiedener Personen und Organisationen gibt es schon jetzt Firmen oder NGOs, die sich in Honduras niedergelassen haben, um REDD-Zertifikate am freiwilligen Emissionsmarkt zu verkaufen (INT 1, 6, 9, 11). Der Direktor des SERNA-Klimawandelsekretariats, Manuel Lopez, meinte dazu: »Hier kamen Firmen, um [Zertifikate] anzubieten, um zu verkaufen. Sie erwerben Ländereien, Wälder, um später [Zertifikate] zu

---

83   https://de.scribd.com/doc/170305373/Nota-Benoit-Bosquet
     https://de.scribd.com/doc/233260499/nota-FCCB-BM-benoit-pdf [20. 10. 2014]

verkaufen. Aber niemand hat eine Zertifizierung, um dies zu tun« (INT 6). Laut Karla Ramos der GIZ kamen in den letzten Jahren vielfach private REDD-Anbieter nach Honduras, sogenannte »Carbon Cowboys«, wodurch auch in Honduras sämtliche private Waldbesitzer*innen, die sich große Mengen einfach verdientes Einkommen erwarteten, ihren Wald für REDD anbieten wollten: »Es kamen jeden Tag zehn Personen, um zu fragen, was sie machen müssten, um ihren Kohlenstoff zu verkaufen« (INT 9).

COPINH zufolge wurde im Lenca-Gebiet schon mehrmals versucht, REDD-Projekte umzusetzen. In der bei COPINH aktiven indigenen Gemeinde Montaña Verde im Munizip La Iguala, Departamento Lempira, sollte von einer Firma, deren Name nicht bekannt ist, ein REDD-Projekt durchgeführt werden. In einer Versammlung wurde das Projekt angepriesen, von der Bevölkerung jedoch energisch abgelehnt – mit Erfolg. Gemäß Aussagen von COPINH begann im Munizip San Francisco de Opalaca vom Departamento Intibucá eine kanadische NGO namens Fundasol mit zwei REDD-Projekten. Dazu sollen Verträge mit dem Patronato und Bürgermeister abgeschlossen und gemeinschaftliche Landtitel trotz Protestes umgewidmet worden sein (INT 16; COPINH 25. 4. 2012).[84] Laut Juan Mejía von MADJ gibt es auch im Departamento Atlántida seit wenigen Jahren private REDD-Projekte (INT 1). Die Weltbank begann schon 2006 mit einem Emissions-Offset-Projekt im Nationalpark Pico Bonito (World Bank 2006; Segura Warnholtz 2011). Auch die US-Firma EcoLogic führte in diesem Nationalpark ein Waldaufforstungsprojekt durch, welches 2011 von der Rainforest Alliance beim Verified Carbon Standard VCS, das Zertifizierung für den freiwilligen Emissionshandel anbietet, registriert wurde (Rainforest Alliance 2011). Des Weiteren berichteten die GIZ-Funktionäre Gerhard Jansen und Carla Ramos, dass die internationale Firma Wildlife Works an Honduras Interesse zeigt (INT 9). Wildlife Works ist die weltweit größte private REDD+-Firma, die vor allem in Afrika Projekte durchführt und dabei den Schutz der »Big Five«[85] werbetechnisch sinnvoll einsetzt (INT 9).[86] Bei der derzeitigen Expansion von Wildlife Works steht auch Zentralamerika im Fokus.[87] Laut Adalberto Padilla von IUCN soll Wildlife Works schon Mitte 2013 mit Aktivitäten in

---

84   Informationen v. a. auch aus einem mit COPINH-Mitgliedern durchgeführten kollektiven kritisches kartieren am 13. 2. 2013 in La Esperanza
85   Zu den »Big Five« gehören Elefant, Leopard, Nashorn, Löwe und Büffel.
86   http://www.wildlifeworks.com/company/aboutus.php [29. 10. 2013]
87   http://www.wildlifeworks.com/company/aboutus.php [25. 10. 2013]

Honduras begonnen haben.[88] Im Interview mit der GIZ zweifelten Ramos und Jansen an, ob die Biodiversität in Honduras marketingfähig genug sei, um Zertifikat-Käufer zu finden (INT 9). Abgesehen von bereits bestehenden Projekten soll in Zukunft eine private Schiene auf dem freiwilligen Markt neben dem nationalen REDD+Projekt von zentraler Bedeutung sein, an dem auch private Unternehmensverbände wie COHEP starkes Interesse zeigten (INT 9; Gobierno de Honduras 2013: 23). Die freiwilligen Kohlenstoffbörsen verlangen normalerweise geringere soziale und ökologische Auflagen (vgl. Seiwald/Zeller 2011: 427).

5.3.5 Ein partizipativer Prozess? Beteiligte Akteure und die Rolle indigener Völker

In REDD(+) manifestieren sich die verschiedenen Interessen einer großen Anzahl internationaler Akteure, die am honduranischen Vorbereitungsprozess beteiligt sind:

- internationale Organisationen wie UNDP/UN-REDD, FAO, UNEP
- Banken wie Weltbank/FCPF, BID
- große Umwelt-NGOs wie Rainforest Alliance, The Nature Conservancy, IUCN
- wissenschaftliche Einrichtungen in Honduras und anderen Ländern
- Staaten und Staatenverbände wie die EU, Deutschland, die USA über ihren United State Forest Service USFS oder Taiwan, welches das nationale Wald-Monitoring von REDD+ übernehmen soll (Gobierno de Honduras 2013: 37, 215) sowie staatliche Entwicklungsorganisationen (wie GIZ, USAID, die Schweizer COSUDE, die kanadische ACDI)
- Unternehmen wie der Erdölkonzern BP als wichtige Unterstützerinnen des FCPF.[89]

Daneben treiben internationale NGOs und Unternehmen private REDD+ Projekte voran. Außerdem werden eine Vielzahl von Unternehmen und insbesondere Finanzmarktakteuren bei der Zertifizierung, dem Kauf und dem Handel involviert sein. Auf nationaler Ebene sind eine Reihe von Ministerien und Sekretariaten an der Strategie beteiligt, allen voran ICF und

---

88 aus: Telefonat mit Adalberto Padilla, 24. 10. 2013
89 http://www.forestcarbonpartnership.org/carbon-fund-participants [25.10.2013]

SERNA, die 2014 unter der Orlando Hernandez-Regierung unter SERNAM zusammengefasst wurden (FCPF 2014: 1f), sowie INA und SEDINAFROH. Auch die Privatwirtschaft, nationale NGOs, Forschungsinstitutionen und, wie immer wieder besonders betont wird, *die* indigenen Völker sowie Forstkooperativen sind involviert. Nicht zu vernachlässigen ist, dass auch eine honduranische Militäreinheit mit dem Namen Green Forces (span.: Batallones Verdes) seit 2005 in das Forstmanagement und die Überwachung der Wälder eingebunden ist und seit 2013 gar eigene Einnahmen daraus erwirtschaften kann (GTZ 2007: 32; Torres 2013; Conexihon 2013). Innerhalb des REDD+-Prozesses ist dem Militär den Dokumenten zufolge noch keine konkrete Rolle zugeschrieben. Erfahrungen in anderen Ländern deuten jedoch auf die Möglichkeit hin, dass das Militär oder sogenannte »Green Forces« für die teils gewaltsame Überwachung der durch REDD auferlegten Restriktionen in der lokalen Waldnutzung zuständig sein könnten (vgl. Miller 2013; No REDD in Africa Network 2014).

Es wird stets betont, der REDD+-Prozess sei partizipativ und die Zivilgesellschaft, internationale Kooperation und Public-Private Partnerships spielen eine wichtige Rolle beim Ausbau der »inclusive governance« (FCPF 2012: 7). Dies verdeutlicht, dass REDD+ ganz im Sinne der Good Governance und der »Dezentralisierung des Ressourcenmanagements« (Gobierno de Honduras 2013: 119) aufgebaut ist. Der Good Governance-Ansatz, auf Deutsch etwa »gute Regierungsführung«, wurde ab den 1990ern von der Weltbank und anderen Institutionen zur Erreichung effektiver leistungsfähiger Institutionen in Ländern des Globalen Südens vorangetrieben. Er steht im Kontext des neoliberalen schlanken Staats, der weitgehend auf Verwaltungsfunktionen reduziert wird und wo eine starke Einbindung privatwirtschaftlicher und zivilgesellschaftlicher Akteure Voraussetzung ist (vgl. Ziai 2006). Vor allem Entwicklungsagenturen treiben die »gute« Umwelt-Governance in Honduras voran. Wie teilweise kritisiert wird, kann dies jedoch auch in den Aufbau aufgeblasener bürokratischer Apparate münden. So verlautbart die GIZ selbst »die offensichtliche und steigende Abhängigkeit von der Entwicklungszusammenarbeit und die Tatsache, dass einige dieser Interventionen eher dazu führen, techno-bürokratische Machtgruppen aufzubauen« (GTZ 2007: ix). Es wird deutlich, dass es sich keinesfalls um den Abbau des Staates bzw. den Abbau der staatlichen Regelwerke und der Naturgesetzgebung handelt. Vielmehr geht es um den *Umbau* der Naturgesetzgebung und der damit verbundenen Institutionen. Schließlich braucht es einen klaren rechtlichen Rahmen und Reglementierungen, um die Inwertsetzung von Natur zu ermöglichen. Durch den Umbau verschieben sich jedoch die Kräfteverhältnisse (Kill 2013 b; Corson/MacDonald 2012: 264): die Kontrolle und Entscheidungsmacht hin zu internationalen Geldgebern, der Profit meist hin zu privaten Akteuren. Die Beteiligung indigener Gemeinden soll durchaus gegeben sein, doch die bisherigen Entwicklungen im honduranischen REDD+-Prozess lassen daran zweifeln, inwieweit ihre Meinung tatsächlich berücksichtigt wird.

Die indigenen Völker stellen nicht *einen* Akteur im REDD+-Prozess dar, sondern sind höchst divers in ihren Meinungen und Forderungen. Während COPINH und OFRANEH das Programm vehement ablehnen und sich den Verhandlungen enthalten, versucht CONPAH durch die Teilnahme am REDD+-Prozess mögliche positive Effekte zu erzielen und die Stimme indigener Völker einzufordern. CONPAH erhofft sich darüber die Durchsetzung und Einhaltung der lange eingeforderten Rechte auf indigene kommunitäre Landtitel, Gewohnheitsrechte und den Free Prior and Informed Consent (FPIC). REDD+ dient CONPAH insbesondere der Wiederbelebung und Sichtbarmachung ihrer Dachorganisation. War sie vor Beginn des Prozesses für die Regierung kein besonders relevanter Akteur gewesen, wurde die CONPAH-Leitung inzwischen zur Hauptansprechpartnerin in Umweltangelegenheiten.[90] Das heißt nicht unbedingt, dass die Basis der an ihr beteiligten Organisationen Bescheid weiß, was diskutiert wird, geschweige denn, was REDD+ überhaupt bedeutet. Es wird postuliert, über CONPAH seien alle indigenen Völker partizipativ an REDD+ beteiligt. Tatsächlich sind viele Organisationen nicht bei CONPAH vertreten. Um eine Beteiligung des Garífuna-Volkes postulieren zu können, obwohl die einzige Garífuna-Organisation OFRANEH fehlt, heißt es im R-PP lediglich: »Garífuna-Gemeinden: repräsentiert durch Domingo Álvarez, Sekretär von CONPAH« (Gobierno de Honduras 2013: 46). Abgesehen davon herrscht auch bei CONPAH selbst weiterhin Unzufriedenheit, die Organisation beschwerte sich mehrmals über die Nicht-Einhaltung von Abmachungen (INT 28, 39; CONPAH 2012 a, b).

Adalberto Padilla von der internationalen Umweltschutzorganisation IUCN begleitet und berät die indigene Dachorganisation CONPAH im REDD+-Prozess. Er lobte die Gründung des Indigenen und Afrohonduranischen Tisches zum Klimawandel (MIACC), da durch die Schaffung dieser eigenen Instanz den indigenen Völkern ihr gesonderter Status als Rechtsträger anerkannt werde (INT 11). Dennoch kann der Tisch

---

[90] aus: Telefonat mit Adalberto Padilla, 29. 10. 2014

ebenso stärkere Ausgrenzung bedeuten. Waren die indigenen Völker bis zur Gründung von MIACC direkt im REDD+-Unterausschuss vertreten, so ist dies nun nicht mehr der Fall. MIACC ist zwar Teil des Unterausschusses, hat jedoch laut R-PP nur noch Beobachterstatus und keine Stimme mehr (Gobierno de Honduras 2013: 39). Wie Padilla andeutete, werden solch wichtige Entscheidungen oder Festschreibungen in Dokumenten oft unbemerkt an CONPAH vorbei getätigt.[91] OFRA-NEH (7. 2. 2014) nennt den Tisch einen »fiktiven Raum«, in dem noch kaum Entscheidungen getroffen wurden. In offiziellen Dokumenten wird betont, MIACC habe im Jahr 2013 einen Gesetzesvorschlag für die Umsetzung des Free Prior and Informed Consent FPIC erarbeitet (FCPF 2014). Selbst andere indigene Bewegungen haben jedoch keinen Zugang dazu und COPINH lehnt die Bestrebungen CONPAHs zur Erstellung einer einheitlichen FPIC-Richtlinie strikt ab (OFRA-NEH 15. 10. 2014; COPINH 29. 9. 2014). Padilla zufolge handelt es sich um einen wenig ausgefeilten Rohentwurf, dem seit 2013 keine weitere Aufmerksamkeit mehr geschenkt wurde. Nun versuche die Regierung, statt eines Gesetzes ein Richtlinienpapier für den FPIC zu erstellen – wodurch der bindende Charakter vermutlich wegfallen würde.[92] Es ist noch keineswegs klar, ob das »C« im FPIC als »Konsultation« oder »Konsens« ausgelegt wird und eine Ablehnung von Projekten durch indigene Gemeinden also Vetofunktion hätte (vgl. Gobierno de Honduras 2013: 75; INT 11; Plumb 2013: 3). Auch die 2013 getätigten Vorbereitungen für einen honduranischen Konfliktresolutionsmechanismus, welcher dazu dienen soll, die durch REDD+ auftretenden Konflikte zu lösen (vgl. Plumb 2013), sind seither nicht fortgeschritten.[93]

Neben der Umsetzung des FPIC erhofft sich CONPAH vom REDD+-Prozess die Respektierung indigener Territorien und den Erhalt kommunitärer Landtitel. Wilma Calderón, die über das Sekretariat für indigene Völker SEDINAFROH den REDD+-Prozess begleitet, erklärte:

»Einer der Haupterfolge ist die Vereinbarung der Regierung, die Ländereien vor Implementierung solcher Projekte zu betiteln. Der andere ist, das Recht auf die Benutzung und das Management der Ressourcen durch die Völker anzuerkennen, wobei es anfangs Schwierigkeiten gab, dass die Regierung dieses akzeptierte. Nun wird von Ko-Management gesprochen sowie davon, den Völkern mehr Beteiligung einzuräumen. Es ist ein Kompromiss, der erreicht

---

91 aus: Telefonat mit Adalberto Padilla, 24. 10. 2013
92 aus: Telefonat mit Adalberto Padilla, 29.10.2014
93 ebd.

wurde, aber wir müssen als Völker auch unsere Wald-Governance stärken, damit, wenn die Projekte in unsere Gemeinden kommen, die Gemeinden selbst ihre eigenen Projekte im Sinne der Kosmovision der indigenen Völker managen können.« (INT 4)

Seit dieser vorgeblichen Vereinbarung sind jedoch keinerlei weitere Schritte gefolgt, die auf eine Umsetzung der indigenen Landtitelvergabe und Stärkung der territorialen Rechte schließen lassen könnten. Selbst ein UN-REDD-Dokument gibt zu, dass REDD+ aufgrund der legalen Unklarheiten, Straflosigkeit bei illegaler Landaneignung und fehlender Respektierung indigener Landrechte zu vermehrten Konflikten führen könnte (Plumb 2013: 3f). Auch bleibt weiterhin ungeklärt, wer die erhofften Kompensationszahlungen über REDD+ erhalten wird und woher diese stammen sollen (ebd.).[94] Padilla äußerte folgende Bedenken:

»Hier gibt es beim Thema REDD weiterhin die Debatte: Wer hat die CO_2-Rechte? Sind es die Titel-Inhaber des Waldes oder ist es der Staat? Denn je nachdem, wer dieses Recht hat, wird in diesem Prozess des Zertifikate-Handels vermitteln können. Die Tendenz, die in der ganzen Region, von Mexiko bis …gut, ganz Lateinamerika, zu beobachten ist, ist, dass diese Rechte dem Staat zugeschrieben werden. Selbst, wenn der Wald in indigenem Territorium liegt. Das stellt eine große Herausforderung für die indigenen Völker dar: Wenn die Rechte vom Staat sind, welche Erlöse werden dann die indigenen Völker erhalten? […] Auch die Munizipien werden Geld verlangen. Es stellt sich weiterhin die Frage […], wie die indigenen Völker durch REDD+ begünstigt werden, wo doch die größte Summe von Wäldern in indigenen Territorien liegt. Das ist noch unklar. […] Das lässt Raum für andere Akteure – bei solchen Initiativen oft Kaufleute – die die Situation ausnützen und die Territorien an sich reißen, die Hoffnungen schüren oder mit den Wäldern oder Territorien spekulieren, bis dahin, dass es schon zum Kauf von Ländereien gekommen ist. Das sind also ziemliche Risiken.« (INT 11)

Noch ist keineswegs gesichert, ob statt der erwarteten Stärkung indigener Rechte über ihr Territorium und neuen Einommensmöglichkeiten nicht vielmehr deutliche Einschnitte folgen könnten. Erwartete Einkünfte für lokale Gemeinden über REDD+, Payments for Ecosystem Services oder Biodiversitäts-Offsets stellen letzten Endes meist Ausgleichszahlungen für die eingeschränkte Nutzung des Waldes oder Lebensraumes dar. Während die Zahlungen aber teilweise sehr niedrig sind, an den Staat oder private Akteure gehen oder aufgrund von Marktschwächen ganz ausbleiben können, sind die Restriktionen langfristig und beträfen

---

94 ebd.

diejenigen, deren Subsistenz am meisten vom Wald abhängt. Finden tatsächlich Ausgleichszahlungen an die Gemeinden selbst statt, sind diese häufig an gewisse Bereiche gekoppelt, wie an Bildungs- und Gesundheitseinrichtungen. Damit werden jedoch ursprünglich staatliche Aufgaben an die Gemeinden ausgelagert. Dies könnte in Zukunft als Druckmittel fungieren, im Sinne von: Wenn ihr euch gegen REDD+ wehrt, wird es auch in Zukunft keine Schule und kein Krankenhaus geben. Hier sind enge Parallelen mit Staudamm- oder Bergbau-Strategien sichtbar. Das Ausbleiben erwarteter Einkünfte kann sogar dazu führen, dass sich inzwischen von Zahlungen abhängige Gemeinden dadurch erst dazu gezwungen sehen, auf anderweitige Geldquellen, beispielsweise mittels Ressourcenextraktion, zurückzugreifen. REDD+ kann dadurch Naturzerstörung sogar begünstigen. Teilweise stellen Ausgleichszahlungen eine Strategie privater Unternehmen dar, um sich natürliche Ressourcen anzueignen. So treten diese an Gemeinden heran und versprechen ihnen finanzielle Vergütung dafür, dass diese beispielsweise die Wasserressourcen schützen. Dies wird vertraglich geregelt. Dadurch erhält die Firma Zugang zu den Ressourcen und der Schritt hin zur Privatisierung und Kommerzialisierung ist nur noch ein kleiner. Bisherige Erfahrungen mit Kompensationszahlungen haben gezeigt, dass die negativen Auswirkungen die Vorteile meist bei Weitem übertreffen. Dies insbesondere, wenn wie in Honduras Landbesitzrechte nicht eindeutig sind oder Landnutzungsrechte nicht respektiert werden. Entgegen der postulierten Armutsbekämpfung und Entwicklungschancen sind die tatsächlichen Profiteure meist die Großgrundbesitzer*innen oder wohlhabenderen landbesitzenden Gemeindemitglieder. Auch Landkonflikte können dadurch geschürt werden (Ribeiro 2011: 25; Seiwald/Zeller 2011: 431ff; Kill 2014 a: 6; Lohmann 2012: 43f; Moreno 2012 a: 49f).

Padilla ist der Meinung, dass die tatsächliche Ausgestaltung von REDD+ letztendlich »von der Fähigkeit des Lobbyings, vom Einfluss, den die indigenen Völker in der Planung dieser Strategien ausüben, abhängen wird. Wenn man nicht teilnimmt, werden sie die Gesetze einfach bewilligen« (INT 11). Dennoch ist es Strategie von COPINH, OFRANEH und weiteren Organisationen, die an der indigenen Menschenrechtsplattform ODHPINH beteiligt sind, den Prozess zu boykottieren und ihm keinerlei Legitimation zu gewähren. Ihre Vorbehalte gegenüber REDD+ sind, wie klar geworden sein dürfte, nicht unbegründet. ODHPINH (2014 b: 4f) sieht die Gefahr von

REDD+ insbesondere im schon bestehenden ungleichen Kräfteverhältnis, in der weiterhin unzureichenden Umsetzung der Rechte indigener Völker sowie im Besitzgesetz, welches ermöglicht, kommunitäre Titel aufzuweichen und indigene Ländereien zu privatisieren. Die Zweifel beruhen auch auf den bisherigen negativen Erfahrungen mit anderen Projekten, die von denselben Akteuren ausgegangen waren – v. a. Weltbank, GIZ, SERNA oder SEDINAFROH (ebd.; INT 38). Im Protestbrief COPINHs an den Chef der Forest Carbon Partnership Facility FCPF heißt es:

»Die honduranische Regierung und die Weltbank – beide mit langen Vorgeschichten von Aggressionen gegenüber indigenen Völkern – beabsichtigen, ihr Image aufzupolieren durch das Vortäuschen von Partizipation und Respekt gegenüber den Rechten indigener Völker, den Menschenrechten und durch das Vorantreiben einer ›grünen‹ Entwicklung. Da wir jedoch tagtäglich der Verletzung der Menschenrechte, des Rechts auf FPIC, der Konvention 169, der UN-Deklaration über indigene Völker, der honduranischen Verfassung – welche schon mit dem Putsch 2009 brutal angegriffen wurde – und der Heuchelei der internationalen Finanzinstitutionen ausgesetzt sind, glauben wir nicht an REDD+, akzeptieren dessen neue Versprechen nicht und lehnen die Logik bezüglich der Entwicklung, die sie uns aufzwingen wollen, ab.« (COPINH 10. 2. 2013)

Die Rhetorik der Partizipation indigener Völker wird von OFRANEH und COPINH eher als Reinwaschen der schmutzigen Weste gesehen. Dies kann auch dazu führen, dass die gleichzeitig stattfindenden Verletzungen der indigenen Rechte in anderen Bereichen (wie Bergbau, Staudämme etc.) übertüncht oder den Bewegungen beim Widerstand gegen Projekte der Wind aus den Segeln genommen wird (ebd.; OFRANEH 2010, 13. 3. 2012).

Die Einbindung in bürokratische Prozesse wie REDD+ stellt des Weiteren einen hohen Zeitaufwand für indigene Organisationen dar. Warum sollten sich COPINH und OFRANEH dem Bürokratie-Apparat anpassen und in einem deutlich ungleichen Kräfteverhältnis mitspielen, wenn sie doch eigene Methoden haben, um ihre Interessen effektiv voranzubringen? So hat COPINH durch die mehrfachen Besetzungen und Vertreibungen von Holzunternehmen und Bergbauprojekten aus ihrem Territorium vermutlich einen deutlich höheren Beitrag zum Waldschutz geleistet, als dies die bisherigen REDD+-Bestrebungen taten (vgl. INT 15, 38).

5.3.6 Inwertsetzung und Finanzialisierung des Waldes

Wurden bisher noch keine Erfolge hinsichtlich der tatsächlichen Partizipation indigener Völker und Klärung von Landrechten, dem FPIC und Vorteilsausgleichen erzielt, so ist hinsichtlich technischer Umsetzung von REDD+ deutlich mehr erreicht worden. REDD+ kann nur nach umfassenden Berechnungen, Kartierungen, dem Definieren von Messeinheiten und neuen Raumordnungen, dem Quantifizieren der existierenden Wälder, der Abholzungsrate und der Senkenleistung, der Einführung neuer Software, der Anstellung technischer Expert*innen und der Schaffung neuer Institutionen und Märkte umgesetzt werden. Denn für REDD+ muss der Wald bzw. dessen Senkenleistung inwertgesetzt werden. Diese Entwicklungen sind, wie im Falle Honduras deutlich wird, ein nicht immer reibungsloser Prozess.

2010 wurde eine neue Raumordnung (span.: Ordenamiento Territorial) erlassen, die das honduranische Territorium in fünf Entwicklungsregionen und 16 Subregionen »hinsichtlich allgemeiner sozio-ökonomischer Charakteristika, Leistungsfähigkeit, komparativer Vorteile, geographischer Faktoren und anderer Elemente« einteilt (Gobierno de Honduras 2013: 24). Eine Präsentation des COHEP-Unternehmerverbands und USAID stieß bei COPINH-Mitgliedern auf ungläubiges Kopfschütteln, als sie ihr Territorium zerstückelt in bunte Landkarten, Grafiken und Zahlentabellen vorfanden. In der Präsentation heißt es:

> »Warum ist es wichtig, das Land zu regionalisieren? Weil das Land Territorien mit komplett unterschiedlichen Charakteristika aufweist, die verschiedene Formen der Intervention verlangen, um damit eine Bodennutzung zu sichern, die Wirtschaftswachstum mit nachhaltiger Entwicklung garantiert [...], gestützt auf der rationalen, effizienten und nachhaltigen Nutzbarmachung des außerordentlichen Naturkapitals des Territoriums.« (COHEP/USAID 2012: 6, 65)

Mit techno-industriellen, statistischen und kartographischen Methoden wird das Staatsgebiet in extraktive Zonen, Wasserproduktions-, Naturschutz-Gebiete, Senken, Tourismuszonen etc. eingeteilt und anhand des jeweiligen Produktivitätspotentials bewertet. Es handelt sich somit um »territorial transformation implemented from above, either to protect natural resources or exploit natural capital« (Baletti 2012: 579).

2013 wurden mithilfe von GIS (Geographical Information System) die Entwaldungsdynamiken der 16 Regionen analysiert und gegen Ende des Jahres eine Basislinie der durch Abholzung entstehenden Emissionen für Osthonduras und die Atlantikküste erstellt. Doch selbst offiziellen Angaben zufolge stoßen die Berechnungen stets auf praktische Schwierigkeiten, insbesondere wegen fehlender oder höchst unterschiedlicher forstwirtschaftlicher Daten (FCPF 2014: 3f; SERNA 2014: 2; GTZ 2007; Gobierno de Honduras 2013). So müssen viele Vereinfachungen angestellt werden, durch die automatisch gewisse Aspekte ausgeschlossen und nicht in den Berechnungen sichtbar werden. Die quantitativen Bestimmungen sind somit nie als objektive Wahrheiten zu verstehen. Hinter den Zahlen verstecken sich außerdem die dahinterliegenden Interessen derjenigen, die die Berechnungen anstellen – der honduranischen Regierung, privaten Forschungsinstitutionen, USAID, Rainforest Alliance, Großgrundbesitzer*innen etc. Je höher die durch Abholzung entstehenden Emissionen geschätzt werden, je wahrscheinlicher drohende Abholzung präsentiert wird, desto mehr Zahlungen für Waldschutz können erwartet werden.

COPINH stellt sich gegen die »Merkantilisierung [der] Wälder, der Natur und des Lebens, da der Wald nur hinsichtlich seiner Kapazität der Kohlenstoffdioxid-Aufnahme wertgeschätzt und verwertet wird« (COPINH 10. 2. 2013). Denn wie kann in einer CO_2-Zahlenmenge oder Geldsumme ausgedrückt werden, dass ein Wald für Lenca-Gemeinden lebensnotwendig und für kulturelle und spirituelle Praktiken unverzichtbar ist, dass es sich um komplexe Commons und nicht um eindimensionales »Naturkapital« handelt? Sollten die Berechnungen und Kosten-Nutzen-Analysen zukünftig zu Entscheidungen hinsichtlich der (Nicht-)Abholzung eines Waldes führen, so sind letztendlich dessen Senkenleistung oder eventuell weitere messbare Ökosystemdienstleistungen ausschlaggebend – und nicht die unmöglich quantifizierbare Bedeutung, welche der betreffende Wald für die darin lebenden indigenen Gemeinden hat.

Doch REDD+ kann die spezifischen gesellschaftlichen Naturverhältnisse indigener Gemeinden auch stark verändern: Die Einführung von Kompensationszahlungen kann darin resultieren, dass diese »zu ›ökorationalen Subjekten‹ erzogen [werden], die ihre Umwelt schützen, weil dies die Grundlage für ihr monetäres Einkommen darstellt« (Seiwald/Zeller 2011: 428). Wenn Subsistenzaktivitäten und Holzentnahme aus Waldschutzgründen untersagt werden und Gemeinden stattdessen (ungewisse) Kompensationszahlungen erhalten, kann dies auch »zu einer fortschreitenden Integrierung der vormals unabhängigen Selbstversorger in die kapitalistische Marktwirtschaft« (ebd.) führen. Im Interview mit SEDINAFROH (INT 4) berichtete Wilma Calderón davon, wie schwierig es sei, dass die honduranische Regierung das Recht der indigenen Völker auf weitere Nutzung anerkenne und man sich als Kompromisslösung auf »Ko-Management« geeinigt habe. Ko-Management bedeutet jedoch gerade *nicht*, dass die indigenen Völker den Wald weiterhin so nutzen konnten, wie sie dies bisher taten. Die Holz- und Pflanzenentnahme muss stets gemessen werden und darf gewisse Grenzen nicht überschreiten, es braucht komplexe Management-Systeme zur »Überwachung, Berichterstattung und Verifizierung« (Fatheuer 2013: 296). Diese generieren automatisch Ausschlüsse derjenigen, die weniger Kenntnisse über Management-Regeln und finanzielle Ressourcen haben:

> »Die fehlende Information und Nachvollziehbarkeit der Funktionsweise des Emissionsmarkts und die komplexen Regeln des REDD-Programms erschweren die Entscheidungsfindung der indigenen Völker und lokalen Gemeinden [...]. Dies erzeugt vielzählige Möglichkeiten für Betrug und Vertreibungen.« (OFRANEH 15. 10. 2014)

Meist liegt das Management letztendlich »in den Händen von *Consultings* und NGOs« (Fatheuer 2013: 296). Dadurch bleibt meist auch nur ein geringer Teil der Einkünfte bei den Gemeinden selbst. Es wird sichtbar, dass die Inwertsetzung der Wälder eine Verschiebung der Kontrolle über die Natur weg von den Gemeinden hin zu privaten, staatlichen und Nicht-Regierungs-Organisationen nach sich zieht. Dies ist nichts Neues: Marktbasierte Mechanismen bedeuten meist automatisch die Benachteiligung derjenigen, die in schwächeren Verhandlungspositionen sind. Dies trifft insbesondere Frauen: Sie sind bei kommerziellen Geschäften häufiger benachteiligt, da sie meist viel Zeit mit unbezahlten reproduktiven Tätigkeiten im Haushalt, in der Kinder- und Altenpflege oder bei der Wasser- oder Feuerholzbeschaffung für die Familie verbringen und somit eher Männer an den Marktaktivitäten teilnehmen. Männer sind in Honduras außerdem fast ausnahmslos diejenigen, die über Landtitel verfügen und somit die Zahlungen erhalten würden (INT 22, 24; GFC 2008: 77f; Fundación Arias/ CDM 1995). Dazu kommt die schon erwähnte Unsicherheit, ob überhaupt durch Kompensationszahlungen ein adäquates Einkommen gewährleistet werden kann. Die derzeitigen Marktpreise für REDD+-Zertifikate lassen stark an diesem Mythos zweifeln. Kommen in den nächsten Jahren alle in Planung befindlichen REDD+-Projekte auf den Markt, werden die Preise noch weiter sinken. Die REDD+-Anbieter*innen müssen dadurch miteinander im Wettbewerb stehen, Preise weiter drücken und vermarktungsfähige Produkte anbieten (Tienhaara 2012: 557). In der Werbung sind beispielsweise fotogene »Elemente«, wie die afrikanischen »Big Five« oder traditionell gekleidete Indigene, viel eher gefragt als beispielsweise Pflanzen aus Lenca-Nebelwäldern (vgl. INT 9; Corson/MacDonald 2012: 268). Regiert der Markt über den Umweltschutz wird das geschützt, was sich verkaufen lässt – und auch nur dann, *wenn* es sich verkaufen lässt.

Noch ist nicht definiert, ob es sich in Honduras bei REDD+, PES und Biodiversitäts-Offsets um rein marktwirtschaftliche Mechanismen handeln wird. Es besteht durchaus die Möglichkeit, dass ein Teil der Zahlungen nicht über den Finanzmarkt geregelt wird, also keine Finanzialisierung im eigentlichen Sinne stattfindet, sondern die Kompensationsmechanismen staatlich reguliert sind (vgl. Tienhaara 2012: 553). Oft wird auch eine Mischung aus öffentlichen Geldern und Kapital vom Emissionsmarkt vorgeschlagen (Lovera 2009: 49). Bisher gibt es in Honduras jedoch keine Anzeichen für die Planung eines von öffentlichen Geldern bezahlten Kompensationsmechanismus. Die im R-PP beschriebene Herangehensweise zielt eher auf eine marktbasierte Finanzierung subnationaler REDD+-Projekte ab, die in einem nationalen Rahmenwerk eingebettet wären (vgl. Gobierno de Honduras 2013: 117). Selbst im höchst unwahrscheinlichen Fall eines staatlichen Kompensationssystems würde dies nicht garantieren, dass lokale und indigene Gemeinden tatsächlich von den Kompensationszahlungen profitieren würden. Auch wäre dies keine endgültige Entscheidung. Einmal eingeführt, kann eine Finanzialisierung der Kompensationsmechanismen ohne viel Aufwand zu einem späteren Zeitpunkt erfolgen.

5.3.7 Klima- und Umweltschutz oder Extraktivismus?

»[E]very ton of carbon saved by reduced deforestation will be compensated for by an extra ton of carbon emitted in the global North.« Das Zitat von Simone Lovera (2009: 48) macht deutlich, was der »Kompensationsmechanismus« REDD bewirkt. Die Menge CO_2, die durch Waldschutz eingespart und in Form von Gutschriften verkauft werden, ermöglichen letztendlich die Emission der gleichen Menge CO_2 in Industrieländern. Daneben ist höchst fraglich, ob Berechnungen der Senkenfunktion tatsächlich annähernd realistisch sind und darum nicht zu noch höheren

Emissionen in Industrieländern führen könnten. Wie bei allen Offsets besteht auch die Gefahr der schwierigen Nachvollziehbarkeit und des Betrugs: Der Waldschutz sollte erstens *zusätzlich* sein. Doch es ist kaum beweisbar, ob der betreffende Wald ohne REDD+ tatsächlich abgeholzt worden wäre. Zweitens sollte der Waldschutz *permanent* sein: Der Wald darf nicht nach wenigen Jahren doch abgeholzt werden oder womöglich abbrennen und sämtliche gespeicherten CO_2-Mengen freisetzen. Es gibt jedoch kaum Verträge, die länger als dreißig Jahre gelten und die meisten enthalten gar keine Verpflichtung, die den Schutz der Wälder auch nach Ende von Kompensationszahlungen garantieren würde. Drittens darf es keine »*leakage*« geben, was bedeutet, dass die destruktiven Tätigkeiten nicht einfach den Ort wechseln, was ebenfalls schwer nachweisbar ist (Tienhaara 2012: 552; Lovera 2009: 52). Auch für Adalberto Padilla ist klar, dass REDD+ in Wirklichkeit nicht zum Klimaschutz beitragen wird. Er sieht dennoch einen Vorteil darin:

> »Alle wissen, dass REDD ein Mechanismus ist, der das Problem der Treibhausgasemissionen nicht löst. Das ist allen klar, das ist eine Realität. Wenn man aber fragt: REDD beabsichtigt die Reduktion der Abholzung, wer wird dann nicht einverstanden sein damit? Niemand. Ich glaube, dass sogar die indigenen Völker generell sehr erfreut darüber wären, wenn die Abholzung ihrer Territorien gestoppt würde, die teilweise durch öffentliche Politiken, Programme oder Projekte motiviert sind, welche die Wälder in Viehzuchtflächen, in Minenzonen, etc. umwandeln. Die Sache ist, *wie* es durchgesetzt wird.« (INT 11)

Doch die Frage ist, ob es nicht andere effektivere Möglichkeiten des Waldschutzes gibt als die Schaffung eines weiteren komplizierten Marktes, der schlichtweg deklariertes Hauptziel von REDD+ ist (World Bank 2007). Nicht nur in Honduras ist sichtbar, dass der bürokratische Aufwand der Inwertsetzung der Wälder für die Einführung von REDD+ höchst kostspielig ist und letzten Endes von wirklichen Lösungen ablenkt (Friends of the Earth France 2013: 4). COPINH schreibt dazu:

> »Diese Projekte bewirken die Zuteilung von Geldmitteln in Millionenhöhe […], die letztendlich in einer enormen institutionalisierten Bürokratie landen werden […]. Diese neue Institutionenstruktur stellt im honduranischen Kontext nichts weiter dar als die fortgeführte Parteinahme für transnationale Interessen und für Regierungen, welche nicht bereit sind, die tatsächlichen Ursachen für den Klimawandel anzutasten. Denn dies würde die Basis des Kolonialismus gegenüber unseren Völkern gefährden.« (COPINH 29. 9. 2014)

Wie Simone Lovera (2009: 52) aufzeigt, haben sich die Respektierung indigener Territorien und traditioneller Waldnutzung als eine der effektivsten und gerechtesten Anreize für Waldschutz erwiesen. Dies würde auch extraktive Tätigkeiten deutlich einschränkten, was bei REDD+ nicht der Fall ist. Sobald Bergbau, eine Plantage, ein Staudamm oder ein anderes Projekt mehr Einkommen verspricht als die REDD+-Einkünfte, wird der Waldschutz hintangestellt (Lohmann 2012: 43f; Fatheuer 2013: 299). REDD+ kann sogar als Anreiz dazu dienen, dass Gemeinden extraktive Tätigkeiten eher akzeptieren, wenn zum Beispiel plötzlich erwartete Kompensationsleistungen entfallen (Lohmann 2012: 43f).

Wald, Wasser und »Biodiversität« werden durch die marktförmigen Umweltdienstleistungen so umgebaut, dass sie der allgemeinen Logik der Ressourcenextraktion entsprechen (vgl. Seiwald/Zeller 2011: 435; COPINH 6. 7. 2012). Inzwischen geht es bei REDD(+) somit im symbolischen Sinn um die Extraktion der Senkenleistung aus den Ländern des Globalen Südens. Kronenberg und Hubacek (2013) zeigen Parallelen zwischen der Abhängigkeit und den Problemen auf, die durch Ressourcenextraktion entstehen, bekannt als »Ressourcenfluch«, und jenen Problemen, die PES-Systeme hervorrufen können:

»Problems similar to those that affect resource-rich countries may emerge in the case of economies rich in ecosystem services once PES increase in spatial and monetary scale. The most prominent examples of such problems include rent seeking, unequal bargaining power of buyers and sellers, volatility of payments, which are all related to the quality of institutions.« (ebd.)

So könnten PES-Systeme, wie auch REDD+ eines ist, zum »Ökosystemdienstleistungs-Fluch« werden (ebd.).

5.3.8 Zwischenfazit: »Grüner« Kolonialismus

Schafft es REDD+ also, die versprochene Win-Win-Situation einzulösen? Dass Finanzmarktakteure und private Großgrundbesitzer*innen gewinnen, ist relativ eindeutig. Wird REDD+ jedoch auch Waldschutz fördern, einen Beitrag zum Klimawandel darstellen und indigene Völker in ihren Rechten stärken? Die Antwort ist: Möglicherweise ja, doch nur, *wenn* wirklich effektiv Abholzung verhindert würde, *wenn* bindende globale Reduktionsziele festgelegt und eingehalten würden, *wenn* die eingesparten Emissionen nicht durch vermehrten Treibhausgasausstoß im Globalen Norden kompensiert würden, *wenn* die Kompensationszahlungen vom Markt abgekoppelt wären, *wenn* indigene Landrechte tatsächlich gewährleistet und das Recht auf FPIC respektiert würden, *wenn* Einkünfte gerecht verteilt würden, *wenn* traditionelle Waldnutzung anerkannt und *wenn* diese nicht durch »grüne« Managementlogiken verdrängt würde. Das Problem von REDD+ besteht darin, dass es einfach zu viele »*wenn's*« gibt (vgl. Lovera 2009: 47). Zahlreiche soziale und indigene Bewegungen weltweit, darunter COPINH und OFRANEH, lehnen REDD+ deshalb kategorisch ab. Sie zeigen auf, dass es sich bei REDD+ um eine Art »grünen« Kolonialismus handelt:

»[W]ir alle wissen, dass der Emissionshandel die Probleme der Treibhausgase nicht löst, da die Industrieländer und Konzerne weiterhin CO_2 ausstoßen und die Projekte des Todes und der Zerstörung, die Plünderei und die Ausrottung der Indigenen Völker und der natürlichen Gemeingüter weiter vorantreiben werden – all dies völlig straffrei.« (COPINH 10. 2. 2013)
»Aus diesem Grund widersetzt sich COPINH dieser Strategie des grünen Kapitalismus genannt REDD und der Vernichtung unserer natürlichen Gemeingüter und der Mutter Erde.« (COPINH 29. 9. 2014)
»Wir betrachten es als beschämende Initiative, die mit der Tatsache zu tun hat, dass wir die Wälder schützen, um den Ländern von Europa und Nordamerika ihr Recht zu gewährleisten, denselben Rhythmus des Konsums und der Verschmutzung beizubehalten.« (INT 8)

Die Extraktion und der Export der Senkenleistung in den Globalen Norden ermöglicht dort die Fortführung einer imperialen Lebensweise. Das klassische Abhängigkeitsverhältnis wird somit auf den neuen Bereich des Klima- und Waldschutzes übertragen (Zeller 2010: 128): »Statt eines *win-win-*Pfades könnte REDD+ einen Weg zu neuen Abhängigkeiten und Aneignungs- und Enteignungsformen öffnen« (Fatheuer 2013: 296). Das REDD+-Programm, dessen Finanzierung, die »Expert*innen«, Technologien und Management-Systeme stammen aus dem Globalen Norden und werden von mächtigen internationalen Akteuren kontrolliert.

Die gleichberechtigte Beteiligung indigener Völker durch CONPAH wurde im bisherigen Prozess auf höchst unzureichende Weise umgesetzt. Ohne CONPAHs Partizipation wäre REDD+ vermutlich inzwischen entweder fast gänzlich an den indigenen Völkern vorbei entschieden worden oder aber – aufgrund internationaler Richtlinien über die Notwendigkeit indigener Zustimmung – gar nicht umsetzbar gewesen. COPINH sieht eine Gefahr darin, dass »die REDD+-Projekte den Verlust der indigenen und kommunitären Autonomie und der Kontrolle über Territorium, Kulturen und traditionelle Waldnutzung, die [die] Gemeinden über Hunderte von Jahren praktiziert haben, einschließt« (COPINH 10. 2. 2013). Durch REDD(+) steigt das Interesse und somit der Druck auf die Waldflächen an, der auch in Honduras schon zu Landkäufen führte. Die Inwertsetzung und mögliche Finanzialisierung des Waldes und der »Dienstleistungen« der Natur sind eng verknüpft mit Fragen um Kontrolle und Herrschaft darüber. Die Einhegung reduziert die Kontrolle lokaler Gemeinden über ihre Territorien und verschiebt diese hin zu denjenigen »Expert*innen«, die die Management-Sprache und bürokratischen Abläufe beherrschen (Hildyard/Lohmann *et al.* 1995). Sie impliziert auch eine Transformation der gesellschaftlichen Naturverhältnisse der betreffenden Gemeinden. Indigene werden damit je nachdem, welche Politiken legitimiert werden müssen, entweder als Bedrohung erkannt oder zu »grünen« Subjekten stilisiert, welche für die Erhaltung in Umweltmanager verwandelt und finanziell entschädigt werden. Die Kontrolle über die Territorien muss, wenn nötig, gewaltsam durchgesetzt werden, so besteht auch für Honduras die Möglichkeit, dass beispielsweise Holzentnahme durch »Green Forces« bestraft wird, wie dies andernorts schon der Fall war.

6. Fazit: Von den Widersprüchen zu dekolonialen Widerständen

Klimawandel, Naturzerstörung, die Knappheit fossiler Brennstoffe und anderer natürlicher Ressourcen stellen eine Realität dar, die viele, insbesondere marginalisierte Menschen im Globalen Süden, schon jetzt stark beeinträchtigt. Um zu verhindern, dass diese in naher Zukunft katastrophale und nicht mehr rückgängig machbare Dimensionen annehmen wird, ist rasches Handeln notwendig. Dabei sollten wir die Krise als Chance für grundlegende Veränderungen unserer Konsum-, Produktions- und Denkweise erkennen. Es wird immer deutlicher, dass ein Warten darauf, dass Regierungen und Unternehmen von sich aus *die* Lösung von oben diktieren, nicht ausreicht. Alternative Lebensweisen und demokratische Mechanismen müssen schon jetzt ausgebaut, erprobt oder verteidigt werden. Weitreichende sinnvolle Entscheidungen können nur gefällt werden, wenn es massiven Druck von unten gibt.

Die Fallbeispiele in diesem Buch haben verdeutlicht, dass die Green Economy als Lösungsvorschlag für die multiple Krise keineswegs zu den proklamierten Zielen der Emissionsreduktion, Armutsbekämpfung und des Umweltschutzes führt. Vielmehr steigen die Emissionen weiter an, während der Kohlenstoff und andere »Elemente« der Natur soweit zerstückelt, gezählt, bewertet, umgewandelt und dekontextualisiert werden, bis kaum Relevanz für den Klimaschutz übrig bleibt. Die technofixierten Programme, die Inwertsetzung und Finanzialisierung der Natur, die Ausweitung existierender und die Schaffung neuer Märkte, all dies geht an den tatsächlichen Ursachen der multiplen Krise vorbei und löst sie nicht, sondern lagert sie zeitlich und räumlich aus bzw. verstärkt gewisse Krisentendenzen sogar. Dies bewirkt eine Umverteilung von unten nach oben und schafft Gewinner*innen und Verlierer*innen. Es hat die verstärkte Konzentration von Macht bei den Regierungen im Globalen Norden, vor allem aber bei Konzernen und Finanzmärkten zur Folge. Diese Art »grüner« Projekte führt zur Akkumulation durch Enteignung in Form einer Einhegung der Commons und Verdrängung spezifischer gesellschaftlicher Naturverhältnisse, Lebensweisen und Entscheidungsstrukturen. Wie auch Naomi Klein in ihrem neuen Buch über den Klimawandel schreibt, sind diese Auswirkungen eigentlich nicht überraschend:

»Finding new ways to privatize the commons and profit from disaster is what our current system is built to do; left to its own devices, it is capable of nothing else.« (Klein: 2014: 9) »What the climate needs to avoid collapse is a contraction in humanity's use of resources; what our economic model demands to avoid collapse is unfettered expansion. Only one of these sets of rules can be changed, and it's not the laws of nature.« (ebd.: 21). »It's not about carbon – it's about capitalism«[95]!

Nicht umsonst wird der Ruf sozialer Bewegungen nach »System Change, not Climate Change!« immer lauter. Das Interessante dabei ist dennoch, dass das kapitalistische System trotz multipler Krise und sichtbar werdenden ökologischen Grenzen offenbar nicht automatisch vor dem Ende steht. Denn über die Green Economy werden die dem Kapitalismus »innewohnenden ökologischen Widersprüche temporär bearbeitbar« (Brand/Wissen 2013: 128): »Grüner« Strom ermöglicht den weiterhin steigenden Energieverbrauch, Agrartreibstoffe ermöglichen die Fortführung der motorisierten Automobilität oder des Billigflugverkehrs, Offsets die Auslagerung der Emissionsverringerung oder Naturzerstörung an billigere Standorte, die Berechnungen und Monetarisierung des »Naturkapitals« neue Anlagefelder für das überakkumulierte Kapital. Das Green Grabbing gewährleistet »die Umverteilung von Reichtum sowie die Sicherung von Machtpositionen der herrschenden Eliten – auch diskursiv« durch das »grüne« Label (Nowak 2013: 260). Damit das kapitalistische System mit dessen Konkurrenz- und Wachstumsparadigma also tatsächlich von einem alternativen, solidarischen System abgelöst wird, muss die »grüne« Farce entblößt und mit viel Druck eine sozial-ökologische Transformation eingefordert werden. Wie dies geschehen und aussehen kann, verdeutlichen vielzählige Beispiele, Ansätze und Bewegungen in Honduras und weltweit. Nach einer Zusammenfassung der Resultate dieses Buches und der thematisierten Widersprüche und Konflikte, auf die die »grünen« Projekte bei ihrer Umsetzung in Honduras stoßen, folgt ein Ausblick auf eben diese notwendigen Schritte und widerständigen Alternativen.

6.1 Die honduranische Geschichte der Landaneignung

Der historische Überblick zu Honduras hat verdeutlicht, dass Land und Green Grabbing auf einer jahrhundertealten Geschichte von Enteignung

---
95 vgl. Aufschrift des Buchrückens von Klein (2014)

und Unterdrückung aufbauen. Die stets umkämpfte Verdrängung der ländlichen Gemeinschaften begann in der Kolonialzeit und verstärkte sich mit der Herausbildung der honduranischen Agrarindustrie. Diese Geschichte schrieb sich auch in die gesellschaftlichen Naturverhältnisse ein. So wurde der Umgang mit der natürlichen Umgebung und das Verständnis über »Natur« immer mehr von der kapitalistischen Naturbeherrschung dominiert, welche diese vollständig unter gesellschaftliche Zwecksetzungen unterordnet (vgl. Görg 2004 a: 222): »Die Natur« sollte vorwiegend einer kolonialen oder neo-kolonialen weißen bzw. Mestizo-Oberschicht sowie dem Weltmarkt und den Interessen einer wachsenden globalen Verbraucher*innenklasse dienen. Diese Tendenz verstärkte sich mit der ab den 1980ern einsetzenden Neoliberalisierung der Wirtschaft, Gesellschaft und »Natur«. Natur wurde vermehrt inwertgesetzt, Land eingehegt und durch die Einführung von Geldbeziehungen verkäuflich. Die neoliberale Landreform ermöglichte, bisher vom Verkauf ausgeschlossene kommunale und meist gemeinschaftlich genutzte Ländereien, die Ejidos, auf dem neu geschaffenen Landmarkt zu verkaufen. Das Tor für die derzeitige Form von Land Grabs war damit geöffnet.

Gleichzeitig machten sich auch die negativen Dimensionen der fortgeschrittenen Globalisierung für die Umwelt bemerkbar. Klimawandel begann weltweit zum Thema zu werden – auch in Honduras. Die Importsubstituierende Industrialisierung (ISI) und die »Grüne Revolution« ab den 1960ern hatten einen dramatischen Anstieg von Waldabholzung zur Folge, dem teilweise mit der Schaffung von Naturschutzparks und neoliberaler Umwelt-Governance begegnet wurde. In den letzten Jahren wurden CDM und REDD+ zu den wichtigsten Klimaschutzinstrumenten in Honduras. Außerdem führte die nationale und internationale Förderung erneuerbarer Energie und insbesondere Wasserkraft zu einem Boom »grüner« Energieprojekte. Aufgrund der Art und Weise ihrer Umsetzung haben diese »grünen« Projekte jedoch neue Verdrängungsformen der ländlichen Bevölkerung zur Folge. Abgesehen davon wird die »grüne« Entwicklung von einem Zuwachs »brauner«, traditionell extraktivistischer Projekte begleitet. Dieser in Honduras insgesamt als »Ausverkauf des Landes« beschriebene Prozess hat sich seit dem Putsch stark beschleunigt und könnte mit der Umsetzung der Modellstädte/ZEDEs und des Hypotheken-Gesetztes noch größere Dimensionen annehmen. Viele der Landaneignungen geschehen dabei durch die honduranische Business-Klasse, was dominanten Interpretationen zu Land Grabbing widerspricht (vgl. Zoomers 2010): »The difference in Honduras is that its land is being grabbed primarily by Hondurans«, so Eric Holt-Giménez (2013), Direktor des Food First Instituts.

6.2 Der koloniale und extraktivistische Charakter des Green Grabbing

Bei den hier vorgestellten Fallstudien handelt es sich um »grüne« Projekte zum Schutz des Klimas und der Umwelt, die die Aneignung von Land und natürlichen Gütern implizieren, also um Green Grabbing. Dennoch gibt es Unterschiede zwischen den drei Beispielen, insbesondere was die Akteurskonstellation, die Strategien der Durchsetzung, die Zielsetzung und den Grad der Inwertsetzung und Finanzialisierung betrifft.

Bei REDD+ und den PES sind Klima-, Wald- und Biodiversitätsschutz Hauptintention und Zweck der »grünen« Projekte. Diese werden so strukturiert, dass sie der Kapitalakkumulation dienen können, indem der Schutz des Waldes und der Biodiversität auf (finanz-)marktbasierten Kompensationsmechanismen beruht. Da sich das nationale Programm in Honduras erst in Vorbereitung befindet, ist es eigentlich noch nicht möglich, von einem durchgeführten »Grabbing« zu sprechen. Tatsächliche Auswirkungen festzustellen fällt bisher schwer. Es sind jedoch Tendenzen auszumachen, etwa die Umgestaltung staatlicher Institutionen, der Gesetzgebung, der Raumteilung und der Einführung technischer Management-Systeme, um Grundlagen für die Inwertsetzung der Natur zu schaffen. Währenddessen findet die proklamierte Stärkung der Rechte indigener Völker und lokaler, vom Wald abhängiger Gemeinden bisher nicht statt. Ihre Meinung wird sogar teilweise strategisch ignoriert. Dies deutet darauf hin, dass REDD+ sowie die weiteren geplanten Zahlungssysteme (PES) und Kompenationsmechanismen (wie Biodiversitäts-Offsets) vielmehr zur Einschränkung des Zugangs zum Wald, der lokalen Entscheidungsfähigkeit und zur Transformation der spezifischen Naturverhältnisse, der Lebens- und Produktionsweisen führen werden.

Im Gegensatz zu REDD+ ist der Hauptzweck der beiden Wasserkraftwerke nicht nur Klimaschutz sondern insbesondere die profitable »grüne« Stromproduktion. Die in Honduras vorangetriebene Energiewende umschreibt weder einen sparsameren Energieverbrauch, noch die Reduktion fossiler Energieträger oder eine gerechte Umverteilung des Zugangs zu Strom. Vielmehr soll die Energieproduktionskapazität im nächsten Jahrzehnt mehr als verdoppelt werden, wobei fossilen Brennstoffen lediglich prozentual eine geringere Bedeutung zugestanden wird. Der Strom wird vor allem einer Mittel- und Oberschicht dienen und in den Stromexport, die Maquila-Industrie, neue Shopping-Center oder den boomenden Bergbausektor fließen (vgl. INT 27; ENEE 2012; Miller 2012; Romero 2007). Dass Wasserkraft in Honduras eine profitable Investition darstellt, hängt mit den steigenden Preisen für fossile Brennstoffe und den neuen nationalen und internationalen Anreizsystemen für private erneuerbare Energieprojekte zusammen. Dies hat vor allem seit dem Putsch zu einem starken Anstieg von Staudammprojekten geführt. Der Emissions-Offsetmechanismus CDM schürte die Illusion, *zusätzliche* Einkommen generieren zu können und trieb den Boom mit voran. La Aurora I verdeutlicht die dem Emissionshandel inhärenten Widersprüche: Erstens gibt CDM Unternehmen im Globalen Norden die Gelegenheit zur verstärkten Verschmutzung, was die vorgebliche Emissionsreduktion durch CDM wiederum zunichte macht. Zweitens ist höchst fraglich, ob die Projekte überhaupt Treibhausgase vermindern. Wie auch La Aurora I ist die Mehrzahl der Projekte nicht zusätzlich und wäre also ohnehin, auch ohne CDM-Anreiz, entstanden. Im Falle »sauberer« Energieprojekte führen sie außerdem oft nicht zur tatsächlichen Verringerung fossiler Energie. So hat CDM sogar einen Anstieg von Emissionen zur Folge. Drittens kam es bei La Aurora I letztendlich nie zum Verkauf von Emissionszertifikaten: Der Offset-Mechanismus und der Emissionsmarkt generell scheiterten an der zu geringen Nachfrage an Zertifikaten. Wird Klimaschutz auf den Markt reduziert, muss sich die Verringerung von CO_2-Emissionen unweigerlich dem Rhythmus des Wirtschaftswachstums anpassen, drastische Reduktionen sind nicht möglich (Leff 2002: 102). Viertens zeigte La Aurora I, dass der »saubere Entwicklungsmechanismus«, in diesem Fall das »grüne« Energieprojekt, weder »sauber« war noch zur sogenannten »Entwicklung« führte:

> »Die Erzeugung ›sauberer‹ elektrischer Energie – frei von CO_2 und Blei – bringt wenig oder gar nichts, wenn sich diese Energie im Gegenzug mit der Verletzung von Menschenrechten derjenigen Gemeinden beschmutzt, denen man die Wasserressourcen, Mineralien und Steinbrüche, die fruchtbarsten Böden und Wälder entreißt«. (MADJ et al. 2013: 9)

La Aurora I und Agua Zarca sind nur zwei von Dutzenden »sauberen« Energieprojekten in Honduras, die unter Anwendung gewaltsamer und autoritärer Strategien umgesetzt werden und den lokalen Gemeinden die Kontrolle über ihr Territorium und ihre Lebensgrundlagen entziehen. La Aurora I speist inzwischen »grünen« Strom ins nationale Netz ein, während die Anrainer*innen weiterhin ohne Elektrizität auskommen müssen und ihr Zugang zu Wasser und zum Fluss stark eingeschränkt wurde. Die Versprechen auf lokale »Entwicklung« hielt die honduranische Firma ebenso wenig ein wie die verpflichtende vorherige Informierung und Befragung der indigenen Bevölkerung (FPIC). Unterdessen wurden im Konflikt um Agua Zarca inzwischen schon mehrere Gemeindemitglieder ermordet, indigene Ländereien auf illegale Weise angeeignet, das indigene Territorium Río Blanco militarisiert, COPINH-Mitglieder kriminalisiert und die Gemeinden gespalten, sodass inzwischen Angst und Schrecken den Alltag regieren.

Die Entscheidung der Lenca-Gemeinden und COPINHs, diese Art »grüner« Projekte und die damit verbundene proklamierte moderne Entwicklung abzulehnen, wird von den Projektbetreiber*innen, staatlichen Instanzen und internationalen Finanzgebern weder akzeptiert noch verstanden. Zu stark wirkt weiterhin der »Mythos der Moderne«, nach welchem die »Primitivsten, Ungebildetsten« vom vordefinierten Entwicklungspfad überzeugt oder, wenn nötig, zu diesem gezwungen werden müssen (Dussel 2000: 49). Doch viele Gemeinden und indigene Organisationen haben die Lüge innerhalb des »grünen« Entwicklungsdiskurses längst durchschaut, sie kennen die Akteure, die mal »braune«, mal »grüne« Projekte vorantreiben. In der Praxis werden die Gemeinden meist nur dann in diese Projekte eingebunden, wenn ihre Inklusion den Kapitalinteressen dient: um Arbeitsplätze für die Baustelle zu schaffen, Widerstände zu zerstreuen, moderne Manager des »Naturkapitals« zu generieren oder neue Produzenten und Konsumenten für den Markt zu schaffen. »Sie sprachen von Entwicklung, aber eine Entwicklung, die für sie war!« (INT 22)

Es wird deutlich, dass die Green Economy eine Weiterführung kolonialer Ausbeutung unter »grünem« Vorzeichen darstellt. Die »grünen« Klimastrategien und Energiepolitiken beinhalten die für den traditionellen Kolonialismus typische Gewaltsamkeit und Aneignung der Reichtümer (vgl. Hauck 2009: 1159). Sie werden von Ländern des Globalen Nordens, die eigentlich für den Klimawandel verantwortlich sind, diktiert und dazu verwendet, Kosten zu reduzieren und die Marktmacht auszuweiten. Die

Auslagerung des Klimaschutzes in den Globalen Süden ermöglicht – zumindest kurzfristig – die Weiterführung der imperialen Lebensweise einer Verbraucherklasse, die vor allem im Norden angesiedelt, aber auch weltweit auf dem Vormarsch ist (vgl. Brand/Wissen 2011 b, 2013).

COPINH zeigt auf, dass die »grünen« Projekte außerdem auf derselben extraktivistischen Akkumulationslogik wie beispielsweise Bergbau beruhen (COPINH 6. 7. 2012; 10. 2. 2013). So werden Ökosystemdienstleistungen wie die Energieproduktionskapazität oder Senkenleistung gewissermaßen extrahiert. Die als »Ressourcenfluch« beschriebenen negativen Folgen und Abhängigkeiten, die das traditionelle Extraktivismusmodell generiert, kommen so auch im neuen »grünen« Modell zum Tragen, was Kronenberg und Hubacek (2013) als »Ökosystemdienstleistungs-Fluch« betiteln. Abgesehen davon wird deutlich, dass neben dem scheinbar »grünen« Entwicklungspfad in Honduras weitaus mächtigere »braune« Strategien vorangetrieben werden. Dies repräsentiert den globalen Trend, Klimapolitik relativ isoliert zu behandeln: Die Klimarahmenkonvention UNFCCC steht im Schatten mächtiger Organisationen wie der Welthandelsorganisation WTO und Klimagipfel werden Seite an Seite mit Kohlegipfeln abgehalten (Brand/Bullard *et al.* 2009: 9; Nera-Lauron 2013). »Grüne« Projekte wie die Emissions- und Biodiversitäts-Offsets dienen dabei der Ermöglichung dieses »braunen« Extraktivismus-Modells und einer »business as usual«-Haltung (Lohmann 2012: 10 ff, 21).

Es wird sichtbar, dass die Green Economy noch keinesfalls hegemonial ist. Von einem »grünen« Kapitalismus mit einem neuartigen »grünen« Akkumulationsregime, das die neoliberale Formation ablösen würde, kann bisher nicht gesprochen werden. Doch käme es zu solch einem grünkapitalistischen Projekt, wäre auch dieses »räumlich und sozial höchst exklusiv« (Brand/Wissen 2013: 144). Bisher handelt es sich jedoch eher noch um ein »Greening des alten, finanzdominierten Regimes« (ebd.: 142) bzw. um dessen Versuch. Denn die Beispiele in Honduras machen deutlich, dass die Green-Economy-Strategien keineswegs problemlos umgesetzt werden können. In der Praxis stoßen sie auf vielfache Widersprüche und Hindernisse: auf finanzielle Probleme, unzureichende institutionelle Strukturen, »Bad« Governance, fehlendes Datenmaterial, sogenanntes Marktversagen und vor allem auf massive Widerstände. So ist beispielsweise bisher kaum vorhersehbar, ob der honduranische REDD+-Prozess durch Widerständigkeiten ins Wanken geraten könnte, wie dies im Falle von Agua Zarca geschehen ist.

6.3 Dekolonialer Widerstand

COPINH ist beispielhaft für diesen hartnäckigen und facettenreichen Widerstand. Mit vielfältigen Methoden stellt sich die indigene Bewegung gegen extraktivistische »braune« wie »grüne« Projekte, verteidigt die Commons und setzt sich für eine Dekolonialisierung der Gesellschaft ein, für die Rechte von Frauen, für die Wiederbelebung der eigenen spezifischen Naturverhältnisse und kultureller Ausdrucksformen, den Erhalt von Subsistenzlandwirtschaft, für den Zugang zum Bildungs-, Gesundheits- und Justizsystem und vieles mehr. Im Fall von La Aurora I führten die lokalen Staudammgegner*innen Versammlungen durch, gründeten neue zivilgesellschaftliche Bewegungen und einen lokalen COPINH-Rat und informierten die Bevölkerung. Selbst wenn das Kraftwerk dennoch durchgesetzt wurde, konnten viele Erfahrungen für den Widerstand gegen weitere geplante Staudämme und Bergbauprojekte in der Region gesammelt werden. Im Fall von Agua Zarca versperrten die Gemeinden Río Blancos mit einer seit dem 1. April 2013 fast ununterbrochenen Straßenblockade den Zugang zur Baustelle, führten vielfache Demonstrationen und Versammlungen durch, griffen auf juristische Mittel zurück und erhielten durch die aktive Medien- und Vernetzungsarbeit immer mehr internationalen Rückhalt. Der Widerstand COPINHs gegen REDD+ artikuliert sich wiederum insbesondere im Boykott der Teilnahme an Verhandlungen. Der indigene Dachverband CONPAH setzt im Gegenzug auf die Einforderung der Rechte indigener Völker, insbesondere des Free Prior and Informed Consent (FPIC) innerhalb des REDD+-Prozesses.

Bei allen drei Fallbeispielen ist der FPIC wichtiges Widerstandselement. Dennoch wird deutlich: Es ist keine technische Frage, ob dieser juristische Mechanismus erfolgreich Land Grabbing verhindern und die Rechte auf Selbstbestimmung über das eigene Territorium schützen kann. Vielmehr liegt es am politischen Machtkontext, an der Aushandlung zwischen den bestehenden Kräften, ob der FPIC den indigenen Gemeinden oder doch dem Staat oder Kapitalinteressen dient. Weder FPIC noch REDD+-Safeguards oder sämtliche Corporate-Social-Responsibility-Richtlinien werden zur gerechten Durchführung von Projekten führen, wenn sie in einem Kontext der fehlenden Alternativen, der demokratiepolitischen Defizite und der großen Schere zwischen Versprechen, Gesetzen und Rechtsansprüchen einerseits und deren Umsetzung andererseits, stattfinden. So berufen sich die Projektbetreiber sowohl bei La Aurora I als auch bei Agua Zarca darauf, den FPIC eingehalten zu haben – gefälschte oder aus einem anderen Kontext entwendete Unterschriften dienten dem Beweis, der vom Justizsystem und Geldgebern nicht hinterfragt wurde. Auch bei REDD+ zeichnet sich ab, dass von Regierungsseite Schritte in Richtung einer abgeschwächten Form des FPIC getätigt werden, die möglicherweise das Recht auf Ablehnung der Projekte nicht mehr enthält – also das für die indigenen Völker zentrale Element. Wie die Praxis von COPINH verdeutlicht, können eine radikale Interpretation des FPIC und die Forderung nach der Einhaltung der Menschenrechte und der Rechte indigener Völker durchaus hilfreiche und notwendige Strategien sein. Dies jedoch nur, wenn sie nicht als neutrale technische Instrumente interpretiert werden, sondern eingebettet sind in das Einfordern demokratischer Partizipation, in zivilen Ungehorsam gegenüber unrechtmäßiger Marginalisierung und Exklusion sowie in emanzipatorische dekoloniale Kämpfe um die Commons (vgl. Franco 2014). So sind auch weitere Strategien in COPINHs Widerstand nicht zu vergessen wie das Verbreiten alternativer Informationen über eigene Radios und die Homepage, die Durchführung von Bildungsprojekten über Lenca-Wissen, traditionelle Heilmethoden oder Frauenrechte sowie die Stützung lokaler Entscheidungsstrukturen. Der dekoloniale Widerstand umfasst somit einerseits die radikale, also an die Wurzeln gehende, Kritik an Projekten mit kolonialem und extraktivistischem Charakter und an »falschen« Krisenbearbeitungsstrategien, andererseits auch das Vorantreiben von Dynamiken, die nicht ins kapitalistische Modell passen, die sich also dem kolonialen Einheitsmodell widersetzen.

Weltweit werden die Stimmen einer Vielzahl emanzipatorischer und dekolonialer Ansätze und Bewegungen immer lauter. Sie reichen von Überlegungen zum Guten Leben (span.: Buen Vivir) zu Degrowth/Postwachstum, von den Rechten der Mutter Erde zur Klimagerechtigkeit, von der Transition-Bewegung über Energiedemokratie bis hin zur Ernährungssouveränität. Sie treiben nicht nur auf theoretischer Ebene sondern auch in der Praxis Alternativen zum kapitalistischen Modell voran, in denen demokratische Mitbestimmung und die Solidarität mit den Mitmenschen und der natürlichen Umgebung im Vordergrund stehen und Wachstumsdruck und Konkurrenzverhalten zurückgedrängt werden. Es geht letztendlich um die Verteidigung, Aneignung und Belebung der Commons, verstanden als Systeme, die rund um das Recht auf Überleben aller organisiert sind und nicht um das Recht auf Akkumulation Weniger: »[C]ommons regimes emerge through ordinary people's day to day resistance to enclosure, and through their efforts to regain livelihoods and the mutual support, responsibility and trust that sustain the commons« (Hildyard/Lohmann *et al.* 1995).

Der dringende Kampf gegen die ökologische Krise und den in wenigen Jahren vermutlich kaum mehr aufhaltbaren Klimawandel darf nicht im kleinen »grünen« Spektrum der Naturschutzorganisationen verbleiben. Eine Krisenlösung wird nicht durch ein paar Berufsaktivist*innen und individuelle Konsumveränderungen erwirkt werden. Vielmehr muss Widerstand als tägliche Rebellion und als breite Bewegung, die gemeinsam Druck aufbauen kann, verstanden werden. Wenn es im Sinne des Mottos »System Change, not Climate Change!« um einen Systemwandel geht, sind sämtliche gesellschaftlichen Bereiche, Facetten und Strategien gefragt. Es ist weder notwendig noch wünschenswert, eine große Wunderlösung zu erfinden und allen überzustülpen. Stattdessen sollte gerade die Ermöglichung einer Vielfalt zukunftsweisender Lebens- und Produktionsweisen und gesellschaftlicher Naturverhältnisse im Vordergrund stehen. Dazu gehören auch die Dezentralisierung und Re-Lokalisierung der Entscheidungsstrukturen, der Nahrungsmittelkreisläufe, der Energieproduktion und -konsumption sowie die Umverteilung von Geld und Macht bzw. von Arbeit und Zeit.

Der Widerstand kann sich sowohl in Kämpfen gegen den Ausbau extraktivistischer Tätigkeiten, industrieller Landwirtschaft und Freihandelsabkommen artikulieren, als auch im Einsatz gegen Fremdenhass und Geschlechterungerechtigkeit. Eine Kritik an scheinbar apolitischen Lösungen, an der Technofixiertheit, an falschen Hoffnungen auf technische Marktlösungen für den Klimawandel ist ebenso zentraler Bestandteil. Statt REDD+, CDM, Biodiversitäts-Offsets und weiteren marktbasierten Zahlungssystemen für »Ökosystemdienstleistungen« müssten endlich effektive Klima- und Naturschutzmaßnahmen getroffen und dekoloniale Zeichen gesetzt werden. Die historischen Verschmutzerländer können nicht länger ihre Verantwortung auf den Globalen Süden auslagern oder weiter durch die von ihnen kontrollierten Mechanismen profitieren. Schon seit Jahren fordern die Länder des Globalen Südens, welche vom Klimawandel am meisten beeinträchtigt sind, Entschädigungszahlungen, mit denen sie sich effektiven Umwelt- und Klimaschutz sowie die Vorbeugung von »Naturkatastrophen« leisten können. Der schon versprochene Transfer müsste endlich stattfinden und nicht auf Marktmechanismen ausgelagert werden (vgl. Lovera 2009: 47). Verbindliche Emissionsreduktionsziele müssten die freiwilligen und viel zu geringen Zielsetzungen, die seit dem Auslaufen des Kyoto-Protokolls regieren, ablösen. Die Verschmutzungs-Freikäufe durch Offsets sollten abgeschafft und Emissionsausstoß bzw. Umweltzerstörung dort verringert werden, wo diese getätigt werden (Lohmann 2009: 734; Kill 2013 a: 5). Statt des derzeit ersichtlichen Abbaus verbindlicher Naturschutzregulierungen müssten diese aufrechterhalten und verstärkt werden. Ein Stopp der fortschreitenden Flächenvernutzung und des Zubetonierens fruchtbarer Flächen könnte die Verwendung von Land für agrarökologische Landwirtschaft und nachhaltige Waldnutzung wieder in den Vordergrund rücken. Der Schutz indigener Rechte, die Respektierung indigener Territorien und die Unterstützung nachhaltiger Lebensformen haben sich als effektive und gerechte Mittel dafür bewiesen (Lovera 2009: 52).

Wichtig ist deshalb auch, Gemeinden und Bewegungen in ihrer Verteidigung der Commons solidarisch zu unterstützen, ihnen eine Stimme und Legitimität zu geben und ihre Kämpfe bekannt zu machen. Das Einfordern unserer eigenen Commons hat jedoch ebenso große Bedeutung. In beiden Fällen handelt es sich um Kämpfe für eine »Entkommodifizierung« oder »Aushegung« unserer natürlichen Umgebung, des Landes, der Produktionsmittel sowie der gesellschaftlichen Institutionen (Lohmann 2009: 734; Abramsky 2009: 98). Das »Nein« zur Inwertsetzung und Finanzialisierung der Natur schließt gleichzeitig viele »Jas« hinsichtlich der Ermöglichung vielfältiger Lebensweisen abseits des rein marktbasierten Systems mit ein. Zentral sind dabei die Wiederaneignung und Schaffung gemeinschaftlicher Räume, die nicht auf marktbasierten, sondern solidarischen Prinzipien aufbauen, kollektive Nutzungsformen und die demokratische Aushandlung von sozialen Bedürfnissen wie Energie, Bildung, Gesundheit, Wohnung, Transport und Ernährung (vgl. Gómez Bonilla 2012: 302). Die wachsenden Bewegungen für Energiedemokratie (vgl. Müller 2012; FoEI 2013: 11) oder Ernährungssouveränität[96] sind exemplarisch dafür. Kampagnen wie die »One Million Climate Jobs«[97] oder »Wege aus der Krise«[98] setzen sich

---

96   vgl. http://nyeleni.org, http://www.ernährungssouveränität.at, http://nyeleni.de
97   vgl. http://www.climate-change-jobs.org, http://www.climatejobs.org.za
98   vgl. http://www.wege-aus-der-krise.at/

für eine sozial-ökologisch gerechte Umverteilung von Arbeit und Zeit ein, für die Schaffung sicherer Arbeitsplätze im demokratischen Ausbau dezentraler erneuerbarer Energiesysteme, öffentlicher Verkehrsmittel, der Landwirtschaft, Mülltrennung etc.

6.4 Die Rolle der Wissenschaft

Auch ein Ringen um die Inhalte und die Art und Weise der Schaffung, Verteilung und Nutzung von Wissen spielt eine zentrale Rolle im dekolonialen Widerstand. Es geht darum, die Überlegenheit des vermeintlich objektiven, apolitischen, rationalen und universellen wissenschaftlichen Wissens zurückzudrängen und andere (z. B. indigene) Wissensformen anzuerkennen (Sousa Santos 2009: 23 ff). So schlägt beispielsweise Boaventura de Sousa Santos eine »Epistemologie des Südens« vor:

> »Die Epistemologie des Südens denunziert den Epistemizid [die Ausgrenzung und Unterdrückung der Wissensformen anderer Gruppen], während sie gleichzeitig analytische Instrumente anbietet, die ermöglichen, nicht nur unterdrücktes und marginalisiertes Wissen zurückzugewinnen, sondern auch die Bedingungen zu identifizieren, welche dazu befähigen, neue Wissensformen des Widerstands und der Schaffung von Alternativen zum globalen Kapitalismus und Kolonialismus aufzubauen.« (Sousa Santos 2009: 12)

Mithilfe der Perspektiven der »Politischen Ökologie« und »Dekolonialen Theorie« wurde in diesem Buch versucht, die vermeintlich apolitische Ökologie zu entlarven. Diese stellt hochgradig politische Fragen als technische dar und trennt den Menschen von der scheinbar beherrschbaren »Natur«. Den politischen Gehalt dieser Wissenschaft aufzuzeigen und zu verdeutlichen, dass hinter dieser Interessen stehen, dass sie nicht in einem machtfreien Raum stattfindet, sondern im konkreten politökonomischen honduranischen und globalen Kontext, war Ziel dieses Buches. Denn zum Widerstand gehört eben auch das Ringen um Diskurse und Kriseninterpretationen, um Sprache und Konzepte. Die Dekolonisierung von Denkweisen und des gesellschaftlichen Naturverhältisses ist eine der größten Herausforderungen. Sie impliziert die Dekonstruktion unseres Verstehens, der immanenten Wirtschaftsrationalität, des Paradigmas des »Homo Oeconomicus« sowie der Institutionen, welche diese repräsentieren (vgl. Leff 2009: 105). Auch die »Schaffung von Wissen« muss dekolonialisiert werden. So versuchte ich mit der Dekolonialen Aktionsforschung, der eurozentristischen, objektivistischen Forschung eine Absage zu erteilen. Dazu gehört insbesondere, die Distanz und Hierarchie zwischen Wissenschaftler*in und »wissbar gemachten Objekten« (Garbe 2012: 137) so gut wie möglich aufzuheben, meinen eigenen Standpunkt als gleichzeitig Lernende, Forscherin und Aktivistin deutlich zu machen und die Wissenschaft in den Dienst der Gesellschaft und der Transformation zu stellen (Fals Borda 2009: 253). Auch hinsichtlich des Besitzes bzw. der Verteilung und der Nutzung von Wissen sind emanzipatorische Schritte notwendig: So kann Wissen – sei es nun über Saatgutgewinnung oder erneuerbare Energie-Technologien – in Form von Commons oder »Open Source« zu deutlich effektiverem Einsatz führen als über wettbewerbsorientierte Marktmechanismen (vgl. Abramsky 2009: 98).

Mit diesem Buch versuchte ich, trotz der problematischen Situation in Honduras, trotz der höchst beunruhigenden Klimakrise und der radikalen Kritik an den scheinbar positiven »grünen« Antworten, keine Desillusionierung und Entmutigung hervorzurufen. Vielmehr sollte es sich um eine fruchtbare Kritik handeln, die versuchte, Widersprüche ausfindig zu machen. Bei diesen können wir wiederum ansetzen, Brüche erweitern und in ihnen die lebendigen Beispiele und Ideen zum Vorschein kommen lassen und Handlungsspielräume zu öffnen. Ich verbleibe in der Hoffnung, dass die Lektüre auch zu weiteren kritischen Diskussionen und Forschungen anregte – nicht zuletzt über all das, was dieses Buch zu wenig oder nicht thematisierte. Über die Realität weiterer »grüner« Mechanismen, über widerständische Strategien und Alternativen, die selbstverständlich auch praktisch umgesetzt und weiterentwickelt werden können – und sollten.

7. Anhang

7.1 Abkürzungsverzeichnis

ADH	Allianz für Menschenrechte (Honduras) – Alianza por los Derechos Humanos
AHPER	Honduranischer Verband von Produzenten Erneuerbarer Energie – Asociación Hondureña de Productores de Energía Renovable
AHPPER	Honduranischer Verband von Kleinen Produzenten Erneuerbarer Energie – Asociación Hondureña de Pequeños Productores de Energía Renovable, aktueller Name: AHPER
ALBA	Bolivarianische Allianz für die Amerikas – Alianza Bolivariana para las Américas
ANDI	(Honduranischer) Nationaler Industriellenverband – Asociación Nacional de Industriales
APROH	Vereinigung für den Fortschritt von Honduras – Asociación para el Progreso de Honduras
ARECA	von CABEI geleitetes Projekt »Erneuerbare Energie-Inversionen in Zentralamerika und Panama ankurbeln« – »Acelerando Inversiones en Energía Renovable en Centroamerica y Panama«
AVAI	Indigene Lenca-Organisation »Beistand der Vara Alta« – Auxiliaria de la Vara Alta
BIP	Bruttoinlandsprodukt
BID	Interamerikanische Entwicklungsbank – Banco Interamericano de Desarrollo
BMU	Bundesministerium für Umwelt, Naturschutz und Reaktorsicherheit, Deutschland
BMZ	Bundesministerium für Wirtschaftliche Zusammenarbeit und Entwicklung, Deutschland
CABEI	Zentralamerikanische Bank für Wirtschaftsintegration, Abkürzung nach den englischen Anfangsbuchstaben: Central American Bank for Economic Integration
CADEHO	Menschenrechtskette Honduras Deutschland – Cadena de Derechos Humanos Honduras Alemania
CAMIF	Central American Mezzanine Infrastructure Fund
CAO	Compliance Advisor Ombudsman des IFC
CBM	Mesoamerikanischer Biologischer Korridor – Corredor Biológico Mesoamericano
CCS	Carbon Capture and Storage
CDM	Clean Development Mechanism
CEHPRODEC	Honduranisches Zentrum zur Förderung der Gemeinde-Entwicklung – Centro Hondureño de Promoción para el Desarrollo Comunitario
CEO	Corporate Europe Observatory
CESPAD	Forschungszentrum für die Demokratie (Honduras) – Centro de Estudio Para la Democrácia
CEPAL	Wirtschaftskommission für Lateinamerika und die Karibik – Comisión Económica para América Latina y el Caribe

CFAC	Konferenz der Zentralamerikanischen Streitkräfte – Conferencia de las Fuerzas Armadas Centroamericanas
CGL	Rat der Lenca-Regierung – Consejo del Gobierno Lenca
CICC	Interinstitutionelles Komitee zu Klimawandel – Comité Interinstitucional de Cambio Climático
CIDH	Interamerikanische Menschenrechtskommission – Comisión Interamericana de Derechos Humanos
CIPRODEH	Zentrum für Forschung und Verbreitung der Menschenrechte (Honduras) – Centro de Investigación y Promoción de los Derechos Humanos
COHEP	Honduranischer Privatunternehmens-Rat – Consejo Hondureño de la Empresa Privada
COMILH	Nationaler Rat der Indigenen Lenca-Frauen von Honduras – Consejo Nacional de Mujeres Indígenas Lencas de Honduras
CONGEDISBA	Regionaler Rat zum Management und zur Entwicklung (von Río Blanco) – Consejo Regional de Gestión y Desarrollo
CONPAH	Bündnis der Autochthonen Völker von Honduras – Confederación de Pueblos Autóctonos de Honduras
COPINH	Ziviler Rat der Volks- und indigenen Organisationen von Honduras – Consejo Cívico de Organizaciones Populares e Indígenas de Honduras
CNRA	Nationale Koalition der Umweltverbände – Coalición Nacional de Redes Ambientales
DEFOMINH	Exekutiv-Direktion der Bergbauförderung (Honduras) – Dirección Ejecutiva de Fomento a la Minería; aktueller Name: INGEOMIN
DEG	Deutsche Investitions- und Entwicklungsgesellschaft
DESA	Aktiengesellschaft Energie-Entwicklungen - Desarrollos Energéticos S. A.
EDF	Französisches Energieunternehmen, Abkürzung nach den französischen Anfangsbuchstaben: Electricité de France
ENEE	Nationale Elektrische Energiefirma (Honduras) – Empresa Nacional de Energía Eléctrica
ERIC-SJ	Reflexions-, Forschungs- und Kommunikations-Team der Jesuiten-Gemeinde – Equipo de Reflexión, Investigacon y Comunicación de la Compañía de Jesús
EU-ETS	EU Emissions Trading Scheme, Emissionshandelsschema der Europäischen Union
FAO	Food and Agriculture Organisation of the United Nation
FCPF	Forest Carbon Partnership Facility der Weltbank
FENAGH	Nationaler Wirtschaftsverband der Landwirte und Viehzüchter von Honduras – Federación Nacional de Agricultores y Ganaderos de Honduras
FHONDIL	Honduranische Föderation von Lenca-Indigenen – Federación Hondureña de Indígenas Lencas
FIAN	Food First Information and Action Network; Menschenrechtsorganisation für das Recht sich zu ernähren
FIP	Forest Investment Programm der Weltbank
FMO	Niederländische Entwicklungsbank »Netherlands Development Finance Company«
FNRP	Nationale Volkswiderstandsfront – Frente Nacional de Resistencia Popular
FoEI	Friends of the Earth International
FOSDEH	Sozialforum der Auslandsschuld von Honduras – Foro Social de la Deuda Externa de Honduras

FPIC	Free Prior and Informed Consent (freiwillig vorab und in Kenntnis der Sachlage gegebene Zustimmung)
GFC	Global Forest Coalition
GIZ	Deutsche Gesellschaft für Internationale Zusammenarbeit
GTZ	Deutsche Gesellschaft für Technische Zusammenarbeit, aktueller Name: GIZ
GWh	Gigawatt pro Stunde
ICEFI	Zentralamerikanisches Institut für Studien über Steuern – Instituto Centroamericano de Estudios Fiscales
ICF	Nationales Institut für Waldschutz und -entwicklung, Naturschutzparks und Natur – Instituto Nacional de Conservación y Desarrollo Forestal, Áreas Protegidas y Vida Silvestre
IDAMHO	Institut des Umweltrechts von Honduras – Instituto de Derecho Ambiental de Honduras
IDB	Interamerikanische Entwicklungsbank – Banco Interamericano de Desarrollo
IEA	Internationale Energie-Agentur der OECD
IFC	International Finance Corporation der Weltbank
IIRSA	Initiative zur Integration der regionalen Infrastruktur von Südamerika – Iniciativa para la Integración de la Infraestructura Regional Suramericana
ILO	International Labor Organization
INA	Nationales Agrarinstitut – Instituto Nacional Agrario
INGEOMIN	Honduranisches Institut der Geologie und des Bergbaus – Instituto Hondureño de Geología y Minas
INT	Interview
ISI	Importsubstituierende Industrialisierung
IUCN	International Union for Conservation of Nature
IWF	Internationaler Währungsfonds
KfW	Kreditanstalt für Wiederaufbau; deutsche öffentliche Förderbank
KW	Kilowatt
KWh	Kilowatt pro Stunde
LGBTIQ	Lesbian, Gay, Bisexual, Trans, Inter, Queer
LIBRE	Neue Linke Partei in Honduras »Freiheit und Neugründung« – Libertad y Refundación
MILH	Indigene Lenca-Bewegung von Honduras – Movimiento Indígena Lenca de Honduras
MADJ	Honduranische Umweltorganisation: Breite Bewegung für die Würde und die Gerechtigkeit – Movimiento Amplio por la Dignidad y la Justicia
MILPA	Indigene Lenca-Bewegung von La Paz – Movimiento Indígena Lenca de La Paz
MINCC	Indigener und Afrohonduranischer Tisch zum Klimawandel – Mesa Indígena y Afrohondureña de Cambio Climático
NAFTA	North American Free Trade Agreement
NGO	Nichtregierungsorganisation
ODHPINH	Menschenrechts-Observatorium der Indigenen und Schwarzen Völker von Honduras
OFRANEH	Honduranische Garífuna Bewegung: Brüderliche Schwarze Honduranische Organisation – Organización Fraternal Negra Hondureña
OECD	Organisation für Wirtschaftliche Zusammenarbeit und Entwicklung, Abkürzung nach den englischen Anfangsbuchstaben: Organization of

	Economic Cooperation and Development
ONILH	Nationale Indigene Lenca-Organsation von Honduras – Organización Nacional Indígena Lenca de Honduras
PAC	Antikorruptions-Partei von Honduras – Partido Anticorrupción de Honduras
PASS	Programm zur Stärkung des Sicherheitsbereichs – Programa de Apoyo al Sector de Seguridad
PATH	Landadministrations-Programm von Honduras – Programa de Administración de Tierras de Honduras
PES	Payments for Ecosystem Services
PPP	Plan Puebla Panamá; aktueller Name: Proyecto Mesoamérica
PROAH	Honduras Accompaniment Project
PROCORREDOR	Projekt zum Nachhaltigen Ressourcen- und Senkenmanagement des Biologischen Korridors beim Honduranischen Atlantik – Proyecto de Gestión Sostenible de Recursos Naturales y Cuencas del Corredor Biológico en el Atlántico Hondureño
PRORENA	Programm Förderung nachhaltiger Ressourcennutzung und lokale wirtschaftliche Entwicklung der GIZ
RED	Spezielle Entwicklungsregionen – Regiones Especiales de Desarrollo
REDD	Reducing Emissions from Deforestation and Degradation
REDD+	REDD plus Schutz, nachhaltiges Management und die Anreicherung der Wald-Kohlenstoffspeicher
R-PP	Readiness Preparation Proposal REDD+
RUTA	Regionale Einheit der Technischen Assistenz der Weltbank – Unidad Regional de Asistencia Técnica del Banco Mundial
SAPs	Strukturanpassungsprogramme
SEDINAFROH	Staatssekretariat in den Bereichen Indigene und Afrohonduraner – Secretaría de Estado en los Despachos de Pueblos Indígenas y Afrohondureños
SERNA	Sekretariat der Natürlichen Ressourcen und Umwelt (Honduras) – Secretaría de Recursos Naturales y Ambiente; aktuell: SERNAM
SERNAM	Umwelt- und Forstministerium, das durch die Zusammenlegung von SERNA und ICF entstand
SIEPAC	Elektrizitäts-Verbindungssystem der zentralamerikanischen Länder – Sistema de Interconexión Eléctrica de los Países de América Central
SOA Watch	School Of the Americas Watch
SREP	Scaling Up Renewable Energy Program in Low Income Countries; Programm des Climate Investment Funds
UNDP	UNO Entwicklungsprogramm – United Nations Development Programme
UNEP	UNO Umweltprogramm – United Nations Environment Programme
UNFCCC	Klimarahmenkonvention der UNO – United Nations Framework Convention on Climate Change
UN-REDD	REDD-Programm der UNO
UNO/UN	Organisation Vereinter Nationen
UNODC	Büro der Vereinten Nationen für Drogen- und Verbrechensbekämpfung – United Nations Office on Drugs and Crime
UNW-DPAC	UN-Water Decade Programme on Advocacy and Communication
USAID	U.S. Agency for International Development
WCD	World Commission on Dams
WRM	World Rainforest Movement

ANHANG 193

ZEDEs   Arbeits- und wirtschaftliche Entwicklungszonen – Zonas de Empleo y Desarrollo Económico
4E   Programm Erneuerbare Energien und Energie-Effizienz in Zentralamerika – Energías Renovables y Eficiencia Energética en Centroamérica

7.2 Interviewverzeichnis (in chronologischer Reihenfolge)

Juan Mejía	Bei MADJ Koordinator der Achse »Territorien, indigene Völker und Umwelt-Souveränität«, recherchiert zu Staudämmen, Lehrender an der Universität UNA, Mitglied von ERIC-SJ, 26. 1. 2013, El Progreso – Yoro
Jari Dixon	ehemaliger Staatsanwalt, trieb die Klagen gegen die Modellstädte voran, 29. 1. 2013, Tegucigalpa
Fredin Funes	Anwalt, Mitglied der »Demokratiefordernden Front«[99] der Rechtsanwaltskammer, unabhängiger Kandidat zum Kongressabgeordneten für die Wahlen 2013, aktiv im Protest gegen Modellstädte, 29. 1. 2013, Tegucigalpa
Wilma Calderón	Mitarbeiterin bei SEDINAFROH, 31. 1. 2013, Tegucigalpa
Ariel Lobo	Mitarbeiter bei SEDINAFROH, 31. 1. 2013, Tegucigalpa
Manuel Lopez	Direktor des Sekretariats für Klimawandel von SERNA, 1. 2. 2013, Tegucigalpa
Aldo Francisco Santos	während der Lobo-Regierung Direktor des Bergbausekretariats DEFOMINH – aktueller Name: INGEOMIN, 1. 2. 2013, Tegucigalpa
Pedro Landa	Koordinator der Nationalen Koalition der Umweltverbände CNRA, 1. 2. 2013, Tegucigalpa
Gerhard Jansen	Koordinator von PRORENA der GIZ, Carla Ramos (Angestellte bei PRORENA in den Bereichen Klimawandel und REDD+), 4. 2. 2013, Tegucigalpa
Manuel Manzanares	Energie-Sekretär von SERNA, 4. 2. 2013, Tegucigalpa
Adalberto Padilla	IUCN – Unterstützung indigener Völker in Honduras und in der Region v. a. hinsichtlich Rechtsberatung bei REDD+, Staudämmen etc., 4. 2. 2013, Tegucigalpa
Peter Saile	GIZ-Vertreter im FCPF, verantwortlich für Honduras, 15. 2. 2013, Tegucigalpa [in zwei Audios geteilt]
»Doña Pascualita«	respektierte weise alte Lenca-Frau, derzeitige Verantwortliche für den Kulturbereich bei COPINH, 19. 2. 2013, La Esperanza – Intibucá

---

99 Frente Reivindicador Democrático

194 Grüner Kolonialismus in Honduras

Miriam Miranda	Koordinatorin von OFRANEH, 26. 2. 2013, Sambo Creek – Atlántida
Salvador Zuñiga	Mitbegründer von COPINH, kurz nach dem Interview jedoch bei COPINH ausgetreten, 12. 3. 2013, La Esperanza – Intibucá
Berta Cáceres	Mitbegründerin und derzeitige Generalkoordinatorin von COPINH), 14. 3. 2013, La Esperanza – Intibucá
Aufnahmen	von Ansprachen verschiedener Bewohner*innen von Río Blanco während einer Demonstration gegen Agua Zarca am 14. 3. 2013 in La Esperanza – Intibucá [in zwei Audios geteilt]
Felipe Gómez	aus Río Blanco, angeklagt aufgrund des Protests gegen Agua Zarca), Interview während einer Demonstration gegen Agua Zarca am 14. 3. 2013 in La Esperanza - Intibucá
Mutter	mit drei Kindern aus Río Blanco (Name nicht bekannt), Interview während einer Demonstration gegen Agua Zarca am 14. 3. 2013 in La Esperanza – Intibucá
Sabino Gonzales	Subsistenzbauer aus der Gemeinde La Tejera in Río Blanco) Interview während einer Demonstration gegen Agua Zarca am 14. 3. 2013 in La Esperanza – Intibucá
Tomás Membreño	Mitglied der COPINH-Generalkoordination und COPINH-Radiomacher, angeklagt aufgrund des Protests gegen Agua Zarca), 18. 3. 2013, La Esperanza – Intibucá
Alba Luz Dominguez	Präsidentin der Bürgerkommission für Transparenz des Munizips San José, aus San José und Lilian Esperanza Lopez, Repräsentantin von Berta Cáceres in der COPINH-Koordination und Finanzbeauftragte im Indigenen Rat von COPINH San José, aus San José, 19. 3. 2013, Marcala – La Paz
Teodoro Carillo Lopez	Koordinator des Zivilgesellschafts-Netzwerks und Mitglied von MILPA, aus San José, 19. 3. 2013, Marcala – La Paz
Gloria Lopez	Vizeministerin von SEDINAFROH, Lenca aus La Paz, Gründerin der Lenca-Organisationen MILH sowie CONMILH, Stellvertreterin von Gladis Aurora im Kongress), 20. 3. 2013, Tegucigalpa
Gladis Aurora	seit 2010 Abgeordnete der Nationalen Partei aus dem Departamento La Paz, Staatssekretärin unter der Lobo- sowie Orlando Hernandez-Regierung, Ehefrau von Arnold Castro und an der Durchsetzung des Staudamms La Aurora beteiligt), 21. 3. 2013, Tegucigalpa
Arnold Gustavo Castro	geschäftsführender Gesellschafter von Inversiones Aurora), 21. 3. 2013, Tegucigalpa
Elsia Paz	von 2003–2005 und 2008–2011 Präsidentin von AHPPER; Gründerin der Consulting Firma Energy Solution Partners;

ANHANG 195

	Managerin mehrerer erneuerbarer Energieprojekte; zuvor angestellt bei einer Bergbaufirma, 21. 3. 2013, Tegucigalpa
Esperanza Meza	Koordinatorin der Frauenorganisation von CONPAH und zuständig für Administration von CONPAH, Lenca, 22. 3. 2013, Tegucigalpa
Ángel Bárcenas	Nationaler Berater für Honduras und Nicaragua für REDD+ innerhalb des regionalen Programms CCAD der GIZ, 24. 3. 2013, Tegucigalpa
Luatany Medina	Ingenieurin beim Staudamm La Aurora, 1. 4. 2013, Baustelle La Aurora I in San José – La Paz
José Adam Martínez Lizardo	Pfarrer von San José, Gegner von La Aurora I, 1. 4. 2013, San José – La Paz
José Abel García Argueta	Bürgermeister von San José, Befürworter von La Aurora I), 1. 4. 2013, San José – La Paz
Marili Flores	Koordinatorin des munizipalen Indigenen Rats von COPINH, aus San José, 1. 4. 2013, San José – La Paz
Anastacio Aguilar Vásquez	
Magdaleno Aguilar Vásquez	Kleinbauern und Staudamm-Gegner aus El Aguacatal und Margarita Pineda Rodriguez (aktiv im Zivilgesellschafts-Netzwerk von San José, Mitgründerin zwei weiterer Bewegungen zum Schutz der natürlichen Gemeingüter MILPA und dem Netzwerk zur Verteidigung des Berges Jilgero; beteiligt an Bürgerkommission für Transparenz von San José; aus San José), 2. 4. 2013, El Pedernal – San José – La Paz
Margarita Pineda Rodriguez	siehe INT 34, 2. 4. 2013, El Pedrenal – San José – La Paz
Isidro Vásquez Manueles	Präsident des Patronatos von El Mango, Betroffener von La Aurora I und Rafael Vásquez (Betroffener Kleinbauer, aus El Mango), 2. 4. 2013, Los Planes – San José – La Paz
Gladis Yolanda García Aguilar	ehemalige Präsidentin des Patronatos von San Francisco, Betroffene von La Aurora I, María Santos Lorenzo Díaz und Bernadina Hernandez Lopez (beide Betroffene aus San Francisco), 2. 4. 2013, Los Planes – San José – La Paz
Berta Cáceres	siehe INT 16, 3. 4. 2013, Tegucigalpa
Bayardo Alemán	Koordinator von CONPAH, schriftliches Interview erhalten am 5. 4. 2013
Arnold Gustavo Castro	siehe INT 26, schriftliches Interview erhalten am 20. 10. 2013
Margarita Pineda Rodriguez	siehe INT 34, 35, schriftliches Interview erhalten am 13. 11. 2013
Pedro Landa	(siehe INT 8), im Auftrag durchgeführt von J. Schwäble (Mitglied der Honduras-Delegation), 16. 12. 2013, Tegucigalpa

7.3 Literatur

4E-Programa (2013): Gobierno de Honduras incentiva la generación de energías renovables en el país. (6.9.) http://www.energias4e.com/noticia.php?id=2048 [10. 10. 2013]
Abramsky, Kolya (2009): Energy, Crisis and World-Wide Production Relations. In: Brand, Ulrich/ Bullard, Nicola/Lander, Edgardo *et al.* (Hg.): Contours of Climate Justice. Ideas for shaping New Climate and Energy Politics. In: Critical Currents 6, 92-100
ADH (2013): Ministerio Público criminaliza defensores y defensoras de derechos humanos. (5. 8.) http://copinhonduras.blogspot.co.at/2013/08/ministerio-publico-criminaliza.html [10. 8. 2013]
AHPPER (2013): Copia de Base de Datos Actualizada. *Erhalten am 4. 4. 2013 von Elsia Paz*
Alimonda, Héctor (2011, g.): La Naturaleza colonizada. Ecología política y minería en América Latina. Buenos Aires: Ediciones Circus
Altvater, Elmar (1991): Die Zukunft des Marktes. Ein Essay über die Regulation von Geld und Natur nach dem Scheitern des »real existierenden« Sozialismus. Münster: Westfälisches Dampfboot
Amaya Amador, Ramón (1987): El señor de la Sierra. El Progreso: Editorial Ramón Amaya Amador
Amnesty International (2013 a): Documento – Honduras. El ejército dispara contra manifestantes en Honduras. Acción Urgente. (23. 7.) http://www.amnesty.org/es/library/asset/AMR37/006/2013/es/386efc81-90c1-41a8-8d5b-6bbb244fcc74/amr370062013es.html [24. 7. 2013]
Amnesty International (2013 b): Honduras: Elections Should Mark a Turning Point for Human Rights. (5.11.) http://www.amnesty.org/es/node/43984 [24. 11. 2013]
Anderson, Mark (2007): When Afro Becomes (Like) Indigenous: Garifuna and Afro-Indigenous Politics in Honduras. In: Journal of Latin American and Caribbean Anthropology 12/2, 384-413
Araghi, Farshad (2009): The Invisible Hand and the Visible Foot: Peasants, Dispossession and Globalization. In: Akram-Lodhi, A. Haroon/ Kay, Cristóbal (Hg.): Peasants and Globalization. Political Economy, Rural Transformation and the Agrarian Question. London/New York: Routledge. 111-147
ARECA (2010): Energías Renovables en Acción. Boletín Informativo Nr.2, Mai-August 2010. http://www.proyectoareca.org/?cat=1043&title=Boletines&lang=es [28. 8. 13]
ARECA (2011): Energías Renovables en Acción. Boletín Informativo Nr.3, Januar-April 2011. http://www.proyectoareca.org/?cat=1043&title=Boletines&lang=es [28. 8. 2013]
Arkonada, Katu/ Santillana, Alejandro (2011): Ecuador y Bolivia frente a la colonialidad del capitalismo verde. In: Osvaldo, León (Hg.): El cuento de la economía verde. Quito: ALAI, 41-43
Ayboga, Erican (2012): Wasserkraft ist keine erneuerbare Energie. Bewegungen gegen Staudämme. In: Luxemburg – Gesellschaftsanalyse und linke Praxis 1/2012, Thema Energiekämpfe, 76-80
Bachram, Heidi (2004): Climate Fraud and Carbon Colonialism: The New Trade in Greenhouse Gases. In: Capitalism Nature Socialism 5/4, 1-16
Backhouse, Maria (2013): Grüne Landnahmen in Brasilien. Das Beispiel der Palmöl-Expansion im Amazonasbecken. In: Backhouse, Maria/ Gerlach, Olaf/ Kamring, Stefan *et al.* (Hg.): Die globale Einhegung – Krise, Ursprüngliche Akkumulation und Landnahmen im Kapitalismus. Münster: Westfälisches Dampfboot, 263-283
Backhouse, Maria/ Gerlach, Olaf/ Kamring, Stefan *et al.* (2013, Hg.): Die globale Einhegung – Krise, Ursprüngliche Akkumulation und Landnahmen im Kapitalismus. Münster: Westfälisches Dampfboot
Bader, Pauline/ Becker, Florian/ Demirović, Alex *et al.* (2011): Die multiple Krise – Krisendynamiken im neoliberalen Kapitalismus. In: Demirović, Alex/ Dück, Julia/ Becker, Florian *et al.* (Hg.): VielfachKrise im finanzmarktdominierten Kapitalismus. Hamburg: VSA Verlag, 11-28
Baletti, Brenda (2012): Ordenamiento Territorial: Neo-Developmentalism and the Struggle for Territory in the Lower Brazilian Amazon. In: The Journal of Peasant Studies 39/2, 573-598
BankTrack (2013): Letter to Albert van Leeuwen - FMO. Subject: FMO Decision to Finance the

ANHANG 197

Agua Zarca Dam Projekt in Honduras and Next Steps [20. 12. 2013]
Barahona, Marvin (2009 a): Honduras en el siglo XX. Una síntesis histórica. Tegucigalpa: Editorial Guaymuras [erstmals erschienen 2005]
Barahona, Marvin (2009 b): Pueblos indígenas, estado y memoria colectiva en Honduras. Tegucigalpa: Editorial Guaymuras
Barahona, Marvin/ Rivas, Ramón (1998 a, Hg.): Rompiendo el espejo. Visiones sobre los pueblos indígenas y negros en Honduras. Tegucigalpa: Editorial Guaymuras
Barahona, Marvin/ Rivas, Ramón (1998 b): Existe un movimiento indígena en Honduras? Hacia una interpretación de la protesta indígena. In: Ders. (Hg.): Rompiendo el espejo. Visiones sobre los pueblos indígenas y negros en Honduras. Tegucigalpa: Editorial Guaymuras, 81-128
Bauhardt, Christine (2012): Feministische Ökologie, Ökofeminismus und Queer Ecologies – feministisch-materialistische Perspektiven auf gesellschaftliche Naturverhältnisse. In: gender...politik...online. http://web.fu-berlin.de/gpo/pdf/bauhardt/Bauhardt.pdf [13. 5. 2012]
Bello, Walden (2009): The Deadly Triad: Climate Change, Free Trade and Capitalism. In: Brand, Ulrich/ Bullard, Nicola/ Lander, Edgardo et al. (Hg.): Contours of Climate Justice. Ideas for shaping New Climate and Energy Politics. In: Critical Currents 6, 42-44
Berbner, Bastian (2013): Der Neustart. (9. 11.) http://www.zeit.de/2013/45/honduras-armutexperiment [23. 11. 2013]
Bértola, Luis (2007): Lateinamerika in Zeiten der Globalisierung. In: Becker, Joachim/ Fischer, Karin/ Imhof, Karen et al. (Hg.): Kapitalistische Entwicklung in Nord und Süd. Handel – Geld – Arbeit – Staat. Wien: Mandelbaum Verlag, 63-90
Bird, Annie – Rights Action (2013 a): The Agua Zarca Dam: How the World Bank and Central American Bank for Economic Integration Are Profiting from the Looting of Indigenous Lenca Territory. (18. 5.) http://rightsaction.org/action-content/illegal-arrest-priest-and-22-members-honduran-national-resistance-front [8. 8. 2013]
Bird, Annie – Rights Action (2013 b): The Agua Zarca Dam and Lenca Communities in Honduras: Transnational Investment Leads to Violence against and Criminalization of Indigenous Communities. (20.9) http://rightsaction.org/sites/default/files/Rpt_131001_RioBlanco_Final.pdf [21. 9. 2013]
Bird, Annie – Rights Action (2013 c): Conclusiones. *Erhalten am 2. September von COPINH*
Blaikie, Piers/ Brookfield, Harold (1987): Land Degradation and Society. London: Methuen
Blas, Javier (2009): Africa »Giving Away« Land as Rich Countries Push for Food Security. (25. 5.) http://www.ft.com/intl/cms/s/0/6cdd9bbe-48c4-11de-8870-00144feabdc0.html#axzz2kZ81VvSo [10. 10. 2013]
BMU/ BMZ/ OOSKAnews, Inc. (2012): Conference Synopsis. Bonn 2011 Conference: The Water, Energy and Food Security Nexus. Solutions for the Green Economy. 16-18. 11. 2011. http://www.water-energy-food.org/en/whats_the_nexus/messages_policy_recommendations.html [10. 10. 2013]
Boas, Hellie (2011, Hg.): No REDD - Papers Volume I. Oregon: Charles Overbeck/Eberhardt Press. http://climatevoices.files.wordpress.com/2011/11/noreddpapers_download.pdf [10. 10. 2013]
Borras Jr, Saturnino M./ Franco, Jennifer/ Gómez, Sergio et al. (2012): Land Grabbing in Latin America and the Carribean. In: The Journal of Peasant Studies 39/3-4, 845-872
Borras Jr, Saturnino M./ Hall, Ruth/ Scoones, Ian et al. (2011): Towards a Better Understanding of Global Land Grabbing: An Editorial Introduction. In: The Journal of Peasant Studies 38/2, 209-216
Bosquet, Benoit (2013): Respuesta FCPF a COPINH. (22. 2.) http://www.forestcarbonpartnership.org/honduras-0 [15. 3.2013]
Boyer, Jefferson/ Cardona Peñalva, Wilfredo (2013): Daring to Hope in the Midst of Despair. The Agrarian question within the Anti-Coup Resistance Movement in Honduras. In: Burrell, Jennifer/ Moodie, Ellen (Hg.): Central America in the New Millenium. Living Transition and Reimagining Democracy. o. A.: Bertahn Books, 64-79
Brand, Ulrich (2010): Konflikte um die *Global Governance* biologischer Vielfalt. Eine historisch-

materialistische Perspektive. In: Feindt, Peter/ Saretzki, Thomas (Hg.): Umwelt- und Technikkonflikte. Opladen: Verlag für Sozialwissenschaften, 239-255
Brand, Ulrich (2012): Einleitung für die Tagung Sozial-ökologische Transformation und Energiepolitik in Lateinamerika und Europa. In: Brand, Ulrich/ Gensler, Marlis/ Strickner, Alexandra (Hg.): Sozial-ökologische Transformation und Energiepolitik in Lateinamerika und Europa. Papers und Thesenpapiere für das internationale Seminar in Wien, 11.-14. 7. 2012, 4-8
Brand, Ulrich (2013): Sozial-ökologische Transformation: Dominante Entwicklungen, Widerstände und Alternativen – Energie als zentrales Konfliktterrain. Einführungstext für das internationale Seminar »Sozialökologische Transformation Fokus Energie«, 3.-5. 7. 2013
Brand, Ulrich/ Bullard, Nicola/ Lander, Edgardo et al. (2009): Introduction. In: Ders. (Hg.): Contours of Climate Justice. Ideas for shaping New Climate and Energy Politics. In: Critical Currents 6, 9-16
Brand, Ulrich/ Lötzer, Ulla/ Müller, Michael et al. (2013): Big Business Emissionshandel. Gegen die Finanzialisierung der Natur. In: Rosa Luxemburg Stiftung Standpunkte 3/2013
Brand, Ulrich/ Görg, Christoph (2003): Postfordistische Naturverhältnisse. Konflikte um genetische Ressourcen und die Internationalisierung des Staates. Münster: Westfälisches Dampfboot
Brand, Ulrich/ Wissen, Markus (2011 a): Die Regulation der ökologischen Krise. Theorie und Empirie der Transformation gesellschaftlicher Naturverhältnisse. In: ÖZS 36/2, 12-34
Brand, Ulrich/ Wissen, Markus (2011 b): Sozial-ökologische Krise und imperiale Lebensweise. Zur Krise und Kontinuität kapitalistischer Naturverhältnisse. In: Demirović, Alex/ Dück, Julia/ Becker, Florian et al. (Hg.): VielfachKrise im finanzmarktdominierten Kapitalismus. Hamburg: VSA Verlag, 79-94
Brand, Ulrich/ Wissen, Markus (2013): Strategien einer Green Economy, Konturen eines grünen Kapitalismus: zeitdiagnostische und forschungsprogrammatische Überlegungen. In: Atzmüller, Roland/ Becker, Joachim/ Brand, Ulrich (Hg.): Fit für die Krise? Perspektiven der Regulationstheorie. Münster: Westfälisches Dampfboot, 132-146
Brondo, Kery Vacanti/ Brown, Natalie (2011): Neoliberal Conservation, Garifuna Territorial Rights and Resource Management in the Cayos Cochinos Marine Protected Area. In: Conservation and Society 9/2, 91-105
Bryant, Raymond/ Bailey, Sinéad (1997): Third World Political Ecology. London/ New York: Routledge
BUND/ Sandbag (2013): Der Klimagoldesel 2013. Die größten Profiteure des Emissionshandels in Deutschland. http://www.bund.net/pdf/klimagoldesel2013 [17. 9. 2014]
Business & Human Rights Resource Centre (2013): Sinohydro Group Response to Report by Rights Action about Alleged Violence & Intimidation against Lenca Indigenous Communities Related to the Constructions of Agua Zarca Dam, Honduras. (25. 11.) http://www.businesshumanrights.org/Links/Repository/1023559/jump [5. 1. 2014]
CABEI (2009): Análisis del Mercado Hondureño de Energía Renovable. Tegucigalpa
CABEI (2012): CABEI Regognizes Central American Financial Institutions That Provide Biodiversity Friendly Financing. (13. 12.) http://www.bcie.org/?art=1405&title=CABEI%20 recognizes%20Central%20American%20financial%20institutions%20that%20provide%20 biodiversity%20friendly%20financing%20&lang=en [10. 10. 2013]
CABEI/ ARECA/ BMZ/ KfW (2010): Guía para el desarrollo de proyectos de energía renovable en Honduras. http://www.proyectoareca.org/get.php?did=93 [10. 10. 2013]
CADEHO (2013): Llamado de Alerta Río Blanco. (12. 11.) http://www.youtube.com/watch?v=KNj0FeGFhos [12. 11. 2013]
CAO (2014): Letter to Berta Caceres, Tomas Gomez. Re: CAO Assessment Report regarding the Central American Mezzanine Infrastructure Fund (CAMIF) (IFC Project Number 26590) in Honduras. (8. 1. 2014) *Erhalten von Annie Bird am 9. 1. 2014*
Capote, Nieves (2012): Del PPP al Proyecto Mesoamérica. Eje de infraestructura y competitividad. San Cristóbal de las Casas: Otros Mundos. [Serie: La Dictadura del Capital]
Carbon Finance (2013): Mapping Carbon Prices Initiative. Developments and Prospects. Wa-

shington, DC. https://www.thepmr.org/system/files/documents/Mapping%20Carbon%20 Pricing%20Initiatives-%20Developments%20and%20Prospects.pdf [21. 9. 2014]
Carbon Market Watch (2013): Local Realities of CDM Projects. A Compilation of Case Studies. http://carbonmarketwatch.org/local-realities-of-cdm-projects-a-compilation-of-case-studies/ [30. 11. 2013]
Casolo, Jennifer (2009): Gender Levees: RethinkingWomen's Land Rights in Northeastern Honduras. In: Journal of Agrarian Change 9/3, 392-420
Castree, Noel (2008 a): Neoliberalising Nature: The Logics of Deregulation and Reregulation. In: Environment and Planning A 40/1, 131-152
Castree, Noel (2008 b): Neoliberalising Nature II: Processes, Outcomes, Effects. In: Environment and Planning A 40/1, 153-173
CBM Honduras (1999): Reunión Intercambio de Información. Proyectos de Cooperación Vinculados al CBM. http://rds.hn/index.php?documento=431 [18. 8. 2013]
CDM Executive Board (2012): PDD_Aurora I_270112. Project Design Document Form (CDM-SSC-PDD) – Version 03. http://cdm.unfccc.int/UserManagement/FileStorage/UF3JR9CV2MB-6TLYXWAG0POSE8N751H [7. 10. 2013]
CDM-Watch et al. – 84 Civil Society Orginazations (2012): Civil Society Letter to the CDM Policy Dialogue Panel. (21.5.) http://carbonmarketwatch.org/civil-society-letter-to-the-cdm-policy-dialogue-panel/ [15. 10. 2013]
CEHPRODEC (2013): Análisis estadístico del inventario de concesiones mineras proporcionado por INGEOMIN. Erhalten am 16. 12. 2013 von Pedro Landa
CentralAmericaData (2010): Honduras: inversión extranjera cae 44 % en 2009. (4.1.) http://www.centralamericadata.com/es/article/home/Honduras_inversion_extranjera_cae_44_en_2009 [16. 8. 2013]
CEO (2013): A Fly On The Wall Of The Corporate COP: Through The Looking Glass. (20. 11.) http://corporateeurope.org/blog/fly-wall-corporate-cop-through-looking-glass [25. 11. 2013]
CEPAL (2000): Primera parte: Indicadores del desarrollo socioeconómico de América Latina y el Caribe. In: Ders.: Anuario estadístico de America Latina y el Caribe. http://www.eclac.org/cgibin/getProd.asp?xml=/publicaciones/xml/8/6228/P6228.xml&xsl=/deype/tpl/p9f.xsl&base=/tpl/top-bottom.xslt [18. 12. 2011]
CEPAL (2009): Cooperación CEPAL – Proyecto Mesoamérica: Aportes a la Facilitación del Comero y el Transporte en Mesoamérica. In: Boletín FAL 273/5
CESPAD (2013): Quinta Encuesta de Opinión Ciudadana del CESPAD, Julio de 2013. http://cespad.org/sites/default/files/Informe%20Quinta%20Encuesta%20CESPAD%20Componente%20Electoral%20FINAL.pdf [25. 8. 2013]
Chancosa, Blanca (2010): El Sumak Kawsay desde la visión de la mujer. In: América Latina en Movimiento, 453 época II, 6-9
Chapman, Anne (1985): Los hijos del copal y la candela. Tomo II. D.F.: Universidad Nacional Autónoma de México
Chapman, Anne (2006): Los hijos del copal y la candela. Tomo I. D.F.: Universidad Nacional Autónoma de México [erstmals erschienen 1985]
Charkiewicz, Ewa (2009): A Feminist Critique of the Climate Change Discourse. From Biopolitics to Necropolitics. In: Brand, Ulrich/ Bullard, Nicola/ Lander, Edgardo et al. (Hg.): Contours of Climate Justice. Ideas for shaping New Climate and Energy Politics. In: Critical Currents 6, 18-25
CIDH (2013): CIDH condena asesinato de líder indígena lenca y lesiones a un niño en operativo del Ejército de Honduras. Comunicado de Prensa 52/13. (19. 7.) http://www.oas.org/es/cidh/prensa/Comunicados/2013/052.asp [20. 7. 13]
CNRA (2014): Pronunciamiento en contra de la criminalización de defensores y la entrega de los territorios (14. 5. 2014) http://honduprensa.wordpress.com/2014/05/14/pronunciamiento-en-contra-de-la-criminalizacion-de-defensores-y-la-entrega-de-los-territorios/ [15. 9. 2014]
COHEP (2009): Comunicado de Prensa del COHEP. (29. 6.) http://ucdhonduras.blogspot.

co.at/2009/06/comunicado-de-prensa-del-cohep.html [8. 8. 2012]
COHEP/ USAID (2012): Desarrollo territorial sostenible para un crecimiento económico y social de base amplia. Powerpoint Presentation. Erhalten am 20. 1. 2013 von COPINH
Comisión de Dictamen (2013): Ley de Cambio Climático. http://www.observatoriodescentralizacion.org/download/iniciativas_de_ley_aprobadas_en_el_congreso_nacional_/DICTAMEN%20 LEY%20CAMBIO%20CLIMATICO%20V3%282%29.pdf [15. 10. 2014]
Comisión de Verdad (2012): Informe de la Comisión de Verdad. Tegucigalpa. http://www.comisiondeverdadhonduras.org/?q=node/75 [4. 12. 2012]
Conexihon (2013): FF.AA. gasta presupuesto del bosque en compra de bebidas. (11. 8.) http://conexihon.info/site/noticia/transparencia-y-corrupci%C3%B3n/ff-aa-gasta-presupuesto-del-bosque-en-compra-de-bebidas [20. 8. 2013]
Conexihon (2014): El cambio climático no solo seca la tierra, también el future de las familias campesinas (12. 12.) http://conexihon.hn/site/noticia/derechos-humanos/conflicto-agrario-y-minero/el-cambio-clim%C3%A1tico-no-solo-seca-la-tierra [20. 12. 2014]
CONPAH (2011): Planteamiento de la Confederacion Nacional de Pueblos Autóctonos de Honduras (CONPAH), al Presidente de la Republica de Honduras Lic. Porfirio Lobo Sosa. http://listas.gsc.hn/cgi-bin/eGruposDMime.cgi?N8P7%5B7K9W7xumopxClqfq-MtytuqokCWUWPXCvthCnoqdy-qlhhyCUSYQegb7 [5. 12. 2013]
CONPAH (2012 a): Carta a Rigoberto Cuellar – ministro de SERNA. REFE: R-PP Honduras Documento Inconsulto. (8. 2.) http://www.forestcarbonpartnership.org/sites/forestcarbonpartner ship.org/files/Documents/PDF/Feb2012/CartaCONPAH_SERNA_R_PP_Honduras.pdf [14. 01. 2013]
CONPAH (2012 b): Carta a Benoit Bosquet-Coordinador FCPF. REFE: Todavía sin acuerdo entre los pueblos indígenas y afrohondureños y el Gobiern en los procesos REDD+ Honduras. (21. 8.) https://www.forestcarbonpartnership.org/fcp/sites/forestcarbonpartnership.org/files/Documents/PDF/Aug2012/Letter%20from%20CONPAH%20Honduras%20on%20 R-PP-August%2024%2C%202012.pdf [15. 10. 2013]
CONPAH (2013): Informe de Gira MIACC. In: ANEXO 19. R-PP Version 6. http://www.forestcarbonpartnership.org/honduras-0 [14. 10. 2013]
COPINH (25. 4. 2012): Denuncia el COPINH graves violaciones a los derechos individuales y colectivos del Pueblo Lenca. Denuncia Pública Urgente. http://www.copinh.org/article/denuncia-el-copinh-graves-violaciones-a-los-derech/ [10. 10. 2013]
COPINH (6. 7. 2012): ¡Contra el plan perverso que se gesta en Honduras de mercantilizar la naturaleza! http://nicaraguaymasespanol.blogspot.de/2012/07/contra-el-plan-perverso-que-se-gesta-en.html [13. 2. 2013]
COPINH (10. 2. 2013): Brief an Benoit Bosquet (FCPF), Betreff: COPINH lehnt R-PP und die Einführung von REDD+ in Honduras ab. http://hondurasdelegation.blogspot.co.at/2013/02/protestbrief-von-copinh-weltbank-gegen.html [13. 2. 2013]
COPINH (14. 3. 2013): Comunicado. http://www.copinh.org/article/comunicado-2/ [15.3.2013]
COPINH (2. 4. 2013): COPINH (corregido y con inf. actualizada) Comunicado Urgente: Río Blanco nuevamente emprende acciones en defensa de ríos, territorios y vida. http://copinhonduras.blogspot.co.at/2013/04/copinh-comunicado-urgente-rio-blanco.html [5. 10. 2013]
COPINH (17. 4. 2013): Desde Río Blanco, alzamos nuestra voz y rebeldía. Hoy nos movilizamos a la capital. http://copinhonduras.blogspot.de/2013/04/desde-rio-blanco-alzamos-nuestra-voz-y.html [15. 3. 2013]
COPINH (19. 4. 2013): Comunidades Lencas de Río Blanco expulsan maquinarias y funcionarios de las empresas Desa y Sinohydro. http://copinhonduras.blogspot.co.at/2013/04/comunidades-lencas-de-rio-blanco.html [20. 4. 2013]
COPINH (15. 7. 2013): Acción desesperada y criminal, Ejército hondureño asesina a luchador indígena del COPINH contra hidroeléctrica en Río Blanco. http://copinhonduras.blogspot.co.at/2013/07/accion-desesperada-y-criminal-ejercito.html [17. 7. 2013]
COPINH (2. 8. 2013): Alerta Urgente: Llamado a la solidaridad nacional e internacional. http://

copinhonduras.blogspot.co.at/2013/08/alerta-urgente-llamado-la-solidaridad.html [3. 8. 2013]
COPINH (5. 9. 2013): Más amenazas contra el Pueblo Lenca de Río Blanco! La Policía secuestra el compañero Desiderio Méndez miembro Lenca del COPINH! http://www.copinh.org/article/mas-amenazas-contra-el-pueblo-lenca-de-rio-blanco-/ [6. 9. 2013]
COPINH (2. 10. 2013): Comunicado Urgente. http://www.copinh.org/article/comunicado-urgente-02-octubre-2013/ [2. 10. 2013]
COPINH (7. 11. 2013): Denuncia Pública: Continua hostigamiento contra el compaero Víctor Fernández. http://www.copinh.org/article/copinh-denuncia-publica-continua-hostigamiento-con/ [7. 11. 2013]
COPINH (8. 11. 2013): Denuncia Pública: Nuevamente los esbirros dan persecución vehicular, esta vez al compañero Aureliano Molina Villanueva, miembro del COPINH. http://www.copinh.org/article/denuncia-publica-nuevamente-los-esbirros-dan-perse/ [9. 11. 2013]
COPINH (19. 11. 2013): Denuncia. http://copinhonduras.blogspot.de/2013/11/copinh-denuncia.html [20. 11. 2013]
COPINH (20. 11. 2013): Alerta! Detención de Delegación Internacional de Observación de Derechos Humanos que se desplaza hacia Río Blanco! http://www.copinh.org/article/alerta-detencion-de-delegacion-internacional-de-ob/ [20. 11. 2013]
COPINH (26. 5. 2014): Asesinato y represión en San Francisco de Opalaca y Río Blanco ejecutan las fuerzas fascistas del Partido Nacional y la Policía Nacional. http://www.copinh.org/article/asesinato-y-represion-en-san-francisco-de-opalaca-/ [22. 9. 2014]
COPINH (29. 9. 2014): Rechazamos la creación de los proyectos ONUREDD/REDD+ y la reglamentación retorcida al derecho de consulta y consentimiento libre previo e informado (C-CLIP). http://copinh.org/article/copinh-rechazamos-la-creacion-de-los-proyectos-onu/ [5. 11. 2014]
COPINH (30. 10. 2014): El compañero Maycol Rodríguez, menor de edad, hermano indígena Lenca, ha sido encontrado sin vida. http://copinhonduras.blogspot.de/2014/10/el-companero-maycol-rodriguez-menor-de.html [3. 11. 2014]
Corson, Catherine/ MacDonald, Kenneth Iain (2012): Enclosing the Global Commons: The Convention on Biological Diversity and Green Grabbing. In: The Journal of Peasant Studies 39/2, 263-283
Curran, Michael/ llweg, Stefanie/ Beck, Jan (2014): Is there any empirical support for biodiversity offset policy? In: Ecological Applications 24/4, 617-632
Dalton, Roca (2013): Honduras: Ministro acusa con falsedades y recibe respuesta de COPINH. (12. 8.) http://www.hondurastierralibre.com/2013/08/honduras-ministro-acusa-con-falsedades.html [18. 8. 2013]
Dan Church Aid (2011): Stolen Land Stolen Future. A Report on Land Grabbing in Cambodia and Honduras. http://www.noedhjaelp.dk/content/download/95610/1099815/version/1/file/LandGrab_ WEB.pdf [5. 7. 2013]
Davidson, Adam (2012): Who Wants to Buy Honduras? (8.5.) http://www.nytimes.com/2012/05/13/magazine/who-wants-to-buy-honduras.html?_r=0 [15. 8. 2013]
Defensores en Línea (2013): Bases de EE.UU. en Honduras: La colonización del siglo XXI. (2. 4.) http://www.defensoresenlinea.com/cms/index.php?option=com_content&view=article&id=2509:bases-de-eeuu-en-honduras-la-colonizacion-del-siglo-xxi&catid=67:monitoreo&Itemid=192 [16. 8. 2013]
DESA (2013): Nota de Prensa (15. 7. 2013). *Erhalten am 18. 7. 2013 von COPINH*
DESA/ CONGEDISBA (2013): Convenio de Cooperación, Mutuo Entendimiento, Indemnización, Compensación Comunitaria y Ambiental, entre la Empresa Desarrollos Energeticos S.A. de C.V. (DESA) y los Patronatos de Río Blanco, Norte de Intibucá y Sur de Santa Bárbara, Agrupados en el Consejo Regional de Gestión y Desarrollo (CONGEDISBA). *Erhalten am 15. 12. 2013 von CADEHO*
DESA/ Municipalidad de Intibucá (2011): Acta Reunión de Sozialización proyeto hidroeléctrico Agua Zarca, Río Blanco, Intibucá. SERNA Folio No. 645-650. *Erhalten am 4. 6. 2013 von*

COPINH
DESA/ Municipalidad de San Francisco de Ojuera (2011): Acta de compromisos proyecto hidroeléctrico Agua Zarca, Francisco de Ojuera, Santa Bárbara. SERNA Folio No. 640-443 (25. 10. 2011). *Erhalten am 4. 6. 2013 von COPINH*
Dietrich, Wolfgang (2008): Das politische System von Honduras. In: Stüwe, Klaus/ Ringe, Stefan (Hg.): Die politischen Systeme in Nord- und Lateinamerika. Eine Einführung. Wiesbaden: VS Verlag für Sozialwissenschaften, 293-313
Dussel, Enrique (2000): Europa, Modernidad y eurocentrismo. In: Lander, Edgardo (Hg.): La Colonialidad del Saber. Buenos Aires. CLACSO, 39-51
Edelmann, Marc (2009): Synergies and Tensions between Rural Social Movements and Professional Researchers. In: The Journal of Peasant Studies 36/1, 245-265
El Heraldo (2010): ENEE concluirá licitación de energía: Ahpper. (18. 2.) http://archivo.elheraldo.hn/content/view/full/381645 [10. 7. 2013]
El Heraldo (2013 a): Ley de Inteligencia es ambigua y débil contra el crimen organizado. (27. 1.) http://www.elheraldo.hn/Secciones-Principales/Pais/Ley-de-Inteligencia-es-ambigua-y-debil [15. 2. 2013]
El Heraldo (2013 b): Banca hondureña lidera sistema financiero local. (17. 7.) http://www.elheraldo.hn/Secciones-Principales/Economia/Banca-hondurena-lidera-sistema-financiero-local [10. 10. 2013]
El Heraldo (2013 c): Ratificada ley para vender bienes. (23. 7.) http://www.elheraldo.hn/Secciones-Principales/Pais/Ratificada-ley-para-vender-bienes [25. 8. 2013]
El Heraldo (2014): Protestan en Honduras contra asesinatos de homosexuales. (15. 7.) http://www.elheraldo.hn/pais/732522-331/protestan-en-honduras-contra-asesinatos-de-homosexuales [10. 10. 2014]
El Libertador (2014 a): Honduras aspira convertirse en líder centroamericano de producción de alimentos. (21. 7.) http://www.ellibertador.hn/?q=article/honduras-aspira-convertirse-en-l%C3%ADder-centroamericano-en-producci%C3%B3n-de-alimentos [10. 8. 2014]
El Libertador (2014 b): CIDH preocupada por amenazas contra campesinos del Aguán, Honduras. (29. 8.) http://www.ellibertador.hn/?q=article/cidh-preocupada-por-amenazas-contra-campesinos-del-agu%C3%A1n-honduras [10. 9. 2014]
El Nuevo Diario (2013): Confirman interés de China en Canal Seco de Honduras. (21. 6.) http://www.elnuevodiario.com.ni/politica/289566 [2. 11. 2013]
ENEE (2012): Plan de Expansión Generación 2012-2026, *Erhalten am 2. 2. von der ENEE*
ERIC-SJ (2013): Miedo Inducido. (8. 8.) http://ericsj.org/contentsj/index.php?option=com_content&view= article&id=1262:miedo-inducido-08-agosto-2013&catid=45:la-honduras-de-hoy&Itemid=63 [28. 8. 2013]
Escoto, Julio (2010): El Golpe de oro negro. Alguien consiguió petróleo tras caer Zelaya. (11. 1.) http://julioescotodocumentos.blogspot.com/2009/08/el-golpe-de-oro-negro_15.html [23. 10. 2013]
Euraque, Dario (2010): El Golpe de Estado del 28 de Junio de 2009, el patrimonio cultural y la identidad nacional de Honduras. San Pedro Sula: Centro Editorial
European Commission (2013): Mapping and Assessment of Ecosystems and their Services. An analytical framework for ecosystem assessments under Action 5 of the EU Biodiversity Strategy to 2020. http://ec.europa.eu/environment/nature/knowledge/ecosystem_assessment/pdf/MAESWorkingPaper2013.pdf [15. 10. 2014]
Fairhead, James/ Leach, Melissa/ Scoones, Ian (2012): Green Grabbing: A New Appropriation of Nature? In: The Journal of Peasant Studies 39/2, 237-261
Fajardo, Lenys (2014): ¡Urgente! Crisis alimentaria en Honduras. (1.8.) http://conexihon.info/site/noticia/derechos-humanos/conflicto-agrario-y-minero/%C2%A1urgente-crisis-alimentaria-en-honduras [18. 10. 2014]
Fals Borda, Orlando (2009): Una sociología sentipensante para América Latina. Bogotá: Siglo del Hombre Editores

ANHANG 203

Fals Borda, Orlando/ Rahman, Muhammad Anisur (1991): Action and Knowledge. Braking the Monopoly with Participative Action Research. New York: The Appex Press.

FAO (2006): The state of Agricultural Commodity Markets. http://www.fao.org/docrep/009/a0950e/a0950e00.htm [13. 12. 2011]

Fatheuer, Thomas (2013): Neue Ökonomie der Natur. Eine kritische Einführung. Berlin: Heinrich-Böll-Stiftung. www.boell.de/sites/default/files/neue-oekonomie-d-natur_kommentierbar.pdf [8. 8. 2014]

Fatheuer, Thomas (2013): Eine neue grüne Inwertsetzungsstrategie für Amazonien: REDD – Erwartungen, Ambivalenzen, Kontroversen. In: Backhouse, Maria/ Gerlach, Olaf/ Kalmring, Stefan et al. (Hg.): Die globale Einhegung – Krise, ursprüngliche Akkumulation und Landnahmen im Kapitalismus. Münster: Westfälisches Dampfboot, 284-303

FCPF (2012): 2012 Annual Report. http://www.forestcarbonpartnership.org/sites/fcp/files/FCPF%20FY12%20Anual%20Report%20FINAL%20Oct8.pdfk.pdf [15. 10. 2013]

FCPF (2014): REDD Readiness Progress Fact Sheet. Country: Honduras. April 2014. www.forestcarbonpartnership.org/sites/fcp/files/2014/May/Honduras%20Readiness%20Progress%20Fact%20Sheet%20_April%2014.pdf [29. 10. 2014]

Federici, Silvia (2012): Caliban und die Hexe. Frauen, der Körper und die ursprüngliche Akkumulation. Wien: Mandelbaum kritik & utopie [Hg.: Martin Birkner; Übers.: Max Henninger]

FERN (2014): Misleading Numbers. The Case for Seperating Land and Fossil Based Carbon Emissions. www.fern.org/sites/fern.org/files/misleadingnumbers_full%20report.pdf [17. 10. 2014]

FIAN/ APRODEV/ CIFCA/ FIDH/ Rel-UITA/ Vía Campesina (2011): Honduras. Violaciones de Derechos Humanos en el Bajo Aguán. Informe preliminar de la Misión de Verificación Internacional. http://www.fian.org/recursos/publicaciones/documentos/honduras-violaciones-de-derechos-humanos-en-el-bajo-aguan/pdf [13. 10. 2011]

Finley-Brook, Mary (2007): Green Neoliberal Space. The Mesoamerican Biological Corridor. In: Journal of Latin American Geography 6/1, 101-124

Finnfund (2006): Small hydroelectric plant earns money from emission reductions (11.4.) http://www.finnfund.fi/ajankohtaista/uutiset06/en_GB/laesperanzahonduras/ [15. 10. 2013]

Fischer, Karin/ Hödl, Gerhard/ Parnreiter, Christof (2004): Entwicklung – eine Karotte, viele Esel? In: Fischer, Karin/ Maral-Hanak, Irmi/ Hödl, Gerald et al. (Hg.): Entwicklung und Unterentwicklung. Eine Einführung in Probleme, Theorien und Strategien. Wien: Mandelbaum Verlag, 13-56

Fischer, Karin/ Parnreiter, Christof (2007): Globale Güterketten und Produktionsnetzwerke – ein nicht staatszentrierter Ansatz für die Entwicklungsökonomie. In: Becker, Joachim/ Imhof, Karen/ Jäger, Johannes et al. (Hg.): Kapitalistische Entwicklung in Nord und Süd. Handel – Geld – Arbeit – Staat. Wien: Mandelbaum Verlag, 106-122

Fischer-Hüftle, Peter (2011): 35 Jahre Eingriffsregelung. Eine Bilanz. In: Natur und Recht 33/11, 753-758

FMO (2013): FMO Assessment Process RE Agua Zarca. Powerpoint Presentation. 26th of November 2013. *Erhalten am 26. 11. 2013 von FMO*

FoEI (2013): Good Energy Bad Energy? Transforming our Energy System for People and the Planet. www.goodenergybadenergy.org [15. 11. 2013]

Forest Trends/ Ecosystem Marketplace (2008): Payments for Ecosystem Services: Market Profiles. http://ecosystemmarketplace.com/documents/acrobat/PES_Matrix_Profiles_PROFOR.pdf [15. 10. 2014]

Franco, Jennifer (2014): Reclaiming Free Prior and Informed Consent (FPIC) in the Context of Global Land Grabs. www.tni.org/sites/www.tni.org/files/download/reclaiming_fpic_0.pdf [9. 10. 2014]

Friends of the Earth France (2013): REDD+ in Madagascar: You Can't See The Wood For The Carbon. http://www.amisdelaterre.org/REDD-in-Madagascar-You-can-t-see.html [11. 12. 2013]

Fundación Arias/ CDM – Centro de Derechos de Mujeres (1995): El acceso de la mujer a la tierra en Honduras. San José: Fundación Arias para la Paz y el Progreso Humano

Gallegos, Eris (2014): Gladis Aurora López. (11. 1.) http://www.latribuna.hn/2014/01/11/gladis-aurora-lopez/ [14. 1. 2014]

Garbe, Sebastian (2012): Das Projekt Modernität/Kolonialität in Gegenüberstellung mit postkolonialer Theorie und als Herausforderung für die Kultur- und Sozialanthropologie – Eine theoretische Übersetzungsarbeit anhand interkultureller Teamarbeit in Argentinien. Diplomarbeit an der Universität Wien

Garbe, Sebastian (2013): Das Projekt Modernität/Kolonialität – Zum theoretischen/akademischen Umfeld des Konzepts der Kolonialität der Macht. In: Quintero, Pablo/ Garbe, Sebastian (Hg.): Kolonialität der Macht. De/Koloniale Konflikte: zwischen Theorie und Praxis. Münster: Unrast-Verlag, 21-52

Garbe, Sebastian/ Quintero, Pablo (2012): Das Projekt Modernität/Kolonialität. Eine Annäherung aus der Differenz zur postkolonialen Theorie. In: ILA 361, 11-12

Gerebizza, Elena/ Tricarico, Antonio (2013): Large Infrastructure to Overcome the Crisis? The Hidden Risks of the Europe 2020 Project Bond Initiative. http://www.counterbalance-eib.org/wp-content/uploads/2013/06/Infrastructure-briefingOK.pdf [15. 11. 2013]

Germanwatch (2013 a): Global Climate Risk Index 2013. Briefing Paper. http://germanwatch.org/en/5696 [30. 11. 2013]

Germanwatch (2013 b): Globaler Klima-Risiko-Index 2013: Haiti, Philippinen und Pakistan am stärksten betroffen. Index von Germanwatch zeigt: Entwicklungsländer leiden am meisten unter Wetterextremen. (12. 11.) http://germanwatch.org/de/7675 [16. 11. 2013]

GFC (2008): Life as Commerce: The Impact of Market-based Conservation on Indigenous Peoples, Local Communities and Women. http://vh-gfc.dpi.nl/img/userpics/File/publications/LIFE-AS-COMMERCE2008.pdf [20. 10. 2013]

Gobierno de Honduras (2010): Visión de País 2010–2038. http://www.sefin.gob.hn/?p=284 [20. 8. 2013]

Gobierno de Honduras (2011): Documento: Preparación para la Reducción de Emisiones causadas por la Deforestación y Degradación de los Bosques en Honduras. (21. 12.) https://www.forestcarbonpartnership.org/fcp/sites/forestcarbonpartnership.org/files/Documents/PDF/Dec2011/Honduras_ENREDD%2B_Borrador_final%20December_21_2011.pdf [12. 1. 2013]

Gobierno de Honduras (2013): R-PP Honduras. (31. 7.) www.forestcarbonpartnership.org/sites/fcp/files/2013/August2013/RPP.doc%20HN%20.31%20Julio%202013%20final_ENVIADO.pdf [12. 10. 2013]

Gómez Bonilla, Adriana (2012): La colonialidad de la naturaleza: Reflexiones a partir del caso mexicano. In: Marañon-Pimentel, Boris (Hg.): Solidaridad económica y potencialidades de transformación en América Latina. Una perspectiva descolonial. Buenos Aires: CLACSO, 285-310

Gonzalez, Jorge (2013): Honduras: Berta Cáceres teme que la asesinen luego de las elecciones generales. (19. 11.) http://laradiodelsur.com/?p=223920 [20. 11. 2013]

Görg, Christoph (1999): Gesellschaftliche Naturverhältnisse. Münster: Westfälisches Dampfboot

Görg, Christoph (2004 a): Postfordistische Transformation der Naturverhältnisse. In: Beerhorst, Joachim/ Demirovic, Alex/ Guggemos, Michael (Hg.): Kritische Theorie im gesellschaftlichen Strukturwandel. Frankfurt: Edition Suhrkamp, 199-226

Görg, Christoph (2004 b): Inwertsetzung. In: Historisch Kritisches Wörterbuch des Marxismus (HKWM) Band 6/II. Hamburg: Argument-Verlag, 1501-1506

Görg, Christoph/ Brand, Ulrich (2002, Hg.): Mythen globalen Umweltmanagments: »Rio + 10« und die Sackgassen nachhaltiger Entwicklung. Münster: Westfälisches Dampfboot

Grosfoguel, Ramón (2010): Die Dekolonisation der politischen Ökonomie und der postkolonialen Studien: Transmoderne, Grenzdenken und globale Kolonialität. In: Boatca, Manuela/ Spohn, Willfried (Hg.): Globale, multiple und postkoloniale Modernen. München/Mering: Rainer Hampp Verlag, 309-340

Grupo de Trabajo sobre Minería y Derechos Humanos en América Latina (2014): El impacto de la minería canadiense en América Latina y la responsabilidad de Canadá. Resumen Eje-

cutivo del Informe presentado a la Comisión Interamericana de Derechos Humanos. www.
movimientom4.org/wp-content/docs/informe-impacto-mineria-canadiense-en-america-
latina.pdf [15. 9. 2014]
Grünewald, Andreas (2010): Neoliberale Naturverhältnisse im Postfordismus? Angelsächsische
und deutsche Debatten zum Verhältnis von Gesellschaft, Natur und kapitalistischer Ent-
wicklungstendenzen. In: Schmieder, Falko (Hg.): Die Krise der Nachhaltigkeit: Kritik der
Politischen Ökologie. Berlin: Peter Lang Verlag, 79-102
GTZ (2007): Annex 5 Análisis del Sector Forestal de Honduras. Documento Base para Preparación
Estrategia Ambiental de País www.siteresources.worldbank.org/INTRANETENVIRONMENT/
Resources/Annex5AnalisisdelSectorForestal%28Spanish%29.pdf [30. 8. 2013]
Gudynas, Eduardo (2009): Climate Change and Capitalism's Ecological Fix in Latin America.
In: Brand, Ulrich/Bullard, Nicola/Lander, Edgardo et al. (Hg.): Contours of Climate Justice.
Ideas for shaping New Climate and Energy Politics. In: Critical Currents 6, 36-41
Hardin, Garret (1968): The Tragedy of the Commons. In: Science 162/3859; 1243-1248
Harvey, David (2003): The New Imperialism. Oxford: Oxford University Press
Harvey, David (2005): A Brief History of Neoliberalism. Oxford: Oxford University Press
Hauck, Gerhard (2009): Kolonialismus. In: Historisch Kritisches Wörterbuch des Marxismus
(HKWM) Band 7/II. Hamburg: Argument-Verlag, 1159-1166
Hecht, Susanna (2014): Forests Lost and Found in Tropical Latin America. The Woodland »Green
Revolution«. In: The Journal of Peasant Studies, 41/5, 877-909
Heuwieser, Magdalena (2014 a): CO_2lonialismo. Green Grabbing und die Verteidigung indigener
Territorien in Honduras. Diplomarbeit an der Universität Wien. http://hondurasdelegation.
blogspot.mx/2014/01/studie-uber-das-wasserkraftwerk-agua.html [15. 6. 2014]
Heuwieser, Magdalena (2014 b): Fact Sheet Biodiversitäts-Offsetting. http://www.ftwatch.at/
wp-content/uploads/2014/11/FACT_SHEET_Biodiversit%C3%A4ts-Offsetting_FTWatch.
pdf [15. 10. 2014]
Hildyard, Nicholas/ Lohmann, Larry/ Sexton, Sarah et al. (1995): Reclaiming the Commons.
http://www.thecornerhouse.org.uk/resource/reclaiming-commons [10.7.2013]
Holt-Giménez, Eric (2013): Honduras: The War on Peasants. (2. 12.) http://www.huffingtonpost.
com/eric-holt-gimenez/honduras-the-war-on-peasa_b_2632033.html [19.9.2014]
Honduras-Delegation (2010): 9. Tag – Zacate Grande. (14. 12.) http://hondurasdelegation.
blogspot.co.at/2010/12/9-tag-zacate-grande.html [15. 10. 2010]
Honduras-Delegation (2013 a): Militärs in Honduras töten Staudammgegner. (22. 7.) http://
hondurasdelegation.blogspot.co.at/2013/07/militars-in-honduras-toten.html [23. 7. 2013]
Honduras-Delegation (2013 b): Reisebericht vierter Teil. (18. 11.) http://www.hondurasdelegation.
blogspot.de/2013/11/reisebericht-vierter-teil-18-novmber.html [20. 11. 2014]
Honduras-Delegation/ Attac/ Rettet den Regenwald et al. (2013): Offener Brief an die Firma Voith
Hydro Holding GmbH & Co. KG aufgrund der Menschenrechtsverletzungen in Zusammenhang mit dem Staudammprojekt Agua Zarca in Honduras. (11. 7.) http://hondurasdelegation.
blogspot.co.at/2013/07/offener-brief-die-firma-voith-hydro.html [11. 7. 2013]
Honti, Gerardo (2013): La muerte del Mecanismo de Desarrollo Limpio (25. 4.) http://alainet.
org/active/63580 [20. 9. 2014]
Hurwitz, Zachary (2010): Belo Monte: State Subsidies a Trojan Horse for Mega-Risks. (7. 9.)
http://www.internationalrivers.org/blogs/258/belo-monte-state-subsidies-a-trojan-horse-
for-mega-risks [10. 10. 2013]
ICEFI (2014): Ibis e Icefi presentan el Diagnóstico de la situación minera en Honduras 2007–2012
(24.6.) http://icefi.org/ibis-e-icefi-presentan-el-diagnostico-de-la-situacion-minera-en-
honduras-2007-2012/ [18.9.2014]
IDAMHO/ Oxfam (2013): La Mina San Martín en el Valle de Sirira. Exploración, explotación
y cierre: impactos y consecuencias. Informe Ejecutivo. http://www.movimientom4.org/wp-
content/docs/informe-mina-san%20martin-honduras.pdf [15. 11. 2013]
IEA (2012): World Energy Outlook 2012. Zusammenfassung. German Translation. http://www.

worldenergyoutlook.org/publications/weo-2012/#d.en.26099 [15. 11. 2013]
International Rivers (2008): Three Gorges Project Corp. to Use Chinese-Made Generators for Two Major Projects. (20. 8.) http://www.internationalrivers.org/resources/three-gorges-project-corp-to-use-chinese-made-generators-for-two-major-projects-2871 [10. 10. 2013]
IPCC (2007): Climate Change 2007. Synthesis Report. http://www.ipcc.ch/pdf/assessment-report/ar4/syr/ar4_syr.pdf. [22. 10. 2013]
Itzamná, Ollantay (2013): Honduras: Obispbo golpista persigue a sacerdotes e indígenas. (19. 5.) http://www.contrainjerencia.com/?p=67613 [1. 8. 2013]
Jutzi, Sebastian (2008): Der Wert der Artenvielfalt. Interview mit Pavan Sukhdev. (29. 5.) http://www.focus.de/wissen/natur/tiere-und-pflanzen/artenschutz/interview-der-wert-der-artenvielfalt_aid_304636.html [15. 9. 2014]
Kaller-Dietrich, Martina (1998): Recht auf Ernährung. In: Dies. (Hg.): Recht auf Entwicklung? Wien: Brandes & Apsel/ Südwind [Band 1 in Atención – Jahrbuch des Österreichischen Lateinamerika-Instituts], 19-44
Kaltenbrunner, Annina/ Newman, Susan/ Painceira, Juan Pablo (2011): Financialisation of Natural Resources. Paper prepared for: European Cross Networking Meeting on the Global Crises. Paris, 28-29. 10. 2011
Kerssen, Tanya (2013): Grabbing Power – The New Struggles for Land, Food and Democracy in Northern Honduras. Oakland: Food First Books
Kill, Jutta (2013 a): EU-Emissionshandel Abschaffen ist aktiver Klimaschutz. In: Rosa Luxemburg Stiftung Standpunkte 3/2013
Kill, Jutta (2013 b): Inwertsetzung von Natur als Zeichen für ein Paradigmenwechsel im Ordnungsrecht und Gefahr für die nicht-monetäre Wertschätzung von Natur. Beitrag zur Fachtagung »Neue Ökonomie der Natur« am 6. 6. 2013, HBS, Berlin
Kill, Jutta (2014 a): Trade in Ecosystem Services. When »payment for environmental services« delivers a permit to destroy. www.wrm.org.uy/html/wp-content/uploads/2014/04/Trade-in-Ecosystem-Services.pdf [30. 8. 2014]
Kill, Jutta (2014 b): Economic Valuation of Nature. The Price to Pay for Conservation. A Critical Exploration. Rosa-Luxemburg-Stiftung Brussels Office, No Financialization of Nature Network. http://rosalux-europa.info/userfiles/file/Economic-Valuation-of-Nature.pdf [30. 8. 2014]
Kill, Jutta (2014 c): REDD Moves From Forests to Landscapes. More of the Same Just Bigger and With Bigger Risks to Cause Harm. http://wrm.org.uy/articles-from-the-wrm-bulletin/section1/redd-moves-from-forests-to-landscapes-more-of-the-same-just-bigger-and-with-bigger-risk-to-cause-harm/ [14. 9. 2014]
Klein, Naomi (2005): The Rise of Desaster Capitalism. In: The Nation. http://www.thenation.com/article/rise-disaster-capitalism?page=0,1#axzz2aT58ocpt [14. 8. 2013]
Klein, Naomi (2007): The Shock Doctrine: The Rise of Disaster Capitalism. New York: Metropolitan Books
Klein, Naomi (2014): This Changes Everything. Capitalism vs. the Climate Change. London: Penguin Group
Köhler, Bettina/ Wissen, Markus (2010): Gesellschaftliche Naturverhältnisse. Ein kritischer theoretischer Zugang zur ökologischen Krise. In: Lösch, Bettina/ Thimmel, Andreas (Hg.): Kritische politische Bildung. Ein Handbuch. Schwalbach: Wochenschau Verlag, 217-227
Korol, Claudia (2013 a): Río Blanco: Cuando un pueblo dice NO, es NO. Visita a las comunidades Lencas de Río Blanco. Agosto 2013. http://www.adital.com.br/site/noticia.php?lang=ES&cod=77023 [18. 8. 13]
Korol, Claudia (2013 b): Entrevista a Berta Cáceres. (12. 8.) http://www.ivoox.com/entrevista-a-Berta-caceres-audios-mp3_rf_2278317_1.html?autoplay=1 [30. 8. 2013]
La Prensa (2013 a): Policía y Fuerzas Armadas dan inicio a operación »Libertad« (8.2.) http://www.laprensa.hn/sucesos/policiales/366150-98/polic%C3%ADa-y-fuerzas-armadas-dan-inicio-a-operaci%C3%B3n-liBertad [9.8.2013]
La Prensa (2013 b): Militares en Honduras seguirán en operativos en las calles hasta enero de 2013

(2. 4.) http://www.laprensa.hn/Secciones-Principales/Honduras/Tegucigalpa/Militares-en-Honduras-seguiran-en-operativos-en-las-calles-hasta-enero-de-2014#.UhOKsD83J66 [9. 8. 13]
La Prensa (2013 c): Arturo Corrales sustituirá a Pompeyo Bonilla en Seguridad. (15. 4.) http://www.laprensa.hn/honduras/tegucigalpa/332286-98/arturo-corrales-sustituir%C3%A1-a-pompeyo-bonilla-en-seguridad [9. 10. 2013]
La Prensa (2013 d): Honduras: Pobladores en contra de la exploración de petróleo en La Mosquitia. (15. 10.) http://www.laprensa.hn/inicio/392715-293/honduras-pobladores-en-contra-de-la-exploracion-de-petroleo-en-la-mosquitia [15. 9. 2014]
La Noticia (2014): Listos los fondos para finalizar el canal seco de Honduras. (3. 9.) http://lanoticia.hn/nacionales/listos-los-fondos-para-finalizar-el-canal-seco-de-honduras/?ModPagespeed=noscript [18. 9. 2014]
La Tribuna (2011): Lobo participa en la celebración del Día Nacional de Canadá. (29. 6.) http://old.latribuna.hn/2011/06/29/lobo-participa-en-la-celebracion-del-dia-nacional-de-canada/ [20. 9. 2014]
La Tribuna (2014 a): La matriz energética cierra en 54 % térmica y 45 % renovable. (25. 1.) http://www.latribuna.hn/2014/01/25/la-matriz-energetica-cierra-en-54-termica-y-46-renovable/ [22. 9. 2014]
La Tribuna (2014 b): Proponen derogar la »Ley Hipotecas«. (6. 9.) http://www.latribuna.hn/2014/09/06/proponen-derogar-la-ley-hipotecas/ [20.9.2014]
La Voz de Zacate Grande (2014): Las ZEDEs, un proyecto de ley que promueve el destierro. (11. 9.) http://zacategrande.blogspot.ch/2014/09/las-zedes-un-proyecto-de-ley-que.html [17. 9. 2014]
Lahiff, Edward/ Borras, Saturnino M. Jr./ Kay, Christóbal (2007): Market-led Agrarian Reform: Policies, Performance and Prospects. In: Third World Quarterly, 28/8, 1417-1436
Lander, Edgardo (2000): Ciencias sociales: saberes coloniales y eurocéntricos. In: ebd. (Hg.): La colonialidad del saber: Eurocentrismo y ciencias sociales. Perspectivas latinoamericanas. Buenos Aires: CLACSO, 5-23
Lang, Chris (2012): Only 10 % of Global Carbon Emissions Come From Tropical Deforestation. (27. 6.) http://www.redd-monitor.org/2012/06/27/only-10-of-global-carbon-emissions-come-from-tropical-deforestation/ [27. 10. 2014]
Lang, Chris (2013): COONAPIP Takes Out Lawsuit to Stop REDD in Panama: »REDD Cannot Continue as It Stands«. (20. 5.) http://www.redd-monitor.org/2013/05/29/coonapip-to-take-out-lawsuit-to-stop-redd-in-panama-redd-cannot-continue-as-it-stands/ [30. 5. 2013]
RUTA/ Banco Mundial/ SGJH (2002): Honduras: Perfil de los pueblos indígenas y negros. Tegucigalpa: Unidad Regional de Asistencia Tecnica (RUTA)
Leach, Melissa (2012): Green Grabbing. The Social Costs of Putting a Price on Nature. (19.6.) http://www.tni.org/interview/green-grabbing [15. 7. 2012]
Leach, Melissa/ Fairhead, James/ Fraser, James (2012): Green Grabs and Biochar: Revaluing African Soils and Farming in the New Carbon Economy. In: The Journal of Peasant Studies 39/2, 285-307
Leff, Enrique (2002): Die Geopolitik nachhaltiger Entwicklung. Ökonomisierung des Klimas, Rationalisierung der Umwelt und die gesellschaftliche Wiederaneignung der Natur. In: Görg, Christoph/ Brand, Ulrich (Hg): Mythen globalen Umweltmanagments: »Rio + 10« und die Sackgassen nachhaltiger Entwicklung. Münster: Westfälisches Dampfboot, 92-117
Leff, Enrique (2009): Degrowth, or Deconstruction of the Economy: Towards a Sustainable World. In: Brand, Ulrich/ Bullard, Nicola/ Lander, Edgardo et al. (Hg.): Contours of Climate Justice. Ideas for shaping New Climate and Energy Politics. In: Critical Currents 6, 101-107
Leffert, Mike (2007): Honduras' High Tech Land Solution Shows Low Regard For Garifunas. http://www.thefreelibrary.com/HONDURAS%27+HIGH+TECH+LAND+SOLUTION+SHOWS+LOW+REGARD+FOR+GARIFUNAS.-a0131247541 [10. 8. 2012]
Levya, Xochitl/ Speed, Shannon (2008): Hacia la investigación descolonizada: nuestra experiencia de co-labor. In: Levya Xochitl/ Burguete, Araceli/ Shannon, Speed (Hg.): Gobernar (en) la diversidad: experiencias indígenas desde América Latina. Hacia la investigación de co-labor.

México D.F.: Ciesas/ FLACSO Ecuador y FLACSO Guatemala, 34-59
Lohmann, Larry (2008): Chronicle of a Disaster Foretold. REDD-with-Carbon-Trading. www.thecornerhouse.org.uk/pdf/document/Chronicle2.pdf+&cd=1&hl=de&ct=clnk&gl=at&client=firefox-a [15. 9. 2013]
Lohmann, Larry (2009): Kohlenstoffmärkte und Finanzmärkte: Variationen über Polanyi. In: Argument 283, 723-735
Lohmann, Larry (2012): La economía verde. In: Bonilla, Nathalia/ del Olmo, Arturo (Hg.): Capitalismo Verde. Quito: Instituto de Estudios Ecologistas del Tercer Mundo, 9-44
Lovera, Simone (2009): REDD realities. In: Brand, Ulrich/ Lander, Edgardo *et al.* (Hg.): Contours of Climate Justice. Ideas for shaping new climate and energy politics. In: Critical Currents 6, 46-53
Lovins, Hunter/ Cohen, Boyd (2011): Climate Capitalism. Capitalism in the Age of Climate Change. New York: Hill and Wang
Lyderson, Kary (2013): Modeling Capitalist Dystopia. Capitalist OKs Plan for Privat Cities. (15. 2.) http://upsidedownworld.org/main/honduras-archives-46/4129-modeling-capitalist-dystopia-honduras-oks-plan-for-private-cities [15. 8. 2013]
MADJ/ CEHPRODEC/ CIPRODEH/ COPINH/ CDH/ ERIC-SJ (2013): Informe presentado a la ilustre Comisión Interamericana de Derechos Humanos en el marco de la Audiencia Temática sobre Consulta Previa y Megaproyectos en Honduras. http://de.slideshare.net/MADJhn/cidh-informe-final-consulta-previa-y-megaproyectos-en-honduras-30309578 [12. 9. 2014]
Martínez, Experanza (2011): Sumak kawsay (buen vivir). Vortrag am Kongress »Jenseits des Wachstums?!« 20-22.5.2011, TU Berlin. http://www.youtube.com/watch?v=Pj5my0p4xVQ [5. 8. 2013]
Marx, Karl (1867): Das Kapital, Erster Band, Vierundzwanzigstes Kapitel. Die sogenannte ursprüngliche Akkumulation. http://pendientedemigracion.ucm.es/info/bas/de/marx-eng/kapital1/cap24.htm [12. 10. 2013]
MASTA (2012): Protocolo Bio-cultural del Pueblo Indígena Miskitu. El derecho al consentimiento libre, previo e informado en nuestro territorio de La Muskitia Hondureña. http://cmsdata.iucn.org/downloads/protocolo_miskitu.pdf [19. 10. 2014]
Mejía, Joaquín/ Fernández, Víctor/ Menijívar, Omar (2009): Constituyente en Honduras. Aspectos históricos, conceptuales y sustanciales sobre el proceso. [o. A.]: Movimiento Amplio por la Dignidad y la Justicia
Mejía, Thelma (2013): Ley de Inteligencia hondureña reaviva preceptos de la Guerra Fría. (3. 2.) http://voselsoberano.com/index.php?option=com_content&view=article&id=14726:ley-de-inteligencia-hondurena-reaviva-preceptos-de-la-guerra-fria&catid=1:noticias-generales [5. 2. 2013]
Méndez, Luis (2009): Relación de familias que financiaron el Golpe en Honduras. (16. 8.) http://aporrea.org/imprime/a84643.html [10. 8. 2013]
Meyer, Peter (2013): Honduran-U.S. Relations. CRS Report for Congress. http://www.fas.org/sgp/crs/row/RL34027.pdf [10. 8. 2013]
Meza, Victor (1985): Historia del movimiento obrero en Honduras. In: Casanova, Pablo González (Hg.): Historia del movimiento obrero en América Latina. México: Siglo Veintiuno Editores, 128-195
Mignolo, Walter (2012): Epistemischer Ungehorsam. Rhetorik der Moderne, Logik der Kolonialität und Grammatik der Dekolonialität. Aus dem Spanischen übersetzt und eingeleitet von Jens Kastner und Tom Waibel. Wien/Berlin: Verlag Turia+Kant
Miller, Amy (2012): The Carbon Rush. Dokumentarfilm
Moeckli, Jane/ Brown, Bruce (2003): Gendered Natures. In: Castree, Noel/ Brown, Bruce (Hg.): Social Nature. Theory, Practice and Politics. Malden, Ma: Blackwell Publishers, 112-132
Molina-Chocano, Guillermo (2008): Estado liberal y desarrollo capitalista en Honduras. Tegucigalpa: Editorial Universitaria [erstmals erschienen 1976]
Monzón, Sara (2014): Deuda externa hondureña suma 5.103 millones de dólares en primera mitad 2014. (6. 8.) http://www.radiohrn.hn/l/noticias/deuda-externa-hondure%C3%B1a-

suma-5103-millones-de-d%C3%B3lares-en-primera-mitad-2014 [10. 10. 2014]
Moore, Jennifer (2012): Canada's Subsidies to the Mining Industry Don't Stop at Aid. Political Support Betrays Government Claims of Corporate Social Responsibility. www.miningwatch. ca/sites/www.miningwatch.ca/files/Canada_and_Honduras_mining_law-June%202012.pdf [20. 9. 2014]
Moore, Jennifer (2013): Honduran Mining Law Passed and Ratified, but the Fight Is not Over. (24.1.) http://www.miningwatch.ca/news/honduran-mining-law-passed-and-ratified-fight-not-over [20. 9. 2014]
Moreno, Camila (2012 a): La economía verde y mercados de carbono. In: Bonilla, Nathalia/ del Olmo, Arturo (Hg.): Capitalismo Verde. Quito: Instituto de Estudios Ecologistas del Tercer Mundo, 45-71
Moreno, Camila (2012 b): Creando mercados ambientales: Del carbono a la biodiversidad. In: Bonilla, Nathalia/del Olmo, Arturo (Hg.): Capitalismo Verde. Quito: Instituto de Estudios Ecologistas del Tercer Mundo, 72-90
Müller, Tadzio (2012): Von Energiekämpfen, Energiewenden und Energiedemokratie. In: Lu-Xemburg 1/2012, 6-15
Municipio De San José, La Paz (2010): Contrato No. 052-2010. Contrato de Suministro de Potencia y su Energía Asociada Generada con Recursos Renovable entre la Empresa Nacional de Energía Eléctrica y la Empresa Inversiones La Aurora S. A. de C. V. (2. 6.)
National Lawyers Guild (2014): Report of the National Lawyers Guild Delegation. Investigation of Zones for Economic Development and Employment in Honduras. www.nlginternational. org/report/Final_NLG_ZEDE_Report.pdf [17. 9. 2014]
Nera-Lauron, Tetet (2013): IBON International COP19 Climate Update 2. (19. 11. 2013) http:// climate-connections.org/2013/11/19/ibon-international-cop19-climate-update-2/ [20. 11. 2013]
Neumann, Roderick (2005): Making Political Ecology. New York: Oxford University Press
Newson, Linda (2000): El Costo de la Conquista. Tegucigalpa: Editorial Guaymuras [erstmals erschienen 1992]
No REDD in Africa Network (2014): Kenya: Preparing for REDD in the Embobut Forest and forcing Sengwer People »into extinction«. (31.1.) http://www.no-redd-africa.org/index. php/27-countries/kenya/96-kenya-preparing-for-redd-in-the-embobut-forest-and-forcing-sengwer-people-into-extinction#_edn5 [15. 10. 2014]
Nodal (2014): Honduras: Ley abre juego a la privatización de la energía eléctrica. (4.6.) http:// www.nodal.am/2014/06/honduras-ley-abre-juego-a-la-privatizacion-de-la-energia-electrica/ [19. 9. 2014]
Nowak, Andreas (2013): Es grünt so grün. Green Grabbing und Akkumulation durch Enteignung. In: Backhouse, Maria/ Gerlach, Olaf/ Kalmring, Stefan et al. (Hg.): Die globale Einhegung – Krise, ursprüngliche Akkumulation und Landnahmen im Kapitalismus. Münster: Westfälisches Dampfboot, 247-262
Nyambura, Ruth (2014): Climate Smart Agriculture. The Commodification of Soils in the Global South. (4. 8.) http://wrm.org.uy/articles-from-the-wrm-bulletin/section1/climate-smart-agriculture-the-commodification-of-soils-in-the-global-south/ [15. 9. 2014]
OCOTE Films (2013): Firmas Falsas Río Blanco. (1. 11.) http://vimeo.com/78375391 [2. 11. 2013]
ODHPINH (2013): Planteamiento de ODHPINH, Octubre 2013. http://copinhonduras.blogspot. co.at/ 2013/10/planteamiento-de-odihpinh-octubre-2013.html [3. 10. 2013]
ODHPINH (2014 a): Honduras: Administración Lobo y el despojo a los pueblos indígenas. (31. 1.) http://www.hondurastierralibre.com/2014/02/honduras-administracion-lobo-y-el. html [20. 9. 2014]
ODHPINH (2014 b): Análisis de las violaciones a los derechos humanos de los pueblos indígenas de Honduras. Reporte para EPU. *Erhalten am 17. 9. 2014 von Honduras-Delegation*
OECD (2011): Towards Green Growth. http://www.oecd.org/greengrowth/keydocuments.htm [22. 8. 2013]
Oettler, Anika/ Peetz, Peter (2010): Putsch in Honduras. Störfall in der defekten Demokratie.

In: IPG 1 http://library.fes.de/pdf-files/ipg/ipg-2010-1/06_oettlerpeetz_d.pdf [10. 10. 2014]
OFRANEH (2010): El Fracaso anunciado de la COP16 en Cancún: Los REDD y la apropiación de territorios indígenas. (3. 12.) http://ofraneh.wordpress.com/2010/12/03/el-fracaso-anunciado-de-la-cop16-en-cancun-los-redd-y-la-apropiacion-de-territorios-indigenas/ [12. 2. 2013]
OFRANEH (28. 2. 2012): Honduras: Firma del Protocolo de Nagoya y los Pueblos Indígenas. https://ofraneh.wordpress.com/2012/02/29/honduras-firma-del-protocolo-de-nagoya-y-los-pueblos-indigenas/ [10. 8. 2013]
OFRANEH (13. 3. 2012): Honduras: El Banco Mundial, REDD y el Derecho a la consulta de los pueblos indígenas. http://ofraneh.wordpress.com/2012/03/13/honduras-el-banco-mundial-redd-y-el-derecho-a-la-consulta-de-los-pueblos-indigenas/ [12. 2. 2013]
OFRANEH (29. 11. 2012): Hidrocarburos en Honduras: la compañia B.G y su desplome en la Bolsa de Valores. http://ofraneh.wordpress.com/2012/11/29/hidrocarburos-en-honduras-la-compania-b-g-y-su-desplome-en-la-bolsa-de-valores/ [23. 10. 2013]
OFRANEH (7. 12. 2012): Ante el cambio climático exigimos moratoria a la exploración y explotación de hidrocarburos en Honduras. http://ofraneh.wordpress.com/2012/12/07/ante-el-cambio-climatico-exigimos-moratoria-a-la-exploracion-y-explotacion-de-hidrocarburos-en-honduras/ [23. 10. 2013]
OFRANEH (3. 4. 2013): REDD+: Estado de Honduras y ONU-REDD violan el derecho a la consulta. http://ofraneh.wordpress.com/2013/04/03/redd-estado-de-honduras-y-onu-redd-violan-el-derecho-a-la-consulta/ [12. 10. 2013]
OFRANEH (11. 6. 2013): Acaparamiento de tierras en Honduras. De las RED (»Ciudades Modelo«) a los REDD (»Bosques Modelo«). https://ofraneh.wordpress.com/2013/06/11/acaparamiento-de-tierras-en-honduras-de-las-red-ciudades-modelo-a-los-redd-bosques-modelo/ [15. 8. 2014]
OFRANEH (29. 8. 2013): Honduras: Intervención neocolonialista de la Agencia de Cooperación Internacional (GIZ) en la Moskitia. https://ofraneh.wordpress.com/2013/08/29/honduras-intervencion-neocolonialista-de-la-agencia-de-cooperacion-internacional-alemana-giz-en-la-moskitia/ [10. 10. 2014]
OFRANEH (15. 10. 2013): Honduras: Petróleo, el Grupo BG y la farsa de la »consulta« estilo SERNA. http://ofraneh.wordpress.com/2013/10/15/honduras-petroleo-el-grupo-bg-y-la-farsa-de-la-consulta-estilo-serna/ [23. 10. 2013]
OFRANEH (4. 12. 2013): Ciudades Modelo. Piratería territorial en el Caribe Hondureño. http://www.youtube.com/watch?v=9RswD5m0jcA&feature=share&list=UUs02t31Iq0TQbBuISb8THQg [10. 12. 2013]
OFRANEH (21. 1. 2014): Chevron, Exploración Petrolera en Honduras y Violaciones a los Derechos Humanos. https://ofraneh.wordpress.com/2014/01/22/era-en-honduras-y-violaciones-a-los-derechos-humanos/ [12. 9. 2014]
OFRANEH (7. 2. 2014): La Ley de Cambio Climático: Agrocombustibles y proyectos REDD. https://ofraneh.wordpress.com/2014/02/07/la-ley-de-cambio-climatico-agrocombustibles-y-proyectos-redd/ [15. 10. 2014]
OFRANEH (26. 6. 2014): Las ZEDE y la Falta de Aplicación de la Consulta-Consentimiento Previo Libre e Informado. http://ofraneh.wordpress.com/2014/06/26/las-zede-y-la-falta-de-aplicacion-de-la-consulta-consentimiento-previo-libre-e-informado/ [17. 9. 2014]
OFRANEH (20. 8. 2014): Estado de Honduras deniega condición de indígena al pueblo Garífuna. http://ofraneh.wordpress.com/2014/08/20/estado-de-honduras-deniega-condicion-de-indigena-al-pueblo-garifuna/ [10. 9. 2014]
OFRANEH (1. 9. 2014): El Banco Mundial, nuevas salvaguardas y la dsaparición de los pueblos indígenas. https://ofraneh.wordpress.com/2014/09/01/el-banco-mundial-nuevas-salvaguardas-y-la-desaparicion-de-los-pueblos-indigenas/ [8. 10. 2014]
OFRANEH (15. 10. 2014): Honduras: REDD+, Despojos Territoriales, y la Intervención del PNUD en la Elaboración de la Ley de la Consulta de los Pueblos Indígenas. https://ofraneh.wordpress.com/2014/10/16/honduras-redd-despojos-territoriales-y-la-intervencion-del-

pnud-en-la-elaboracion-de-la-ley-de-la-consulta-de-los-pueblos-indigenas/ [17. 10. 2014]
Oxfam (2013): Cuál es el impacto de las concesiones de recursos naturales (Agua, Bosque, Minería) en territorios indígenas de Honduras? http://biblioteca.hegoa.ehu.es/system/ebooks/18970/original/ Impacto_concesiones_recursos_naturales.pdf?1339158938 [12. 11. 2013]
Oxfam (2014): De las palabras a los hechos: actuemos contra el cambio climático en Centroamérica. www.oxfam.org/sites/www.oxfam.org/files/file_attachments/sequiaespanolnov2014.pdf.pdf [10. 12. 2014]
Paasch, Armin/ Garbers, Frank/ Hirsch, Thomas (2007): Trade policies and hunger. The impact of trade liberalisation on the right to food of rice farming communities in Ghana, Honduras and Indonesia. http://fian.org/resources/documents/others/trade-policies-and-hunger/pdf [1. 11. 2011]
Padilla, Adalberto/ Contreras Veloso, Yudith (2006): Segundo Borrador. Informe del Estudio: Caracterización y Tendencias del movimiento social ambiental actual en Centro América: Caso Honduras. Tegucigalpa/ Ciudad de Guatemala: FLACSO
Pagoada Santos, José Roberto (2013): Cronología de la Educación Superior en las Fuerzas Armadas. (24. 4.) http://www.latribuna.hn/2013/04/24/cronologia-de-la-educacion-superior-en-las-fuerzas-armadas/ [9. 10. 2013]
Paley, Dawn (2010): The Honduran Business Elite One Year After the Coup. (23. 6.) In: NACLA http://nacla.org/node/6619 [1. 8. 2013]
Paley, Dawn (2012): Charter Cities in Honduras. A Proposal to Expand Canadian Colonialism. (26. 4.) http://upsidedownworld.org/main/news-briefs-archives-68/3600-charter-cities-in-honduras-a-proposal-to-expand-canadian-colonialism [15. 8. 2013]
Paz, Elsia (o. A.): SREP Role in Private Sector, *Erhalten am 25. 3. 2013 von Elsia Paz*
Peck, Jamie/ Tickell, Adam (2002). Neoliberalizing Space. In: Antipode 34/3, 280-404
Peralta, Adriana (2014 a): Honduran Supreme Court Rejected Claims of ZEDE Unconstitutionality. (21. 6.)
http://panampost.com/adriana-peralta/2014/06/21/honduran-supreme-court-rejects-claims-of-zede-unconstitutionality/ [15. 8. 2014]
Peralta, Adriana (2014 b): Honduras Knocks on Doors of Development Bank to Fund ZEDEs. (27. 8.) http://panampost.com/adriana-peralta/2014/08/26/honduras-knocks-on-door-of-development-bank-to-fund-zedes/ [17. 9. 2014]
Pérez, Marja (2014): Imparable deportación de Hondureños desde México y Estados Unidos. (5. 10.) http://www.radiohrn.hn/l/noticias/imparable-deportaci%C3%B3n-de-hondure%C3%B1os-desde-m%C3%A9xico-y-estados-unidos [8. 10. 2014]
Pineda, Henry Alexander – Fiscal del Ministerio Público (2013): Requerimiento Fiscal. Copia. *Erhalten am 8. 8. 2013 von COPINH*
Plataforma Agraria (2012): Acaparamiento de la Riqueza de Honduras, *Erhalten am 12. 2. 2013 von Felix Molina*
Plumb, David (2013): Honduras: Assessment of Forest Sector REDD+ Dispute Resolution Mechanisms. Consultant Report (Draft – Guideline), November 2013. http://www.unredd.net/index.php?option=com_docman&task=doc_download&gid=11897&Itemid=53 [30. 10. 2014]
Posas, Mario (1985): Movimiento campesino hondureño: Un panorama general (siglo XX). In: Casanova, Pablo González (Hg.): Historia política de los campesinos latinoamericanos. México: Siglo Veintiuno Editores, 28-76
Poulantzas, Nicos (2002): Staatstheorie. Politischer Überbau, Ideologie, Autoritärer Etatismus. Neuausgabe. Hamburg: VSA [erstmals erschienen 1978]
PROAH (2013): Summary of Human Rights Issues and Events in Honduras July, August & September 2013. http://www.friendshipamericas.org/sites/default/files/130110%20Trimonthly%20Final.pdf [1. 10. 2013]
Proceso Digital (2013 a): Cambios en Seguridad son imposiciones del Pentágono, según ex rector Juan Almendares. (6. 6.) http://www.proceso.hn/2013/06/06/Term%C3%B3metro/Cambios.en. Seguridad/69830.html [20. 8. 2013]

Proceso Digital (2013 b): BG Group primer miembro que se incorpora a la EITI-Honduras. (18. 7.) http://www.proceso.hn/index.php/component/k2/item/17940 [13. 9. 2014]
Proceso Digital (2013 c): Denuncian a nuevo fiscal adjunto por presunto otorgamiento ilegal de licencias ambientales. (4. 9.) http://proceso.hn/2013/09/04/Nacionales/Denuncian.a.nuevo/74447.html [10. 10. 2013]
Proceso Digital (2014 a): Pese a promesa de Lobo de engavetarla, se publica en la Gaceta la Ley Hipoteca. (23. 1.) http://www.proceso.hn/index.php/component/k2/item/8775 [20. 9. 2014]
Proceso Digital (2014 b): Gladys [sic!] Aurora Lopez se convierte en la presidenta del Comité Central del Partido Nacional. (10. 2.) http://www.proceso.hn/index.php/component/k2/item/7975 [21. 9. 2014]
Proceso Digital (2014 c): Honduras: Deuda interna consolidada supera los 13 mil 500 millones de dólares, según Fosdeh. (6. 8.) http://www.hondurastierralibre.com/2014/08/honduras-deuda-interna-consolidada.html [10. 10. 2014]
Proceso Digital (2014 d): Advierten que Ley de la Industria Eléctrica elevará recibo de energía hasta en un 200%. (20. 9.) http://www.proceso.hn/index.php/component/k2/item/88010-advierten-que-ley-de-la-industria-el%C3%A9ctrica-elevar%C3%A1-recibo-de-energ%C3%ADa-hasta-en-un-200 [22. 9. 2014]
Quintero, Pablo (2012): Colonialidad del poder, comunidades indígenas y economías alternativas. Consideraciones sobre el indigensimo de los programas de economía solidaria. In: Marañon-Pimentel, Boris (Hg.): Solidaridad económica y potencialidades de transformación en América Latina. Una perspectiva descolonial. Buenos Aires: CLACSO, 103-124
Quintero, Pablo/ Garbe, Sebastian (2013, Hg.): Kolonialität der Macht. De/Koloniale Konflikte: zwischen Theorie und Praxis. Münster: Unrast-Verlag
Radio Progreso (2014 a): Tres bancos nacionales harán fiesta con quiebra de la ENEE. (16. 5.) http://radioprogresohn.net/index.php/comunicaciones/noticias/item/936-tres-bancos-nacionales-har%C3%A1n-fiesta-con-quiebra-de-la-enee [22. 9. 2014]
Radio Progreso (2014 b): Pueblo Lenca de Río Blanco, Intibucá, en alerta permanente ante amenazas de desalojo. (17. 10.) http://radioprogresohn.net/index.php/comunicaciones/noticias/item/1405-pueblo-lenca-de-r%C3%ADo-blanco-intibuc%C3%A1-en-alerta-permanente-ante-amenazas-de-desalojo [18. 10. 2014]
Rainforest Alliance (2011): Validation Assessment. www.rainforest-alliance.org/sites/default/…/Pico-Bonito-valid-report.pdf [29. 10. 2014]
Re:Common (2014): New Challenges for Struggles against Water Privatisation and Large Dams. Financialisation of Water and its Possible Implications for Water Justice. Discussion Paper – Draft July 2014
Redacción Cholusat Sur (2013): Partido Libre integra y juramenta a sus nuevas autoridades a nivel nacional. (21. 1.) http://cholusatsur.com/index.php/2013/01/21/partido-libre-integra-y-juramenta-a-sus-nuevas-autoridades-a-nivel-nacional/ [10. 10. 2013]
República de Honduras (2013): Poder Legislativo. Decreto No. 120-2013 (6. 9.) http://zede.gob.hn/wp-content/uploads/2013/10/leyzede.pdf [17. 9. 2014]
Reyes, Oscar/ Gilbertson, Tamra (2009): Climate Justice for a Changing Planet: Beyond Carbon Trading. (15. 12.) http://www.carbontradewatch.org/archive/climate-justice-for-a-changing-planet-beyond-carbon-trading.html [10. 9. 2013]
Ribeiro, Silvia (2011): Los verdaderos colores de la economía verde. In: Osvaldo, León (Hg.): El cuento de la economía verde. Quito: ALAI, 23-26
Rights Action Team (2013): Illegal Arrest of Priest and 22 Members of Honduran National Resistance Front. (18. 5.) http://rightsaction.org/action-content/illegal-arrest-priest-and-22-members-honduran-national-resistance-front [8. 8. 2013]
Rodriguez, Dagoberto (2013): Congreso de Honduras aprueba a matacaballo contrato petrolero. (24. 5.) http://www.elheraldo.hn/especiales/eleccionesgenerales2013/328463-332/congreso-de-honduras-aprueba-a-matacaballo-contrato-petrolero [19. 9. 2014]
Romero, Ramón (2009): Los grupos financieros y el poder político. In: Meza, Victor/ Salomón,

Leticia/ Romero, Ramón et al. (Hg.): Honduras. Poderes Fácticos y Sistema Político. Tegucigalpa: CEDOH [erstmals erschienen 2007], 119-134
Rügemer, Werner (2008): »Heuschrecken« im öffentlichen Raum. Public Private Partnership - Anatomie eines globalen Finanzinstruments. Bielefeld: Transcript Verlag
Russo, Tim (2013): Persecución judicial contra defensores del territorio en Honduras. (2. 6.) http://desinformemonos.org/2013/06/persecucion-judicial-contra-defensores-del-territorio-en-honduras/ [10. 6. 2013]
Salomón, Leticia (2009): Honduras. Politiker, Unternehmer und Militärs: Protagonisten eines angekündigten Staatsstreiches. http://www.quetzal-leipzig.de/lateinamerika/honduras/honduras-politiker-unternehmer-und-militars-protagonisten-eines-angekundigten-staatsstreiches-19093.html [12. 12. 2011]
Schmidt, Andrés (2013): Eine entscheidende Wahl in Honduras – und von wem sie entschieden wird. (10. 12.) http://wien.gbw.at/wien/artikelansicht/beitrag/eine-entscheidende-wahl-in-honduras-und-von-wem-sie-entschieden-wird.html [14. 12. 2013]
Schröder, Thorsten (2012): Charter City »Eine Stadt als Start-up«. (5. 6.) http://www.zeit.de/zeit-wissen/2012/04/Paul-Romer [15. 8. 2013]
Schulz, Uwe (2014): Bergbauinteressen und Konflikte in Honduras. (1. 10.) https://amerika21.de/analyse/108044/bergbauinteressen-und-konflikt [29. 10. 2014]
Segura Warnholtz, Gerardo (2011): Honduras - Pico Bonito Sustainable Forests Project: P092987 - Implementation Status Results Report: Sequence 02. Washington, DC: World Bank. http://documents.worldbank.org/curated/en/2011/11/15481121/honduras-pico-bonito-sustainable-forests-project-p092987-implementation-status-results-report-sequence-02 [31. 8. 2011]
Seiwald, Markus/ Zeller, Christian (2011): Die finanzielle Inwertsetzung des Waldes als CO_2-Senke: Nutzungsrechte und Nutzungskonflikte im Rahmen der nationalen Entwicklungsstrategie in Ecuador. In: Peripherie 124/31, 417-442
SERNA (2009): Licencia Ambiental No. 395-2009. *Erhalten am 25. 3. 2013 von Arnold Castro.*
SERNA (2010 a): ENCC Estrategia Nacional de Cambio Climático Honduras. Tegucigalpa: SERNA
SERNA (2010 b): ENCC Estrategia Nacional de Cambio Climático Honduras. Síntesis para tomadores de decisión. Tegucigalpa: SERNA
SERNA (2012 a): Lista de Proyectos de Energía con Recursos Renovables – Dirección de Gestión Ambiental. *Erhalten am 1. 2. 2013 in der Dirección de Recursos Hídricos, SERNA*
SERNA (2012 b): Informe Técnico No 623/2012 de la Dirección General de Evaluación y Control Ambiental. Categoría 2. Control y Seguimiento. *Erhalten am 1. 4. 2013 von José Adam Martínez.*
SERNA (2013): Venta de Bonos de Carbono en el Sector Bosques de Honduras. http://www.serna.gob.hn/index.php/82-serna-main/serna-slider2/74-venta-bonos-carbono [16. 2. 2013]
SERNA (2014): Subcomité REDD+. IV Edición de Boletín , Año No.2, Junio 2014. http://cambioclimaticohn.org/uploaded/content/article/1370559556.pdf [29. 10. 2014]
SERNA (o. A.): Historia de la Energía, *Erhalten am 1. 2. 13 von der Energiedirektion von SERNA*
SERNA/ ICF/ SEDINAFROH/ INA/ CONPAH (2012): Acta de compromiso de cumplimiento obligatorio entre la SERNA, el ICF, la SEDINAFROH, el INA y la CONPAH y sus federaciones. Tegucigalpa, 20. 12. 2012. *Erhalten am 31. 1. 2013 von Wilma Calderón*
Sieder, Rachel (1995): Honduras: The Politics of Exception and Military Reformism (1972–1978). In: Journal of Latin American Studies 27/1, 99-127
SOA Watch (2013 a): SOA Graduate Involved in Criminalization of Indigenous Leader Berta Caceres. (o.A.) http://www.soaw.org/about-us/equipo-sur/263-stories-from-honduras/4121-Berta [2. 10. 2013]
SOA Watch (2013 b): The Murder of Tomas Garcia By The Honduran Military. (o. A.) http://www.soaw.org/about-us/equipo-sur/263-stories-from-honduras/4129-tomasgarcia [2. 10. 2013]
SOA Watch (2013 c): Defending Río Blanco: Three Weeks of the Lenca Community Roadblock. (22. 4.) http://www.soaw.org/about-us/equipo-sur/263-stories-from-honduras/4096-rioblanCO₂ [2. 10. 2013]
Sogge, David (2013): Time to Consign Today's Corporate Social Responsibility to History's

Dustbin. (7. 11.) http://ecdpm.org/talking-points/corporate-social-responsibility-historys-dustbin/ [9. 10. 2014]
Solón, Pablo (2012): »Green Economy« versus the Rights of Nature. (11. 6.) http://climateandcapitalism.com/2012/06/07/pablo-solon-between-green-economy-and-the-rights-of-nature/ [15. 8. 2014]
Sonderegger, Arno (2006): Sklaverei und Sklavenhandel. Zum Beziehungswandel zwischen Europa und Afrika im 18. und 19. Jahrhundert. In: Englert, Birgit/ Grau, Ingeborg/ Komlosy, Andrea (Hg.): Nord-Süd-Beziehungen. Kolonialismen und Ansätze zu ihrer Überwindung. Wien: Mandelbaum Verlag, 29-50
Sousa Santos, Boaventura de (2009): Una Epistemologia del Sur. La reinvención del Conocimiento y la Emancipación Social. Buenos Aires: Siglo XXI Editores, CLACSO
Sosa, Eugenio (2010): La protesta social en Honduras. Del ajuste al golpe de Estado. Tegucigalpa: Editorial Guaymuras
Spring, Karen (2013): Context of the Honduras Electoral Process 2012–2013: Incomplete List of Killings and Armed Attacks Related to Political Campaigning in Honduras. May 2012 to October 19, 2013. http://rightsaction.org/action-content/killings-and-attempted-killings-honduras-may-2012-present-linked-electoral-process [24. 11. 2013]
Suazo, Javier (2014): Las ZEDE: Un paraíso fiscal excluyente. (23. 6.) http://alainet.org/active/74868&lang=es [20. 9. 2014]
Svampa, Maristella (2011): Minería y Neoextractivismo Latinoamericano. (10. 7.) http://www.dariovive.org/?p=1500 [24. 11. 2013]
Szabo, Michael (2014): EU Carbon Trade Volumes Rise For Ninth Year. (3. 1.) http://articles.chicagotribune.com/2014-01-03/news/sns-rt-carbonexchange-vols-20140103_1_carbon-trade-eu-emissions-trading-scheme-thomson-reuters-point [3. 1. 2014]
Tapia, Luis (2012): Der Staat unter den Bedingungen gesellschaftlicher Überlagerungen. Postkoloniale Anregungen für die politische Theorie. In: Brand, Ulrich/ Radhuber, Isabella Margerita/ Schilling-Vacaflor, Almut (Hg.): Plurinationale Demokratie in Bolivien. Gesellschaftliche und staatliche Transformation. Münster: Westfälisches Dampfboot, 282-305
Teubal, Miguel (2009): Peasant Struggles for Land and Agrarian Reform in Latin America. In: Akram-Lodhi, A. Haroon/ Kay, Cristóbal (Hg.): Peasants and Globalization. Political Economy, Rural Transformation and the Agrarian Question. London/New York: Routledge, 148-166
The Economist (2011 a): Free Cities. Honduras Shrugged. (10. 12.) http://www.economist.com/node/21541391 [15. 8. 2013]
The Economist (2011 b): Hong Kong in Honduras. (10. 12.) http://www.economist.com/node/21541392 [15. 12. 2013]
The Wall Street Journal (2011): The Quest for a »Charter City«. (3. 2.) http://online.wsj.com/news/articles/SB10001424052748704775604576119931268333632 [15. 8. 2013]
Tienhaara, Kyla (2012): The Potential Perils of Forest Carbon Contracts for Developing Countries: Cases from Africa. In: The Journal of Peasant Studies 39/2, 551-572
Toly, Noah (2004): Globalization and the Capitalization of Nature: A Political Ecology of Biodiversity in Mesoamerica. In: Bulletin of Science, Technology & Society 24/1, 47-54
Torres, Carolina (2013): Fuerzas Armadas podrán comercializar con bosques hondureños. (16. 8.) http://conexihon.info/site/noticia/transparencia-y-corrupci%C3%B3n/fuerzas-armadas-podr%C3%A1n-comercializar-con-bosques-hondure%C3%B1os [20. 8. 2013]
Torres Funes, José Manuel/ Torres Funes, Ariel (2013): Honduras – La »tregua« de la guerra invisible. (29. 5.) http://www.micmag.net/fr/reportages/2209-honduras-la-ltreguar-de-la-guerra-invisible [8. 9. 2013]
Tricarico, Antonio/ Löschmann, Heike (2012): Finanzialisierung: Ein Hebel zur Einhegung der Commons. In: Helfrich, Silke/ Heinrich-Böll-Stiftung (Hg.): Commons. Für eine neue Politik jenseits von Markt und Staat. Bielefeld: Trancript, 184-196 http://band1.dieweltdercommons.de/essays/antonio-tricarico-und-heike-loschmann-finanzialisierung-ein-hebel-zur-einhegung-der-commons/ [15. 8. 2014]

ANHANG 215

Trucchi, Giorgio (2010): Movimientos sociales se movilizan en Honduras ante privatización de los recursos naturales. (10. 11.) http://revista-amauta.org/2010/11/movimientos-sociales-se-movilizan-en-honduras-ante-privatizacion-de-los-recursos-naturales/ [2. 8. 2011]
Trucchi, Giorgio (2012): Honduras: Presidente y diputados son acusados por »ciudades modelo«. (13. 9.) http://alainet.org/active/57920 [15. 8. 2013]
Trucchi, Giorgio (1. 2. 2013): Honduras: Organizaciones se movilizaron contra ciudades modelo y minería. http://servindi.org/actualidad/81383 [15. 8. 2013]
Trucchi, Giorgio (11. 6. 2013): Honduras: »No me doblegarán«, Berta Cáceres. http://nicaraguaymasespanol.blogspot.co.at/2013/06/honduras-no-me-doblegaran-Berta-caceres.html [10. 8. 2013]
Trucchi, Giorgio (10. 8. 2013): Si me toca morir defendiendo la tierra, para mi será un orgullo. http://www.youtube.com/watch?v=UID4MyQbVoc [30. 10. 2013]
Trucchi, Giorgio (11. 8. 2013): »El militar nos disparó a quemarropa para matarnos« dice hijo del dirigente indígena lenca asesinado en Río Blanco. http://copinhonduras.blogspot.de/2013/08/el-militar-nos-disparo-quemarropa-para.html#more [12. 8. 2013]
Trucchi, Giorgio (22. 8. 2013): Honduras a la venta: »Ley Hipoteca« refuerza paquete de privatizaciones post-golpe. http://nicaraguaymasespanol.blogspot.co.at/2013/08/honduras-la-venta-ley-hipoteca-refuerza.html [10. 9. 2013]
Trucchi, Giorgio (2014): 100 días de JOH: La creciente militarización de Honduras. (5. 7.) http://conexihon.info/site/noticia/transparencia-y-corrupci%C3%B3n/100-d%C3%ADas-de-joh-la-creciente-militarizaci%C3%B3n-de-honduras [20. 9. 2014]
UNEP (2011 a): Towards a Green Economy: Pathways to Sustainable Development and Poverty Eradication. www.unep.org/greeneconomy [8.8.2013]
UNEP (2011 b): Towards a Green Economy: Pathways to Sustainable Development and Poverty Eradication. A Synthesis Report for Policy Makers. www.unep.org/greeneconomy [8. 8. 2013]
UNEP (2014): Building Natural Capital: How REDD+ Can Support a Green Economy. www.ecoagriculture.org/~ecoagric/documents/files/doc_577.pdf [17. 10. 2014]
UNFCCC (2011): Outcome of the Work of the Ad Hoc Working Group on Long-Term Cooperative Action Under the Convention. Draft Decision -/CP.1 https://www.google.com/url?q=http://unfccc.int/files/meetings/cop_16/application/pdf/cop16_lca.pdf&sa=U&ei=w9jfUu-2L4HZtAatkYDoAg&ved=0CAYQFjAA&client=internal-uds-cse&usg=AFQjCNFIo1kbglerahKvkSGTwhjbR9LkNA [20. 10. 2013]
UN-REDD (2013): REDD+ in a Green Economy. Global Symposium Report. 19-21 June 2013, Jakara, Indonesia. www.unredd.net/index.php?option=com_docman&task=doc_download&gid=10815&Itemid=53 [15. 10. 2013]
USAID (2010): Biodiversity Conservation and Forestry Programs. Annual Report. http://usreddfinance.org/RTDocs/USAID/SO-USAID-2009AnnRep.pdf [9. 10. 2014]
USAID (o. A.): USAID Country Profile. Property Rights and Resource Governance. Honduras. http://usaidlandtenure.net/sites/default/files/country-profiles/full-reports/USAID_Land_Tenure_Honduras_Profile_0.pdf [10. 10. 2013]
Vacanti Brondo, Keri (2010): When Mestizo Becomes (Like) Indio ... or Is It Garífuna?: Multicultural Rights and »Making Place« on Honduras' North Coast. In: Journal of Latin American and Caribbean Anthropology 15/1, 170-194
Vacanti Brondo, Keri (2013): Land Grab – Green Neoliberalism, Gender, and Garifuna Resistance in Honduras. Arizona: The University of Arizona Press
Vacanti Brondo, Keri/ Brown, Natalie (2011): Neoliberal Conservation, Garifuna Territorial Rights and Resource Management in the Cayos Cochinos Marine Protected Area. In: Conservation and Society 9/2, 91-105
Vargas Castillo, Diana Elizabeth (o. A.): Diagnóstico Ambiental Cualitativo: »Minicentral Hidroeléctriva LA AURORA«. *Erhalten am 25. 3. 2013 von Arnold Castro.*
Vasquez, Kelssin (2013): CIMEQH denuncia que gobierno negocia concesión con Chevron. (22. 10.) http://www.elheraldo.hn/content/view/full/190944 [23. 10. 2013]

Vásquez, Kelssin (2014): Vigente »ley hipoteca« para reconversion de la deuda pública. (25. 1.) http://www.elheraldo.hn/csp/mediapool/sites/ElHeraldo/Economia/story.csp?cid=611133&sid=294&fid=216 [20. 9. 2014]
Veltmeyer, Henry (2013): The Political Economy of Natural Resource Extraction: A New Model or Extractive Imperialism? In: Canadian Journal of Development Studies 34/1, 79-95
Voselsoberano (2010): Ley contra financiamiento de terrorismo buscaría impedir apoyo de organizaciones a la Resistencia. (22. 11.) http://voselsoberano.com/index.php?option=com_content&view=article&id=8422:ley-contra-financiamiento-de-terrorismo-buscaria-impedir-apoyo-de-organizaciones-a-la-resistencia&catid=1:noticias-generales [18. 8. 2013]
Voselsoberano (2011): Congreso pretende ley para intervenir comunicaciones telefónicas. (17. 5.) http://voselsoberano.com/index.php?option=com_content&view=article&id=11172%3Acongreso-pretende-ley-para-intervenir-comunicaciones-telefonicas&catid=1%3Anoticias-generales&Itemid=4 [18. 8. 2013]
Warmerdam, Ward/ van Gelder, Jan Willem (2013): Financing of the Agua Zarca Dam. A Research Paper Prepared for Re:Common. Profundo Research & Advice (5. 9. 2013). *Erhalten am 6. 9. von BankTrack*
WCD (2000): Dams and Development: A New Framework for Decision-Making - Executive Summary. http://www.internationalrivers.org/resources/dams-and-development-a-new-framework-for-decision-making-3939 [2. 12. 2013]
Windfuhr, Michael (2000): IWF. In: Nohlen, Dieter (Hg.): Lexikon Dritte Welt. Länder, Organisationen, Theorien, Begriffe, Personen. Hamburg: Rowohlt Taschenbuch Verlag, 388-394 [erstmals erschienen 1984]
Wissen, Markus (2010): Klimawandel, Geopolitik und »imperiale Lebensweise«. Das Scheitern von »Kopenhagen« und die strukturelle Überforderung internationaler Umweltpolitik. In: Kurswechsel 2/2010, 30-38
World Bank (2006): Honduras - Pico Bonito Sustainable Forests Project. Washington D.C. - The Worldbank. http://documents.worldbank.org/curated/en/2006/08/7138458/honduras-pico-bonito-sustainable-forests-project [31. 8. 2013]
World Bank (2007): Forest Carbon Partnership Facility Takes Aim at Deforestation. (11. 12.) http://web.worldbank.org/WBSITE/EXTERNAL/NEWS/0,,contentMDK:21581819~pagePK:64257043~piPK:437376~theSitePK:4607,00.html [12. 10. 2013]
World Bank (o. A.): Electric Power Consumption. http://data.worldbank.org/indicator/EG.USE.ELEC.KH.PC [2. 12. 2013]
WRM (2012): Growing Speculation: From the Appropriation and Commodification to the Financialization of Nature. (30. 8.) http://wrm.org.uy/articles-from-the-wrm-bulletin/section1/growing-speculation-from-the-appropriation-and-commodification-to-the-financialization-of-nature/ [25. 10. 2013]
WRM (2014): Insisting on REDD Is Playing a Game Already Lost for the Climate and Peoples. (4. 8.) http://wrm.org.uy/articles-from-the-wrm-bulletin/viewpoint/insisting-on-redd-is-playing-a-game-already-lost-for-the-climate-and-peoples/ [20. 10. 2014]
Wullweber, Joscha (2006): Marktinteressen und Biopiraterie. Auseinandersetzungen um das »grüne Gold der Gene«. http://www.bpb.de/gesellschaft/medien/wissen-und-eigentum/73335/marktinteressen-und-biopiraterie?p=all [2. 12. 2013]
Zeiske, Kathrin (2014): Hinter den Vorhängen. (24. 7.) http://jungle-world.com/artikel/2014/30/50271.html [8. 10. 2014]
Zeller, Christian (2010): Die Natur als Anlagefeld des konzentrierten Finanzkapitals. In: Schmieder, Falko/Zeller, Christian *et al.* (Hg.): Die Krise der Nachhaltigkeit. Zur Kritik der politischen Ökologie heute. Bern: Peter Lang Verlag, 103-135
Ziai, Aram (2006): Zwischen Global Governance und Post-Development. Entwicklungspolitik aus diskursanalytischer Perspektive. Münster: Westfälisches Dampfboot
Zoomers, Annelies (2010): Globalisation and the Foreignisation of Space: Seven Processes Driving the Global Land Grab. In: The Journal of Peasant Studies 37/2, 429-447